철학의 기본

오카모토 유이치로 지음

이정미 옮김

옮긴이 주

* 인명은 가능한 외래어 표기법을 따랐으나 국내에서 널리 쓰이는 표기가 있다면 이를 우선했습니다.
* 학설 및 사상 등의 명칭은 국내에서 널리 쓰이는 표기를 우선하고, 이것이 없다면 저자가 쓴 표현 및 해당 원어를 참고해서 번역했습니다.
* 본문 속에 나오는 저서 명 혹은 참고 문헌의 제목은 국내에서 발간된 도서(절판 도서 포함)가 있을 경우 이를 우선하고, 국내에서 발간되지 않은 경우 일본 번역서 제목과 해당 원서의 제목을 참고하여 번역했습니다.
* 본문 속에 나오는 저서 및 참고 문헌의 발행 연도는 원서 기준입니다. 국내 번역서 및 일본 번역서의 발간 연도는 참고 문헌 소개란에 넣었습니다.

철학의 기본

오카모토 유이치로 지음
이정미 옮김

머리말

이 책은 아무런 배경 지식이 없어도 철학의 기본을 배울 수 있는 책입니다. 한 번에 하나씩 총 100가지 항목을 담아내어 철학의 핵심 테마를 빠짐없이 다루었습니다. 고대 그리스에서 시작된 철학의 역사는 2500년을 넘었지만, 그 방대한 지혜의 바다 속에서 핵심만을 간추려 내고자 노력했습니다.

물론 바쁜 현대인에게 철학이 과연 무슨 의미가 있는지 의문을 품을 수 있습니다. 차라리 도움이 될 만한 실용적인 학문을 공부하는 편이 낫다고 반문하는 분도 있을 것입니다. 하지만 역사를 되돌아보면, 시대가 크게 변화할 때마다 이전의 사고방식이나 관점만으로는 대응할 수 없는 새로운 발상이 필요했습니다. 그런데 바로 지금이 시대가 바뀌고 있다고 말할 만큼 커다란 사건들이 일어나는 시기가 아닐까요? 이럴 때는 성급하게 답을 구하기보다는 기본으로 돌아가 문제를 새롭게 바라보는 자세가 필요합니다.

철학은 사물을 바라볼 때 넓은 시야와 긴 안목으로 접근합니다. 매일 벌어지는 사건에서 한 걸음 뒤로 물러나 '이것의 진짜 의미는 무엇인지' 되묻고, 세상을 바라보는 새로운 안경을 써보게끔 도와주지요. 조금 느리고 답답해 보일지도 모르지만, 세상이 급격하게 변할 때일수록 이러한 철학적 자세가 필요합니다. 이 책에서는 2500년 동안이나 철학이 제안해 온 새로운 사고의 안경을 소개하고 있으니, 여러분도 꼭 한번 써보길 바랍니다. 대단한 발견을 하지는 않을까 은근히 기대하는 중입니다.

이 책은 총 3개의 파트로 이루어져 있습니다. 각 파트에는 여러 챕터가 들어 있으며, 전체적으로는 총 10개의 챕터가 있습니다. 제목을 붙여서 정리하면 다음과 같습니다.

이 책은 순서대로 읽지 않아도 되게끔 구성되어 있으나, 각 챕터는 같은 테마로 묶여 있으니 연속해서 읽기를 권합니다. 또한 테마를 다룰 때는 단순한 소개에 그치지 않고 문제점을 지적하며 논쟁이 된 부분에 대한 제 생각을 덧붙였습니다. 이렇게 하면 테마의 논점이 명확해질 것이라고 판단했습니다.

본문에서 인용한 책은 부록에 참고문헌으로 게재했습니다. 역서가 있는 경우에는 기본적으로 역서를 인용했으며, 제가 직접 번역한 부분이 있고, 역서의 문장을 그대로 따르지 않은 경우도 있습니다. 소중한 번역문을 사용할 수 있도록 허락해 주신 것에 감사드립니다.

마지막으로 이 책은 기획 단계부터 출판에 이르기까지 동양경제신

문사 출판사의 미야자키 나쓰코 씨의 도움을 받았습니다. 원래는 좀 더 빨리 출간할 예정이었는데, 제가 도중에 몸이 안 좋아져서 한동안 쉴 수밖에 없었습니다. 2022년이 되어서야 다시 글을 쓸 수 있게 되어 지금과 같은 형태로 완성할 수 있었습니다. 이 역시 전적으로 미야자키 씨가 애써준 덕분입니다. 이 자리를 빌려 감사의 마음을 전하고 싶습니다.

2022년 11월 오카모토 유이치로

CONTENTS

PART 1

인생의 본질을 알다

INTRODUCTION

철학

PHILOSOPHY

철학이란 무엇인가

CHAPTER 1

인간
HUMAN

인간이란 무엇인가

CHAPTER 2

지식
KNOWLEDGE

무엇을 알 수 있는가

도덕
MORAL

무엇을 해야만 하는가

CHAPTER 4

행복
HAPPINESS

무엇을 원해야 바람직한가

CHAPTER 5

종교
RELIGION

무엇을 믿어야 할까

CHAPTER 6

세계
UNIVERSE

세계는 수수께끼로 가득 차 있다

CHAPTER 7

자연

NATURE

자연을 어떻게 이해해야 할까

PART 3

정답없는 세상을 살아가다

CHAPTER 8

제도
INSTITUTION

보이는 제도, 보이지 않는 제도

CHAPTER 9

사회
SOCIETY

타인과 어떻게 공생할 것인가

--------------- CHAPTER 10 ---------------

역사

HISTORY

역사를 어떻게 바라볼 것인가

PART 1

인생의 본질을 알다

철학
PHILOSOPHY

인간
HUMAN

지식
KNOWLEDGE

도덕
MORAL

행복
HAPPINESS

철학
PHILOSOPHY

철학이란 무엇인가

"철학이란 무엇일까요?"

이 질문에 대한 답은 철학자의 수만큼 다양합니다. 그래서 '이것이 철학이다!'라고 하나로 정의하기는 어렵습니다. 따라서 여기서는 '철학'을 바라보는 대표적인 관점들을 살펴보며, 철학의 '다양성'을 이해하기를 바랍니다. 다만, 철학자들의 활동을 살펴보면 철학에도 몇 가지 공통적인 특징이 있음을 알 수 있습니다.

그중 하나는 철학의 근원성입니다. 철학은 종종 전제 그 자체를 의심하는 활동으로 여겨집니다. 다양한 학문, 전통적 사고방식, 일상생활 속 상식 등 보통은 명백한 사실로서 받아들이고 의심하지 않던 일에 굳이 의문을 품는 것이지요. 끝없는 의심이 연속되다 보니 때로는 철학자를 미친 사람으로 여기기도 합니다.

실제로 데카르트는 모든 것이 '꿈'이거나, 광인의 '망상'일지 모른다고 언급하면서 자신의 사고를 철저하게 검증해 나갔습니다. 하지만 이러한 경향이 지나치면 일상생활이 불가능하므로 어느 정도의 선은 지킬 필요가 있겠지요. 여하튼, 당연하다고 여기는 전제를 근본적으로 의심하는 태도가 바로 모든 철학의 공통적인 특징입니다.

또 다른 철학의 공통점으로는 사고의 치밀함을 들 수 있습니다. 인간은 자신의 아이디어나 퍼스펙티브*가 생기면 이에 맞는 개념(콘셉트)을 형성합니다. 이후 모든 것을 그 개념에 맞춰 세세하게 살피려고 하는데, 이때 보통 사람은 어느 정도 선에서 타협하지만 철학자는 끝까지 자신의 관점을 밀고 나갑니다. 과거 철학자들의 책을 읽으면 좋든 싫든 그 사고의 치밀함에서만큼은 놀라지 않을 수가 없습니다.

철학자의 책을 읽다 보면 그들의 개념에서 시작된 생각지도 못한 관점으로 이루어진 세상을 만나게 됩니다. 그런 의미에서 철학의 역사는 기발한 아이디어가 담긴 보물 창고와 같지요. 눈에 힘을 풀고 원더랜드를 들여다보는 마음으로 읽는다면 좋겠습니다.

'철학사(哲學史)'를 과거 철학자의 케케묵은 세계관으로 치부하는 사람도 있는데 결코 그렇지 않습니다. 조금 극단적으로 말하면 '철학사 없이는 철학도 없다'라고 할 수 있습니다.

철학사는 단순히 지식을 얻기 위해서만이 아니라 스스로 '철학하기' 위해서도 반드시 필요합니다. 데리다가 '텍스트 바깥에는 아무것도 없다'[1]라고 말했듯이, 과거의 철학책을 읽지 않고 철학적으로 사고하기란 불가능합니다.

* 퍼스펙티브 : 철학자 니체가 제창한 용어. 인간의 인식은 항상 일정한 입장과 관점 안에서 이루어진다는 개념으로, 미술의 원근법이 대표적인 예이다.

철학 말고
'철학하기'를 배우자

'철학' 하면 왠지 어려워 보이는 '~주의'나 '~설' 혹은 외국어 이름이 잔뜩 나오다 보니 암기해야 하는 학문이라고 여기는 사람이 많습니다. 이럴 때는 독일 철학자 임마누엘 칸트*의 말을 떠올려 봅시다.

칸트는 학교에서 가르치는 지식으로서의 '철학(philosophie)'과 스스로 사고하는 행위로서의 '철학하기(philosophieren)'를 구분하며 '인간은 철학을 배울 수 없다. (중략) 다만, 철학하기를 배울 수 있을 뿐이다'[2]라고 말했습니다.

단순히 철학적 지식을 배우는 게 아니라 자신의 머리를 써서 철학적으로 사고하려면 어떻게 해야 할까요?

현재 미국에서 활약 중인 철학자 토마스 네이글은 '14세 정도가 되면 많은 사람이 철학적 문제에 대해서 스스로 생각하기 시작한다'[3]라고 말합니다. 예를 들면 사춘기 시절 누구나 한 번쯤, 사람들은 나를 이해하지 못한다거나 반대로 다른 사람을 이해하기 어렵다고 느낀 적이 있을 것입니다. 이러한 경험이 쌓이면 누군가와 어울리기도 불편해지지요. 그러다가 또 '나와 타인이 서로를 이해한다는 게 과연 가능할까'라는 의문이 생기고, 이러한 의문은 점점 더 치밀해집니다. '애초에 인간이 다른 사람의 마음을 이해할 수 있을까?', '아니, 다른 사람을 이해한다는 게 뭐지?', '그 전에 다른 사람에게 마음이 있다는 건 어떻게 알까?'처럼 자꾸만 깊이 파고드는 것입니다. 이러한 근원적인 의문들은 시간이 지나면 보통은 망각됩니다. 하지만 잊었다고 의문이 해결된 것이 아니라, 때때로 문득 떠오르기도 하고 질문이 확장되기도 합니다.

이처럼 나도 모르게 잊고 지냈던 근원적인 질문들에 대해 새삼 고쳐 묻는 행위가 곧 '철학하기'입니다. 철학의 목적은 과거의 철학자가 만들어 놓은 학설을 배우는 데 있지 않습니다. 그렇다면 우리는 무엇을 위해 철학자의 책을 읽어야 할까요?

철학자의 책을 읽다 보면 나 역시 비슷한 생각이나 경험을 한 적이 있음을 알 수 있습니다. 이를 '유사 경험'이라고 합니다. 일례로 데카르트가 '감각으로 인식된 모든 것은 오류의 여지가 있으므로 믿기를 보류하자'라고 했을 때, 많은 이가 자신의 유사 경험을 토대로 그의 의견에 동의할 것입니다. 그리고 동시에 '다음에는 무슨 내용이 나올까?' 하고 궁금증이 일겠지요.

물론 이후 데카르트의 설명을 읽으며 그의 의견에 납득할지 아닐지는 알 수 없습니다. 분명한 건 이러한 과정에서 철학자가 던진 질문을 남의 일로 치부하지 않고 자신의 문제로 받아들이고 생각할 수 있다는 점입니다. 이처럼 우리에게는 철학자의 생각을 통해 스스로 사고하며, 자기 나름의 '철학하기'가 필요합니다.

국내에서 '철학(哲學)'이라는 말은 하나의 학문처럼 쓰이지만, 유럽과 미국의 언어 (영 philosophy, 프 philosophie, 독 philosophie), 그리고 이들의 뿌리인 그리스어 (philosophia)로 '지혜를 향한 사랑'이라는 뜻을 가집니다. 따라서 형태상으로 '~학'이라는 단어가 아닙니다. 문자 그대로 옮기면 '애지(愛知)'라는 말에 가깝지요.

이러한 의미에서 철학은 다른 학문처럼 연구 영역이 명확하게 정해져 있지 않습니다. 가령 심리학(psychology)은 '심리(心理)'라는 특정 영역을 연구하는 학문입니다. 하지만 철학은 이와 같은 방식으로는 설명할 수 없습니다. 종종 철학이 구체적으로 무엇을 하는지 모호하다는 비판을 받는 이유가 바로 여기에 있습니다.

* 임마누엘 칸트: 18~19세기 독일 철학자. 3대 비판서인 『순수이성비판』, 『실천이성비판』, 『판단력비판』을 발표하고 비판철학을 제창했다. 인식론에서 이른바 '코페르니쿠스적 전환'을 일으켰다.

BASIC   2

철학은 놀라움과
의문에서 시작된다

철학은 언뜻 보면 생활에 도움이 되지 않는 것처럼 보입니다. 그런데도 사람들이 철학을 필요로 하는 이유는 무엇일까요? 철학의 동기는 어디에 있을까요?

사람들이 왜 철학을 원하는지, 즉 철학을 하고자 하는 근본적인 이유로는 옛날부터 언급된 '놀라움(타우마제인, Thaumazein)'을 들 수 있습니다. 플라톤*은 '놀라움'이야말로 '지혜를 사랑하고 갈구하는 철학'의 시작이라고 강조했지요. 아리스토텔레스*도 『형이상학』에서 다음과 같이 말했습니다.

> 인간은 경이로움을 느끼면서 (중략) 지혜를 사랑하기(철학하기) 시작했다. 다만 처음에는 지극히 가까이에 있는 기이한 일들에 경이를 느끼다가, 이후 점차 앞으로 나아가며 훨씬 중요한 사실과 현상에 대해서도 의문을 품기 시작했다. (중략) 그런데 이와 같이 의문에 사로잡히고 경이를 느끼는 자는 스스로를 무지하다고 생각한다. (중략) 따라서 바로 그 무지에서 벗어나기 위해 지혜를 사랑하고 갈구하는 것이다.[4]

정리하자면 '① 놀라워하며 의문을 품다 ⇒ ② 자신의 무지를 깨닫다 ⇒ ③ 지혜를 갈구하다(철학)'라는 흐름입니다. 여기서 말하는 철학은 지금처럼 좁은 의미의 철학이 아니라 학문 전체를 가리킵니다. 아리스토텔레스는 모든 학문의 아버지라고 불리는 만큼 논리학, 생물학, 천문학, 정치학, 신학 등 온갖 분야를 탐구했고 이를 포괄하여 '철학'이라 여겼습니다.

여기서 중요한 사실은 철학적 탐구의 출발선에 '놀라움(타우마제인)'이 있다는 점입니다. 이는 놀라움이 없었다면 철학은 시작되지 않았을 것임을 의미합니다. 눈앞의 생물을 보고 놀라고, 별하늘을 바라보다 경이로움을 느끼고, 그러다가 '왜? 어째서?'라는 궁금증이 생기면서 결국 탐구가 시작되는 것이지요.

아이가 어른에게 "왜요?"라는 질문을 반복하는 모습에 종종 아이를 '작은 철학자'라고 표현할 때가 있습니다. 아이들은 온갖 것에 놀라고, 단순하고 솔직한 질문을 던집니다. 반면, 어른들은 어느새 이러한 태

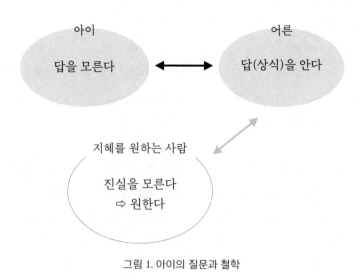

그림 1. 아이의 질문과 철학

도를 잃어버리고 상식적인 생각에 얽매이게 됩니다. 그래서 더욱 아이들이 철학자로 보이는지도 모르겠습니다.

그렇다면 철학적 질문과 아이가 품는 의문은 같을까요?

주변 유력자들에게 "~란 무엇인가?"라는 질문을 반복했던 소크라테스*를 생각해 봅시다. 그는 자신은 모른다는 입장을 취했지만, 단어의 일반적 의미를 모를 리는 없었겠지요. 다만 그것이 진실이 아니라고 생각했을 뿐입니다. 진실에 다가가기 위해서 소크라테스는 답을 알고 있을 법한 자들에게 일부러 질문하고 그의 대답이 틀렸음을 꼬집었습니다.

생각해 보면 이러한 방식이 꽤나 불쾌할 수 있으며, 그 당시에 소크라테스가 끝내 사형에 처한 것도 무리는 아니라고 생각합니다. 그런데 이런 마음으로 어른에게 질문하는 아이는 아마도 없지 않을까요?

---

* 플라톤: 기원전 4~5세기 고대 그리스의 철학자. 『대화편』을 쓰고, 문답법에서 이데아론을 창안했으며 이후 철학의 원형을 구축했다. 제자인 아리스토텔레스로부터 비판을 받기도 했지만 두 사람의 철학은 철학사 전반에 지대한 영향을 미쳤다.

* 아리스토텔레스: 기원전 4세기 그리스 최고의 철학자. 플라톤의 제자이자 알렉산더 대왕의 가정교사로 잘 알려져 있다.

* 소크라테스: 기원전 4~5세기 고대 그리스의 철학자. 플라톤의 스승이며, 문답법을 통해 진리를 탐구하고자 했다. 이러한 행동 탓에 사형 선고를 받고 스스로 독배를 마셨다.

철학은
세상을 보는 안경이다

철학은 추상적이고 까다로운 개념을 다루는 말장난으로, 일상생활과는 아무 상관없는 활동처럼 보이기도 합니다. 확실히 외국어를 번역하는 과정에서 한자가 쓰이면서 한층 더 삶과 동떨어진 말처럼 들리게 되었습니다. 일례로 '존재한다'라는 엄숙한 표현도 사실 '있다'라는 일상어로, '책상 위에 책이 있다' 혹은 '그는 멋있다(멋+있다)'처럼 평소에 자주 쓰는 말입니다. 그런데 '존재론'이라든지 '존재의 문제'라고 하면 '있다'라는 말과의 연결고리가 툭 끊어져 버리지요.

이러한 이유로 철학은 일상과는 거리가 멀어 보이지만 사실은 우리의 삶과 매우 깊게 관련되어 있습니다. 그런데 대체 왜 철학은 이토록 추상적인 '개념'을 사용할까요?

프랑스 철학자 질 들뢰즈*와 펠릭스 가타리*는 『철학이란 무엇인가』(1991)에서 '철학은 개념을 창조하는 일을 본질로 하는 학문이다'(5)라고 말했습니다. 여기서 '개념'*이란 '콘셉트'를 말하는데, 요즘에는 상품이나 제품을 개발할 때 더 자주 사용되는 용어지요. 가령 신

제품을 세상에 내놓을 때면 상품의 '콘셉트'가 광고에서 강조되곤 합니다.

이렇게 보면 '개념(콘셉트)'은 철학 고유의 표현은 아닌 셈입니다. 그렇다면 철학에서 '개념을 창조한다'라는 건 어떤 의미일까요? 알기 쉽게 설명하기 위해서 '개념'이라는 말을 '사고의 안경'으로 바꿔보겠습니다.

철학자들은 다양한 '사고의 안경'을 창조해 왔습니다. 플라톤의 '이데아', 데카르트의 '코기토', 헤겔의 '가이스트'* 등 말하자면 끝이 없을 정도지요. 철학자들은 "이 안경을 쓰고 세상을 봐봐! 지금까지와는 다른 풍경이 펼쳐질 거야"라며 우리를 유혹합니다.

철학은 과학처럼 실험을 하거나 통계를 쓰진 않습니다. 철학을 해나가려면 개념을 사용한 이론적 활동 외에는 방법이 없지요. 그래서 '철학은 추상적이고 어려운 말을 쓴다'라고 비난받는 것입니다. 하지만 철학의 핵심은 '개념'에 따라 세상이 어떻게 달라져 보이는가에 있습니다. 철학의 안경(개념)을 쓰면 지금까지와는 다른 세상이 나타납니다. 그 개념(사고의 안경)이 없었다면 아마 몰랐을 세상이지요.

개념이라는 말에 익숙하지 않으면 철학을 추상적이고 어렵게 느낄 수 있지만, 의미를 이해하고 나면 구체적인 이미지가 머릿속에 펼쳐질 것입니다. 새로운 세상과의 조우가 철학으로 가능해지지요. 어떤 세상이 나타날지 기대해도 좋습니다.

다만 유념할 사항이 있습니다. 사고의 안경은 사람에 따라 잘 맞을 수도 있고, 그렇지 않을 수도 있다는 점입니다. 자신에게 잘 맞는 안경을 고르듯이 자신에게 적합한 사고의 안경(개념)을 선택해 봅시다. 물론 여기에도 유행은 있습니다. 멋있으면서도 잘 보이는 사고의 안경(개념)은 우리의 일상을 풍요롭게 만들어줍니다.

질 들뢰즈와 펠릭스 가타리는 종종 공저로 함께 책을 냈기 때문에 '들뢰즈·가타리'로 표기되곤 합니다. 공저로 유명한 이들에는 19세기의 마르크스·엥겔스도 있지요. 20세기에는 호르크하이머·아도르노의 『계몽의 변증법』이 유명합니다. 책을 함께 쓰면 각자의 몫에 관한 문제가 생기는데 이를테면 누가 원고의 어느 부분을 쓸지, 어떤 방식으로 두 사람이 공동 작업을 할지가 중요해집니다. 나아가 두 사람의 생각이 대립하지는 않는지도 살펴야 하지요. 21세기에 들어서면서 여럿이 함께 글을 쓰기가 매우 편리해졌으므로 공저에 관한 문제는 앞으로도 계속될 것으로 보입니다.

★ 질 들뢰즈: 20세기 프랑스 철학자. 구조주의 이후의 프랑스 현대 사상을 대표한다. 가타리와 함께 출판한 『안티 오이디푸스』는 젊은 세대에게 호응을 받으며 그들의 라이프스타일까지 바꿔 놓았다.

★ 펠릭스 가타리: 20세기 프랑스 철학자. 들뢰즈와 함께 쓴 『안티 오이디푸스』가 화제가 되면서 이후 공동작업을 많이 했다. 실천가로서 혁명적인 사고를 자주 내비친다.

★ 개념(콘셉트): 철학에서 사물을 바라볼 때 지니는 기본 관념을 뜻한다. 요즘에는 비즈니스 분야에서도 자주 쓰이는데, 이때는 어떤 일을 기획할 때 갖는 일관된 사고방식을 뜻한다.

★ 가이스트: '정신'을 뜻하는 독일어 'Geist'에서 유래했다. 개개인의 마음보다는 집단 혹은 시대 등의 공통된 마음을 가리킨다. 헤겔의 『정신현상학』에서 전형적인 의미로 쓰였다.

BASIC　4

철학은 '보는 방법'을
다시 배우는 것

철학은 과학과 같은 다른 학문과는 다르게 정해진 전문 분야가 없습니다. 그래서 '철학하기'를 하려 해도 대체 뭘 생각해야 할지 종잡기 어렵지요. 이럴 때는 프랑스 철학자 메를로 퐁티*의 '진짜 철학은 세계를 보는 방법을 다시 배우는 일이다'[6]라는 말을 되새겨봅시다.

철학에 앞서서 우리는 이미 세상을 보고 있습니다. 그런데 대체 어떻게 이를 다시 배운단 말일까요? 아니 애초에 '보는 방법을 다시 배운다'라는 건 무슨 뜻일까요?

메를로 퐁티는 이를 설명하기 위해 심리학에서 쓰는 다양한 착시 현상을 예로 들었습니다. 그 중 하나인 뮐러-라이어 착시 그림을 살펴봅시다. 이 그림은 쉽게 말하면 '화살표의 방향에 따라 같은 선분의 길이가 다르게 보이는' 착시 현상입니다.

이 그림을 '착시'라고 부르는 이유는 사실은 길이가 같은데 우리의 뇌가 착각해서 다르게 보기 때문입니다. 하지만 반대로 두 선분의 길이가 같다는 건 무엇으로 증명할 수 있을까요? 여기에는 과학적으로 이해된 세계(수학적으로 측정된 세계)만이 진짜 세계이고, 일상 속에서

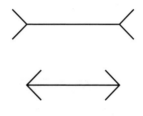

그림 2. 뮐러-라이어 착시

체험된 세계는 가짜라는 판단이 깔려 있습니다.

과학적 세계는 일상적 세계를 망각해야 비로소 성립됩니다. 하지만 객관적이고 과학적인 세계만이 유일한 진실이라고 누가 단정 지을 수 있을까요?

오히려 우리는 일상적 세계로 돌아가서 보는 방법의 다양성을 배울 필요가 있습니다. 사실 두 선분의 '길이가 같다'는 건 어디까지나 화살표를 없앴을 때 '보이는' 길이이자, 자를 댔을 때 '보이는' 길이이기 때문입니다.

과학적인 관점과 일상적인 관점은 서로 대립하는 듯 보이지만, 사실 둘 다 세계를 바라보는 하나의 방법이라는 점에서 다를 바 없습니다. 이렇게 생각하면 우리가 객관적이라고 여기는 이 세상의 의미도 전혀 다른 형태로 이해할 수 있지 않을까요? 이는 우리의 일상 속 태도에도 적용해 볼 수 있습니다. 항상 틀에 박힌 관점으로 사물을 판단하는 우리들에게 철학은 세상을 보는 방법을 다시 배우게 하고, 경직된 태도에서 벗어나도록 해주지요.

COLUMN

제2차 세계대전 후 프랑스 철학은 보통 3단계로 나뉩니다. ①전후 바로 등장한 **실존주의***, ②1960년대에 일어난 **구조주의***, ③1960년대 후반에 시작된 **포스트 구조주의*** 입니다. 메를로 퐁티는 실존주의에서 구조주의로 이행하는 시기에 현상학적 입장에서 중요한 역할을 담당했습니다. 실존주의를 대표하는 사르트르보다 세 살 어리지만, 사르트르와 꾸준히 대립하며 독일 철학자 후설* **현상학**의 후기 사상에 근거한 새로운 철학을 구상했지요.

* 메를로 퐁티: 20세기 프랑스 철학자. 사르트르와 마찬가지로 후설의 현상학을 연구했다. 특히 후설의 후기 현상학에 집중해서 사르트르와는 다른 현상학을 제시했다. 주요 저서로 1945년에 나온 『지각의 현상학』이 있으며, 그는 이 책에서 인간의 수동성에 대해 탐구했다.

* 실존주의: 사르트르의 『실존주의란 무엇인가』를 바탕으로 '실존이 본질을 앞선다'[7]라고 생각하는 철학 사상을 말한다. 사르트르는 실존주의의 계보로 키에르케고르, 니체, 하이데거, 야스퍼스, 마르셀 등을 꼽았지만, 이러한 규정과 인물에 대해서 당사자들로부터 비판받은 바 있다.

* 구조주의: 철학 이론으로서는 1960년대에 프랑스에서 유행한 사상이다. 다만, 대표자 격인 레비 스트로스가 『친족 관계의 기본 구조』를 출간한 때는 1949년으로, 유행보다 조금 이른 편이다. 또한 레비 스트로스는 구조주의가 가능한 분야는 인류학과 언어학뿐이라고 했다.

* 포스트 구조주의: 대략 1960년대 후반부터 70년대 후반까지 프랑스에서 유행한 사상계의 움직임을 말한다. 포스트 구조주의라는 명칭은 미국의 저널리즘에서 사용한 것으로, 대표자인 데리다조차 '나는 포스트 구조주의자가 아니다'라며 부정했다.

* 후설: 19~20세기 독일 철학자. 브렌타노, 마흐 등에게 영향을 받아 현상학을 창시했다. 대표작은 『순수현상학과 현상학적 철학의 이념들』이며, 그 중 제1권이 1913년에 발표되었다. 하이데거의 스승이며 사르트르와 메를로 퐁티에게 영향을 주었다.

유리병에 갇힌 파리가
탈출하려면

'철학은 난해한 말로 거대한 체계를 세우는 학문이다.' 이러한 사고를 부정한 것이 비트겐슈타인*의 철학입니다. 그는 다음과 같은 재미있는 말을 했습니다.

"당신(비트겐슈타인)이 철학을 하는 목적은 무엇인가?"
"유리병에 갇힌 파리에게 출구를 알려주는 것이다."(8)

이 말을 이해하려면 먼저 지금까지 철학자들이 어떻게 철학을 해왔는지부터 확인해야 합니다. 비트겐슈타인의 다음 글을 살펴봅시다.

철학자들이 낱말(지식, 존재, 대상, 자아, 명제, 이름 등)을 사용해서 사물의 본질을 파악하려고 할 때, 우리는 언제나 다음과 같이 자문해야 한다. '과연 이 낱말은 자신의 고향인 언어 속에서 실제로 항상 이렇게 쓰이는가?'라고. 우리(비트겐슈타인)는 이 낱말들을 형이상학적 사용에서 그것들의 일상적 사용으로 되돌려 놓아야 한다.(8)

비트겐슈타인은 지금까지의 철학자들이 모두 병에 걸렸다고 보았습니다. 바로 '언어의 형이상학*적 사용' 병입니다. 이 질병을 치료하는 것이 비트겐슈타인이 생각하는 철학자의 역할이었습니다. 세상이 필요로 하는 철학자의 임무 말이지요. 그는 '진정한 철학자는 질병을 다루듯 질문을 다루어야 한다'라고 말했습니다. 그렇다면 '언어의 형이상학적 사용'은 어떻게 치료해야 할까요.?

그는 철학자들이 사용하는 언어를 '일상적 사용'으로 되돌려야 한다고 주장했습니다. 철학자들이 난해하고 의미가 불분명한 언어를 쓰는 것은 일종의 병이고, 이 병을 치료해서 그들이 일상적으로 사용하는 언어를 쓰도록 해야 한다는 뜻입니다. 일상 언어가 아닌 형이상학적 언어를 사용한 이들은 철학자들 본인이었습니다. 그래서 비트겐슈타인은 이러한 철학자들의 병을 치료하고자 했지요. 이를 '유리병에 갇힌 파리에게 출구를 알려주는 것'이라고 표현한 것입니다.

여기에서 알 수 있는 사실은 지금까지 많은 철학자가 언어를 오해해왔다는 점입니다. 그래서 비트겐슈타인은 언어의 기능을 분명하게 밝히면 철학적 문제는 해결된다고 보았습니다. 다시 말해, 철학적 문제는 언어에 대한 오해에서 비롯되었으니, 언어의 뜻을 분명하게 풀어서 밝히면 모든 문제는 해결된다는 논리입니다.

철학자들의 글을 읽을 때는 언어 사용법이 어떠한지 항상 주의하며 읽어야 할 것 같습니다. 아무쪼록 철학자들의 난해한 언어에 유혹당하지 않기를 바랍니다. 파리처럼 유리병에 갇힐지도 모르니까요.

* 루드비히 비트겐슈타인: 19~20세기 오스트리아 출신 영국 철학자. 생전에 출판된 철학서는 1921년 간행된 『논리철학논고』뿐이다. 그는 사후 출간된 『철학적 탐구』에서 『논리철학논고』를 비판하며 철학의 새로운 논쟁을 불러일으켰다.

* 형이상학: 아리스토텔레스의 저서 『형이상학』에서 유래한 개념. 모든 감각과 경험을 초월한 세계를 '궁극적 실재'라고 보고, 그 원리를 탐구하는 학문. 다만 형이상학의 의미는 시대 및 개인에 따라 다를 수 있으니 주의해야 한다.

자연철학인가,
문답법인가

철학은 언제 시작되었을까요? 이 질문에는 두 가지 답이 있습니다. 하나는 탈레스에서, 다른 하나는 소크라테스에서 시작되었다고 보는 입장이지요. 연대를 보면 탈레스*가 소크라테스보다 훨씬 전에 살았으므로 탈레스라고 보는 편이 맞습니다. 그럼에도 소크라테스(Basic2 참고)를 최초의 철학자라고 보는 이들의 생각도 굳건합니다.

탈레스는 밀레토스학파의 자연철학*자로, 만물의 근원(아르케)*을 탐구한 인물입니다. 그는 만물의 근원을 '물'이라고 규정했는데, 이후 그의 뒤를 따른 이들은 '모든 물질'을 만물의 근원으로 보았습니다. 그리고 데모크리토스는 만물이 '원자(아톰)'에서 생성되었다고 주장합니다. 이러한 전개로 미루어 보아 탈레스로 시작된 철학의 흐름은 지금의 자연과학적 탐구에 가깝습니다.

이에 반해 소크라테스가 시작한 철학은 '디알렉티케(문답법)'입니다. 이는 상대방과 직접 대화하며 진리를 탐구하는 방법이지요. 구체적으로는 상대방에게 질문을 던지고 그의 대답을 검토한 뒤 다시 새로운 질문을 던지는 방식입니다. 이처럼 언어를 음미하면서 인간은

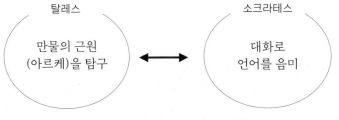

그림3. 탈레스와 소크라테스의 철학

진실에 가까워질 수 있다고 보았지요.

소크라테스식 철학이 이후에 전통적인 철학으로 자리 잡았습니다. 평소에는 의심하지 않았던 일에 새삼 의문을 품고, 질문을 던지고 서로의 논리를 검토하며 진리를 추구하는 철학적 행위가 곧 소크라테의 방법을 따른 것입니다.

훗날 탈레스와 소크라테스식 철학은 자연과학과 철학으로 갈라졌습니다. 하지만 고대 그리스 철학이 시작되었을 무렵에는 분명히 양자 탐구를 포괄해서 철학이라고 불렀습니다. 일례로 아리스토텔레스는 자연철학을 포함한 방대한 영역을 탐구했습니다. 이를 보면 철학에는 넓은 의미와 좁은 의미가 있음을 알 수 있지요.

이처럼 철학이 시작되었을 무렵에는 학문 전체를 가리키는 말이었습니다. 오늘날의 철학은 과학과는 다른, 인식론 혹은 존재론과 같은 고유의 연구 영역을 규정하고 있지만 원래 철학이란 과학과도 구별되지 않는 실로 넓은 학문 영역 전체를 탐구하는 활동이었지요. 따라서 지금도 철학을 하고자 한다면 처음부터 영역을 좁게 제한하지 않아야 그 가능성을 더 넓힐 수 있습니다.

PHILOSOPHY HUMAN KNOWLEDGE MORAL HAPPINESS

탈레스(B.C.624경~B.C.546경)를 포함한, 소크라테스 이전 철학자들의 저서는 남아 있지 않습니다. 따라서 이들의 사상을 알려면 다른 사람이 전해주는 단편적인 정보로 추측하는 수밖에 없지요. 그중에서도 유명한 저서가 디오게네스 라에르티오스의 『그리스 철학자열전』입니다. 이 책은 철학자들의 사상뿐 아니라 그들에 관한 흥미로운 에피소드까지 담고 있어서 가십 기사를 읽는 느낌도 납니다. 책에 쓰인 내용이 진실인지 의심하는 시선도 있지만 딱히 이 외에 참고할 만한 문헌도 마땅치 않아서 고대 철학을 배우는 이들의 필독서로 인정받고 있습니다.

* 탈레스: 기원전 6~7세기 고대 그리스 철학자. 이오니아 지방의 자연철학을 바탕으로 만물의 근원을 '물'로 규정했다. 소크라테스와는 다른 유형의 '철학의 아버지'로서 자주 언급된다.

* 밀레토스 학파의 자연철학: 기원전 6세기경 고대 그리스에서 시작된 철학으로, 에게해에 접한 도시국가 밀레토스에서 시작되어 이름 붙여졌다. 탈레스, 아낙시만드로스, 아낙시메네스 등이 해당된다. 만물(자연)의 아르케를 탐구하기에 자연철학이라고 불린다.

* 만물의 근원(아르케): 고대 그리스에서 사용한 개념. 아낙시만드로스가 처음 사용하기 시작했다고 한다.

BASIC　7

모든 철학은
플라톤 철학의 각주다?

'서양 철학은 플라톤 철학의 각주(footnote)에 불과하다.' 이는 철학
사를 논할 때 사람들의 입에 자주 오르내리는 말입니다. 조금 과장된
측면이 없진 않지만 완전히 틀린 말도 아닙니다. 영국 철학자 화이트
헤드*는『과정과 실재』(1929)에서 '서양 철학의 전통에 관한 가장 일
반적인 묘사는, 그것이 플라톤에 대한 일련의 각주로 이루어졌다는
점이다'[9]라고 말한 바 있습니다.

실제로 철학사를 파고들면 플라톤의 반대파를 포함한 대부분의 주
장이 플라톤의 그늘 안에 있음을 부정하기는 어렵습니다. 가령 아리
스토텔레스(Basic2 참고)는 플라톤(Basic2 참고)의 제자이면서 동시에
그를 가장 크게 비판한 인물입니다. 아리스토텔레스의 철학은 많은
부분이 플라톤에서 시작되었고, 이를 근본적으로 비판하는 내용으로
이루어져 있지요.

말하자면 아리스토텔레스의 철학은 플라톤과 대립하는 듯 보이지
만, 사실은 대부분 플라톤에게 의지하고 있는 셈입니다. 그림으로 나
타내면 다음과 같습니다.

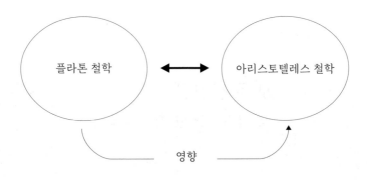

그림4. 플라톤 철학과 아리스토텔레스 철학

철학사 전체를 바라보면 플라톤과 아리스토텔레스의 대립이 중세, 근대, 현대에 이르기까지 계속해서 반복됩니다. 예를 들면, 근대 철학자 라이프니츠*는 영국의 존 로크*를 비판하기 위해 『신인간지성론』을 썼는데, 그 서문에서 다음과 같이 말했습니다.

> 『인간지성론』의 저자(로크)는 이 책에서 훌륭한 이야기를 했고, 이를 나(라이프니츠)는 크게 칭찬하지만 우리 두 사람의 학설은 대부분 상반된다. 그의 주장은 아리스토텔레스에 가깝고, 나의 주장은 플라톤에 가깝다. 물론 나와 로크의 견해는 이 두 고대인의 학설과는 많은 부분에서 크게 다르지만 말이다.[10]

라이프니츠와 로크의 대립은 어디까지나 빙산의 일각일 뿐입니다. 어떤 철학자든 최종적으로는 아리스토텔레스나 플라톤과 결부되지요. 게다가 아리스토텔레스의 의견은 플라톤과의 관계에서 비롯되었으므로 결국은 모든 서양철학이 '플라톤 철학의 각주'라고 해도 틀린 말은 아닌 셈입니다.

즉, 철학사는 플라톤에서 유래했는지, 아리스토텔레스에서 유래했느지에 따라 크게 둘로 나뉩니다. 이를 일반화하면 이성주의와 경험주의*의 대립으로 정리할 수 있지요.

그림5. 이성주의와 경험주의

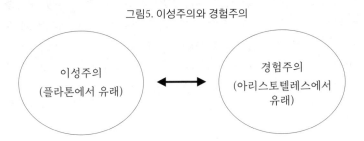

이성주의와 경험주의의 대립은 각 시대에 따라 특유의 형태로 나타났지만, 기본적으로 이 대립의 반복이 곧 철학사라고 볼 수 있습니다.

이성주의와 경험주의의 대립은 철학뿐 아니라 인공지능(AI)의 설계에도 영향을 미쳤습니다. 현재 AI는 '딥러닝(컴퓨터가 스스로 외부 데이터를 분석하여 학습하는 기술_옮긴이)'이라는 방법을 활용하며 경험주의가 강조되고 있습니다. 이와 달리 이전에 기호주의에 바탕을 둔 AI(인간이 정해준 규칙에 따라 판단하는 기술_옮긴이)에서는 이성주의가 기본 전제였지요. 이렇게 보면 AI 분야조차 '플라톤 철학의 각주'인 셈입니다.

★ 앨프레드 노스 화이트헤드: 19~20세기 영국 수학자이자 철학자. 러셀과 함께 『수학 원리』(1910~13)를 펴내면서 논리학과 수학 분야에서 높이 평가받았다. 이후 철학 분야에서도 플라톤주의를 중시하며 여러 귀중한 업적을 남겼다.

★ 고트프리드 라이프니츠: 17~18세기 독일 철학자이자 수학자. 철학적 견해로서 '단자론(Monadologie)'을 주장했지만 생전에 출간된 책은 『변신론』 정도로 방대한 유고를 남겼다.

★ 존 로크: 17~18세기 영국 철학자. 영국 경험론(17세기에서 18세기에 걸쳐 영국에서 전개된 철학. 대표자로는 프랜시스 베이컨, 로크, 버클리, 흄 등이 있다.)의 아버지라 불리며, 그가 쓴 『인간지성론』은 이후 이어지는 영국 경험론의 바탕이 되었다. 또한 그의 『시민정부론』은 사회계약론의 고전으로 손꼽힌다.

★ 경험주의: 인간 지식은 경험에서 유래한다는 생각으로, 보통 합리주의 혹은 이성주의와 대립하는 견해로 본다. 고대 아리스토텔레스(경험주의)와 플라톤(이성주의)에서 시작되었으며, 이후 이 대립이 반복해서 나타나고 있다.

BASIC **8**

철학사는
'전환(Turn)'으로 기억하자

칸트 철학을 특징지을 때 '코페르니쿠스적 전환'이라는 말을 자주 사용합니다. 사고방식이 근본적으로 뒤바뀐다는 뜻을 나타내기 위해 '전환'이라는 표현을 쓰는 것이지요.

이 '전환'이라는 말로 20세기 철학을 설명코자 한 인물이 미국 철학자 리처드 로티*입니다. 로티는 분석철학에 관한 선집을 편집하고 서문을 쓰면서, 책의 제목이기도 한 '언어적 전환(linguistic turn)*'이라는 용어를 널리 퍼뜨렸습니다. 다만 이 말 자체는 로티의 창작품은 아니고 어디까지나 빌려 쓴 표현이지요.

하지만 기억하기 쉬운 표현이어서인지 '언어적 전환'이라는 말은 세계적으로 크게 유행했습니다. 원래는 로티가 분석철학에 한정해서 쓴 말이었는데, 이후 일반화되면서 20세기 철학 전체를 특징짓는 표현으로 정착했습니다.

자 그럼, 20세기 철학을 '언어적 전환'이라고 특징짓는다면 이전의 철학은 뭐라고 이해해야 할까요? 이에 대해 독일 철학자 위르겐 하버마스*는 다음과 같이 말합니다.

과학사에서 나온 패러다임이라는 개념을 철학사로 가져와서 '존재, 의식, 언어'를 단서로 크게 시대를 구분하는 방식은 지금까지도 유효하다. 이에 따라 (중략) 존재론적, 반성철학적, 언어론적 사고방식으로 구별할 수 있다.[11]

말하자면 철학사의 흐름은 크게 다음 세 가지 전환을 기준으로 이해할 수 있습니다. '고대는 존재론적 전환, 근대는 인식론적 전환, 20세기는 언어적 전환'으로 말이지요. 이 경우 중세 철학을 어떻게 정의할지가 문제로 남습니다. 만약 고대의 범주 안에 넣는다면 '존재론적 전환'으로 볼 수 있지만, 따로 떼어서 생각해 보면 '신학적 전환'이라는 항목을 추가하는 쪽이 합당할 것 같습니다.

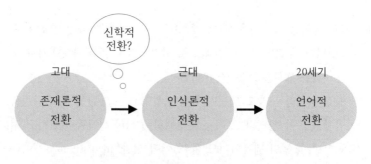

그림6. 철학사의 '세 가지 전환'

21세기 즉, 현대부터 앞으로의 철학은 어떤 전환이라고 명명하면 좋을까요? 현재 여러 철학자가 '실재론적 전환, 자연주의적 전환, 미디어론적 전환' 등 다양한 후보를 내놓고 있지만 아직까지 의견 일치를 보진 못했습니다. 하지만 지금의 사회 상황을 미루어 보면, 머지않아 '기술'이라는 키워드로 집약되지 않을까 싶습니다. 그렇다면 '기술론적 전환'이 21세기를 방향 짓는 말이 될 것으로 보입니다.

'코페르니쿠스적 전환(Kopernikanische Wende)'은 칸트 철학이 불러일으킨 사고방식의 대혁명을 가리키는 말이지만 칸트 자신이 이 말을 그대로 사용한 것은 아닙니다. 게다가 '코페르니쿠스적 전환'이라고 하면 보통은 지구가 태양 주위를 도는 연주 운동을 떠올리지만, 칸트가 비유하고자 한 현상은 지구가 하루에 한 바퀴씩 스스로 회전하는 일주 운동이었습니다. 이 점을 잘못 이해하면 칸트와 코페르니쿠스의 비교가 묘하게 엉켜버리지요. 코페르니쿠스가 설명한 내용은 별의 겉보기 움직임은 사실 관측자의 움직임에 따른다는 내용이었습니다. 이를 칸트에 적용하면, 겉으로 보이는 인식의 형상 즉, '현상'은 인식자의 주관에 의존한다는 뜻입니다.

* 리처드 로티: 20~21세기 미국 철학자. 1967년 선집 『언어적 전환』을 편집하며 '언어적 전환'이라는 말을 세계에 퍼트렸다. 철학자로서는 1979년 발표한 『철학과 자연의 거울』로 평가받는다. 프래그머티즘(Basic25 참고)을 재평가하고 네오프래그머티즘을 주장했다.

* 언어적 전환: 로티가 1967년에 편집한 『언어적 전환』이라는 책을 통해 유행한 말. 원래는 20세기 분석철학의 성립을 표현한 말이었으나, 후에 20세기 철학 전체를 특징짓는 용어로 발전했다.

* 위르겐 하버마스: 20~21세기 현존하는 독일 최고의 철학자. 프랑크푸르트학파 2세대의 대표자로 비판이론을 전개했다. 독자적인 철학으로는 커뮤니케이션 행위 이론을 구상하여, 민주주의에 대해 활발하게 의견을 피력했다. 독일 사상계에서는 막강한 영향력을 가진 중요한 인물이다.

철학은
표절의 역사인가?

철학책을 읽다 보면 철학자들의 주장이 모두 그들의 독창적인 생각에서 기인했다고 착각할 때가 있습니다. 특히 이름만 들어도 알 만큼 유명한 철학자일수록 오해하기 쉽지요. 하지만 이는 명백히 잘못된 판단입니다.

아무리 위대한 철학자라도 선행자들과 동시대의 사람들로부터 아이디어나 표현 등을 조금씩 빌려오기 마련입니다. 또 때로는 스스로 창조했다고 생각하지만 알고 보면 자신도 모르게 다양한 형태로 영향을 받은 경우도 있습니다. 어느 경우든 철학자들은 이를 굳이 알리지 않습니다. 특히 본인의 사상 중 핵심이 되는 부분에서 타인에게 빌려온 내용이 있다면 대부분 침묵합니다.

이러한 습관이 철학의 이해를 더 어렵게 만드는 요인이기도 합니다. 철학책을 읽다 보면 왜 여기서 이러한 표현을 쓰는지 이해가 안 될 때가 있는데, 알고 보면 다른 사람의 책에서 빌려온 표현일 때가 많습니다. 일례로 니체*를 생각해 봅시다. 그만의 독창적 개념이라고 간주되는 '초인, 니힐리즘(허무주의), 신은 죽었다' 등의 말은 모두 다른 곳에서 가져온 표현입니다. 니체는 의도적으로 이러한 내용을 차용하고 패러디했습니다. 니체뿐만이 아닙니다. 이런 사례는 무궁무진합니다.

유명한 예를 하나 더 들자면 파스칼*의 『팡세』가 있습니다. 『팡세』에는 몽테뉴*의 『에세』를 펼쳐 놓고 곁눈질하면서 썼다는 말이 나올 만큼 『에세』와 유사한 표현이 많습니다. 그만큼 『팡세』의 단상 속에는 『에세』의 문장을 인용하고 해석, 비평하는 대목이 많지요. 다만, 이러한 이유로 파스칼을 폄하해서는 안 된다는 점을 유념해야 합니다.

애초에 한 명의 철학자가 100% 독창적인 생각만으로 글을 쓴다는 가정 자체가 말이 되지 않습니다. 철학사의 시작으로 여겨지는 플라톤(Basic2 참고)조차도 소크라테스(Basic2 참고)는 말할 것도 없고, 피타고라스 주의*에 큰 영향을 받았다고 알려져 있습니다. 플라톤 철학을 특징짓는 '이데아*'도 원래는 피타고라스 학파가 먼저 철학적으로 사용하기 시작한 개념입니다. 그 밖에 다른 플라톤의 사상도 마찬가지입니다.

이처럼 조금만 생각해도 비슷한 예는 얼마든지 찾을 수 있습니다. 따라서 한 철학자의 생각을 이해하려면, 역사적 관계와 시대 배경을 염두에 두어야 합니다. 철학자들은 서로 영향을 주고받으며 자기만의 독자적인 이론을 형성해 나갑니다. 이 점을 알지 못하면 철학을 깊이 이해하기란 불가능하지요.

독자적인 이론으로 보였던 철학자의 사상 속에서 다른 사람에게 받은 영향과 빌려온 개념 등을 보려는 시도는 철학사를 이해할 때 매우 중요한 관점입니다.

'패러디'란 다른 사람의 작품을 모방하거나 변형해서 사용할 때 쓰는 말입니다. 이때 원작을 숨기지 않고 명확하게 밝힌 후에 일부러 이를 살짝 비틀어서 재미를 이끌어내기도 하지요.

니체는 대표작 『차라투스트라는 이렇게 말했다』를 구상할 때 원래는 비극을 계획했습니다. 하지만 이후 생각이 바뀌면서 패러디를 시도했지요. 역사 속 인물인 조로아스터교의 교주를 주인공 '차라투스트라'로 내세웠고, 말투는 『성서』의 느낌을 따랐습니다. 중심사상도 다른 곳에서 빌려온 개념이어서 그야말로 '패러디'라고 부를 만한 작품이 되었습니다. 이를 인식하고 책을 읽으면 차라투스트라의 엄숙한 말투 안에서 재치를 느낄 수 있습니다.

* 프리드리히 니체: 19세기 독일 철학자. 그리스 고전 문헌학에서 출발하여 그리스 비극을 다룬 『비극의 탄생』을 썼지만, 훗날 스스로 이 책을 비판했다. 주요 저서 『차라투스트라는 이렇게 말했다』에서 '신은 죽었다'라고 주장하면서 니힐리즘이 시작되었음을 선언했다.

* 블레즈 파스칼: 17세기 프랑스 철학자, 수학자, 물리학자. 유고집으로 『팡세』가 있으나 편집에 따라 다양한 버전이 있다. 짤막한 글로 구성된 『팡세』는 인간에 대한 섬세하고 심층적인 관찰이 돋보이며, 프랑스 모럴리스트(인간에 대한 고찰을 수필이나 짧은 글로 표현한 문필가를 이르는 말_옮긴이) 계통의 작품으로 구분된다.

* 미셸 드 몽테뉴: 16세기 프랑스 철학자. 1580년에 출간된 『에세』는 인간에 대한 날카로운 관찰력과 유쾌하면서도 묘한 표현이 돋보이는 책으로, 프랑스 모럴리스트의 바탕이 되었다. 무엇이든 단정하지 말고 '크세주(Que sais-je?, 나는 무엇을 알고 있는가?)'라고 묻는 회의론을 펼쳤다.

* 피타고라스 주의: 기원전 6세기에 피타고라스가 창설한 종교적, 학문적 성격의 교단에서 공통했던 사고방식. '수(數)'를 만물의 원리로 보고, 우주와 인생을 균형과 조화로 이해하고자 했다.

* 이데아: 고대 그리스의 플라톤이 주창한 개념. 원래 뜻은 '보이는 것'인데, 플라톤은 감각적 세계의 너머에 있는 실재이자 모든 사물의 원형이라고 보았다.

대문자 철학은
끝났다!

다른 학문과 달리 철학은 그 역할이 시대에 따라 크게 달라졌습니다. 또한 철학이 다루는 주제도 역사적으로 끊임없이 변천해 왔지요. 이러한 흐름은 크게 네 가지 시대로 나눌 수 있습니다.

먼저 고대 그리스 시대를 대표하는 아리스토텔레스(Basic2 참고)는 철학을 모든 학문을 총괄하는 '우두머리 격 학문'이라고 보았습니다. 그는 논리학, 자연학, 정치학뿐 아니라 시학과 변론술 등 모든 영역을 탐구했는데, 이를 가르치는 것이 '존재로서의 존재'를 해명하는 철학의 역할이라고 생각했습니다.

중세 시대에는 기독교의 힘이 강해지면서 그리스에서 유래한 철학 위로 '신학'이 우뚝 올라섰습니다. 이때는 철학이 '교양 지식(리버럴 아트)'처럼 여겨지면서 신학 공부를 위해 배워두어야 하는 학문으로 받아들여졌지요.

근대에 이르자 전문적인 과학의 발전으로 철학은 또 다시 새로운 역할을 맡아야 했습니다. 철학이 다른 학문의 기초를 정립시키는 학문이 된 것입니다.

이와 같은 시대적 변화는 철학을 다른 학문 위에 위치 지을지, 아래에 둘지에 따른 차이는 있지만 어느 쪽이든 철학의 역할이 매우 크다는 점만은 인정하고 있었습니다. 이를 '대문자 철학(Philosophy)'이라고 합니다. 그런데 20세기 후반에 이르자 '대문자 철학'이라는 이미지가 서서히 무너지기 시작했습니다. 그리스 시대처럼 철학이 다른 학문을 지도할 수 없을 뿐 아니라, 근대처럼 철학이 다른 학문의 기초를 정립시키지도 못하게 되었기 때문입니다.

이렇게 해서 철학도 다른 학문과 마찬가지로 하나의 전문 분야가 되었습니다. 이를 '소문자 철학(philosophy)'이라고 합니다. 하지만 그렇다면 과연 철학은 어떤 전문 영역을 탐구해야 할지 새삼 묻고 싶습니다. 애초에 철학은 고유의 전문 분야가 정해져 있지 않았으니까요.

COLUMN

독일 철학자 마르틴 하이데거*는 고대 그리스에서 시작된 철학은 현대에 이르러 끝을 맞이했다고 보았습니다. 그도 그럴 것이 철학에는 자연학을 비롯한 다양한 학문이 포함되었는데, 시대가 흐르면서 각 학문은 전문 분야로 독립해 나갔고 이제 아무것도 남아 있지 않기 때문입니다. 예를 들어 '마음'을 다루는 학문은 아리스토텔레스가 『데 아니마』에서 논한 이래 철학의 중요한 분야로 자리 잡았지만 오늘날에는 전문 분야인 심리학에서 다루면서 철학에서만 고찰하는 영역이 아니게 되었습니다. 이렇게 약 2500년 이상 이어져 온 철학은 오늘날 죽음을 맞이한 것이지요.

이러한 판단을 어떻게 평가하든 지금 철학의 가능성은 어디에 있는지 진지하게 논의할 필요는 있어 보입니다.

* 마르틴 하이데거: 19~20세기 독일 철학자. 20세기 최고의 철학자로 불리며 전 세계에 영향을 미쳤다. 1927년 발표한 『존재와 시간』은 전광석화처럼 독일 내에 퍼졌다고 한다. 1930년대에 나치에 가담한 일로 이후 크게 비판을 받았고 그에 대한 평가도 엇갈리고 있다.

PART 1 인생의 본질을 알다

CHAPTER 1

인간
HUMAN

인간이란 무엇인가

철학을 시작할 때 그 출발점은 어디로 삼아야 할까요? 이는 실로 어려운 문제입니다. 왜냐하면 철학의 역사는 이미 2500년을 넘어섰고 그 내용도 다양하기 때문이지요.

흔히들 '철학자의 수만큼 철학이 있다'라고 말합니다. 그렇다면 철학의 시작도 이미 방향을 잃지 않았을까요?

하지만 그러한 불안은 한마디로 기우입니다. 20세기 최고의 철학자 중 한 명인 마르틴 하이데거(Basic10 참고)는 『철학 입문』이라는 강의록에서 "우리가 철학이 무엇인지 명확하게 몰랐을 때조차 우리는 이미 철학 속에 있었다"[1]라고 언급했습니다. 왜냐하면 '우리가 인간으로서 존재하는 한 끊임없이, 필연적으로 철학을 하기 때문'입니다.

철학을 시작하기 위해 특별한 지식은 필요 없습니다. 살아있다면 우리는 다양한 사건에 직면할 것이고, 어떻게 대처해야 할지 머리를 굴릴 것이기 때문이지요. 언뜻 철학과는 아무 상관이 없어 보이는 일도 알고 보면 철학과 깊이 연관된 경우가 많습니다.

하이데거는 '우리가 인간이라면 이미 철학을 하고 있다는 뜻이다'라고 말했습니다. 살아 있는 한 우리는 이미 철학 속에 발을 들여놓고 있습니다. 스스로 인식하지 못했을 뿐 이미 철학의 여러 문제에 대해서 생각한 경험이 있다는 말입니다. 철학은 결코 전문가가 독점할 수 있는 분야가 아닙니다. 우리 인간의 삶 속에서 필연적으로 일어나는 일이기 때문이지요.

이러한 이유로 철학의 출발점에서 가장 먼저 '인간이란 무엇인가'라는 질문을 던지고 싶습니다.

철학사를 보면 어느 시대든 '인간'을 둘러싼 문제가 형태만 다를 뿐 계속 등장합니다. 고대나 중세에는 주로 우주나 신을 주제로 다루었지만 그 배후에는 언제나 인간에 대한 관심이 자리하고 있었지요. 그리고 근대에는 이러한 인간에 대한 관심이 전면적으로 부상합니다. 따라서 'CHAPTER 1'에서는 철학의 기반인 '인간'을 어떻게 이해해 왔는지부터 살펴보겠습니다.

모든 질문은
인간으로 거슬러 올라간다

'인간이란 무엇인가'라는 질문은 철학에서 특별한 지위를 차지하고 있습니다. 가령 18세기 말 독일 철학자 임마누엘 칸트(Basic1 참고)는 철학을 '학교적 의미'와 '세계 시민적 의미'로 구분하면서 이렇게 말했지요.

> 세계 시민적 의미에서 철학 영역은 다음과 같은 질문으로 환원된다.
>
> (1) 나는 무엇을 알 수 있는가? — 이는 형이상학을 가리킨다.
> (2) 나는 무엇을 해야만 하는가? — 이는 도덕학을 가리킨다.
> (3) 나는 무엇을 원해야 바람직한가? — 이는 종교가 알려준다.
> (4) 인간이란 무엇인가? — 이는 인간학이 알려준다.
> 처음 세 질문은 마지막 질문과 연관되기 때문에 모든 질문을 인간학이라고 이름 붙일 수도 있다.[2]

철학의 영역은 어떻게 나뉠까요? 이에 관해 옛날부터 여러 설이 존재했습니다. 특히 '학교적 의미의 철학'에서는 꽤나 복잡한 체계가 만들어졌습니다. 하지만 위에서 칸트가 언급한 철학은 그러한 전문가의 철학이 아니라 '세계 시민적 의미', 즉 모든 인간이 행하는 철학을 가리 킵니다.

이렇게 보면 칸트가 보여준 철학의 영역은 매우 간단하고 이해하기 쉽습니다. 따라서 이 책에서도 기본적으로는 이 분류를 따르고자 합 니다. (다만 '무엇을 원해야 바람직한가'에 관한 영역은 조금 바꾸었습 니다.)

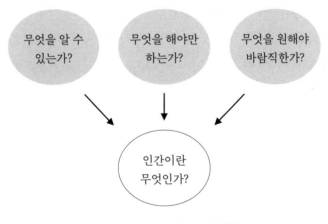

그림7. 세계 시민적 의미의 철학

여기서 특히 강조하고 싶은 것은 <u>철학의 질문이 모두 '인간이란 무 엇인가?'로 수렴한다고 언급하는 부분</u>입니다. 칸트가 이렇게 규정한 만큼, 우리는 인간을 향한 질문이 철학에서 얼마나 중요한 의미를 지 니는지 확인할 수 있습니다. 다만 여기서 '인간학'이라는 용어를 쓸 때 는 주의가 필요합니다.

'인간이란 무엇인가?'라는 질문에 동물학적 관점에서 인간의 특성 과 성격 등을 고찰 대상으로 삼을 수도 있습니다. 이는 말하자면 '생물 학적 인간학'이지요. 혹은 '문화인류학(이것도 인간학입니다)'과 같이 사회 안에서 인간의 친족 관계 등을 밝히는 분야도 있습니다. 하지만 '인간이란 무엇인가?'를 철학적으로 묻는 것은 이와는 전혀 다릅니다. 철학은 우주든 신이든 사회든 모든 것이 '인간에게 어떤 의미가 있느냐'라는 관점으로 접근합니다. 인간은 모든 탐구의 원점이자, 인간의 존재 방식에 따라서 그 밖의 다른 영역에 대한 이해도 달라지지요.

이러한 의미에서 독일 철학자 막스 셸러*는 '철학적 인간학*'을 주장했습니다. 그는 1928년 '우주에서 인간의 지위'라는 강연을 통해 인간이 자신을 어떻게 이해하는가(인간의 자기상)에 따라 세계에 대한 이해도 달라진다고 역설했습니다.

안타깝게도 이 강연 후 얼마 지나지 않아 셸러는 사망했고 '철학적 인간학'은 완성되지 못했습니다. 하지만 그의 기본적인 구상은 지금도 높게 평가받고 있습니다.

* 막스 셸러: 19~20세기 독일 철학자. 철학적 인간학을 주창했지만 저서를 내지는 못하고 구상 단계에 그쳤다.

* 철학적 인간학: '인간이란 무엇인가?'라는 질문을 철학적 관점에서 접근하는 학문. 인간을 철학의 근본으로 두는 사상은 칸트의 철학에서도 찾아볼 수 있지만, 이러한 관점을 이어받아 20세기에 막스 셸러 등이 철학적 인간학을 주요 과제로 삼았다.

인간이여,
너 자신을 알라!

우리는 보통 '나는 내가 가장 잘 안다'라고 생각합니다. 하지만 "과연 그럴까?"라고 되물으면 어쩐지 자신이 없어집니다. 특히 다른 사람을 보고 있으면 '저 사람, 자기를 너무 모르는 거 아니야?' 하는 의문이 들 때가 종종 있습니다. 어쩌면 인간은 자기 자신에 대해 가장 무지한지도 모르겠습니다.

고대 그리스 시대에 소크라테스(Basic2 참고)가 철학을 시작했을 때 사람들에게 처음 요구한 것이 '너 자신을 알라(gnoti seauton, 그노티 세아우톤)'였습니다. 소크라테스는 자신이 얼마나 '무지'한지를 깨닫고 거기에서 참된 지식을 찾으라고 권했지요. 이것이 곧 '지혜를 향한 사랑'으로서 철학으로 발전한 것입니다.

'너 자신을 알라'라는 충고는 근대 철학을 개시한 르네 데카르트*도 힘주어 말했습니다. 데카르트는 철학을 시작할 때 자신이 가진 지식이 올바른지 아닌지를 음미하고 조금이라도 의문이 들면 믿지 않겠다는 태도를 취했습니다. 이를 '방법적 회의'라고 하지요. 예를 들면 감각으로 얻은 지식은 때에 따라서 달라질 수 있습니다. 또한 수학적 지식도 오류의 가능성이 없지 않습니다. 이처럼 조금이라도 의심되는 것을 모두 배제하다 보면 꿈과 현실의 구분조차 의심스러워집니다.

실제로 데카르트는『성찰』에서 '깨어있다는 것과 꿈을 꾸고 있다는 것을 확실히 구별해 줄 어떤 징표도 없다는 사실에 소스라치게 놀란다. 이런 놀라움 자체가 내가 꿈을 꾸고 있는 것은 아닌가 하는 생각에 빠져들게 한다.'[3]라고 말했습니다.

이 이야기의 포인트는 두 가지입니다. 하나는, 꿈에서 현실이라고 생각한 일이 나중에 꿈이었음을 안다 해도 한창 꿈을 꿀 당시에는 현실처럼 느껴진다는 점입니다. 또 하나는, 현실에서 사물을 지각할 때조차 어쩌면 이것도 꿈일지 모른다고 생각할 수 있다는 것입니다. 내가 현실이라고 믿는다 해도 꿈이 아니라고 증명할 만한 근거가 아무것도 없기 때문이지요.

이러한 생각을 발전시키면 인간이 보고 있는 세계 혹은 현실이라고 믿는 세계조차 어쩌면 거대한 환상일지도 모른다고 의심할 수 있습니다. 이 문제는 이후 다양한 형태로 사고 실험(실행 가능성이나 입증 가능성에 구애되지 않고 사고상으로만 성립되는 실험_옮긴이)이 행해지고, 논증과 비판이 시도됩니다. 흥미롭게도 이 문제는 철학만이 아니라 SF 소설의 소재나 영화의 주제로도 활용되고 있습니다. 최근에는 VR(가상현실) 및 AR(증강현실)과 같은 기술도 등장했지요.

이렇게 보면 데카르트의 '방법적 회의'가 참으로 멀리까지 영향을 끼치고 있는 셈입니다.

COLUMN

'꿈과 현실은 구별할 수 없다'라는 주제로 소설을 쓴 작가가 미국의 필립 K. 딕입니다. 그의 단편소설 『도매가로 기억을 팝니다』는 아놀드 슈왈제네거가 주연한 〈토탈 리콜〉이라는 영화로 만들어졌습니다. 영화는 인위적으로 뇌에 가짜 기억을 심었지만, 사실은 그것이 실제로 경험한 진짜 기억이라는 이야기를 바탕으로 장면이 전개됩니다. 무엇이 진짜 기억이고 무엇이 가짜 기억인지 구별할 수 없는 상황을 가정한 것이지요. 그런데 이런 일은 정말 소설이나 영화 속에서만 일어날까요?

---

* 르네 데카르트: 16~17세기 프랑스 철학자. 근대 철학의 아버지로 불리며 중세 철학과는 다른 전통을 만들어냈다. '나는 생각한다. 고로 존재한다'라는 명제로 철학의 원리를 확립시켰으며, 주관주의 철학을 시작했다.

인간은
모두 사형수다

낚시를 하는 사람에게 '앞으로 낚을 물고기를 지금 바로 줄 테니 낚시를 하지 말라'라고 제안한다고 가정해 봅시다. 과연 이 사람은 마침 잘됐다며 낚시를 그만둘 수 있을까요? 아마도 그러기는 어려울 것입니다. 도리어 화를 내면서 "나는 단순히 물고기가 필요한 게 아닙니다!"라고 답할지도 모르지요. 왜냐하면 이 사람이 원하는 것은 '물고기'가 아니라 '낚시라는 심심풀이'이기 때문입니다.

데카르트와 동시대 인물인 파스칼(Basic9 참고)은 이런 이야기를 유고집 『팡세』에 썼습니다. 그에 따르면 인간은 더없이 비참한 상황에 놓여 있어서, 이 상황을 잊기 위해 '심심풀이'를 고안해 냈다고 합니다. 오락이나 놀이는 말할 것도 없고 일이나 공부, 나아가 연애조차도 '심심풀이'에 지나지 않는다는 것입니다.

아무런 심심풀이도 없이 인간에게 시간만 주어진다면 어떨까요? 틀림없이 무료함을 견디지 못하고 뭐든 시간을 보낼 방법(심심풀이)을 찾아 헤맸을 것입니다. 오랜 기간 근무했던 회사(심심풀이)를 그만두면 달리 할 일이 없어서 또 다른 심심풀이가 필요해지듯이 말이지요.

그렇다면 심심풀이가 탄생한 원인이라고도 할 수 있는 인간의 비참함이란 무엇일까요. 파스칼은 인간의 상황을 '사형수'에 비유하며 다음과 같이 말했습니다.

> 여기 몇몇 사람이 쇠사슬에 묶여 있다고 상상해 보자. 이들은 모두 사형을 선고받았다. 그중 몇 사람은 매일 다른 사람 눈앞에서 죽어 나간다. 나머지 사람들은 자신의 운명도 그들과 다르지 않을 것임을 알고 슬픔과 절망에 빠져 서로의 얼굴을 바라보면서 자신의 차례가 오기를 기다린다. 이것이 인간의 처지를 묘사한 그림이다.[4]

우리는 모두 죽음을 피할 수 없고, 매일 다른 사람의 죽음을 목격하고 있습니다. 그런 의미에서 파스칼이 묘사한 장면과 우리의 상황은 하나도 다를 바가 없지요. 그래서 '사형수'와 같은 처지인 현실을 직시만 해서는 견딜 수 없으므로 죽음을 떠올리지 않기 위해 '심심풀이'를 찾는 것입니다. 심심풀이가 없었다면 지루했을 뿐 아니라 참으로 끔찍한 인생이었을 테니 말입니다.

이와 같은 인간의 처지를 하이데거(Basic10 참고)는 『존재와 시간』에서 '죽음으로 향하는 존재'라고 불렀습니다. 그는 인간은 그야말로 죽음에 내던져진 존재로 이를 피할 수 없으며, 만일 인간이 파스칼이 말한 바와 같은 '심심풀이'만을 추구한다면 비본질적인 '퇴락(頹落)'에 빠진다고 보았습니다. 따라서 이러한 퇴락에서 각성하여 죽음을 똑바로 응시하고 본질성을 회복하기(선구적 결의성)를 촉구했지요.

그런데 나치에 가담하고 애인을 여럿 두었던 하이데거의 생애를 보면 그의 삶에서 심심풀이는 부족함이 없었던 듯 보입니다.

파스칼의 『팡세』에는 유명한 문장이 많습니다. 예를 들면 '인간은 생각하는 갈대다', '클레오파트라의 코가 조금만 낮았더라면 역사는 바뀌었을 것이다', '피레네산맥 이쪽에서의 정의는 저쪽에서의 불의다' 등 다양합니다. 『팡세』는 몽테뉴의 『에세』와 마찬가지로 인간을 연구하는 중요한 문헌으로, 쉬운 문장으로 쓰였으니 한 번쯤 읽어 보기를 추천합니다.

BASIC **14**

인간의 의식뿐 아니라
무의식에도 빛을 쏘이자

인간의 '마음'을 떠올릴 때면 보통은 의식에 초점을 맞춥니다. 가령 멍하니 있을 때도 "뭐해?" 하고 물으면 "점심으로 뭐 먹을지 생각하는 중이야"라고 대답하곤 하지요. 이때 우리의 마음은 나 이외에는 알 수 없는 비밀스런 영역으로 여겨집니다. 하지만 과연 인간의 마음이란 우리가 알고 있는 의식만으로 이루어졌을까요?

꿈을 생각해 봅시다. 우리는 종종 내가 왜 이런 꿈을 꿨는지 의아할 때가 있습니다. 이는 스스로는 전혀 알지 못했던 무언가가 우리의 마음을 강하게 지배하고 있는 까닭인지도 모릅니다. 이게 바로 '무의식' 이지요.

인간의 마음에는 의식만이 아니라 무의식도 잠재되어 있습니다. 인간의 무의식에 빛을 쏘이고 그 구조를 밝혀낸 인물이 지그문트 프로이트*입니다. 그는 19세기 말 오스트리아 빈에서 활동을 시작한 정신분석학자입니다. 프로이트는 자신을 과학자라고 여겼지만 그는 철학자이기도 했습니다. 마음을 탐구하는 일은 전통적으로 철학의 영역이었기 때문입니다.

프로이트의 업적은 종종 코페르니쿠스와 다윈에 비견할 만하다고 평가받습니다. 프로이트를 포함한 이 세 명은 '인간의 오만함'을 비판하는 3대 혁명을 일으켰습니다.

코페르니쿠스 혁명에서는 지구 중심적 사고가 비판받았고, 다윈 혁명에서는 인간을 만물의 영장으로 보던 인간 중심적 사고가 비판받았습니다. 마지막으로 프로이트 혁명은 인간의 마음을 둘러싼 의식 중심주의를 타파했지요.

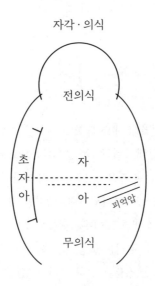

그림8. 프로이트가 밝힌 마음의 구조

프로이트는 인간의 마음에는 드넓은 '무의식'이 자리하고 있으며 '의식'은 표면에 드러난 아주 작은 부분에 불과하다고 말했습니다. 게다가 성가시게도 '무의식'을 조종하는 건 비합리적인 욕망이어서 인간이 이를 억제하기란 어렵다고 보았습니다.

일례로 '인간은 왜 전쟁을 하는가'라는 아인슈타인의 질문에 프로이트는 다음과 같이 답했습니다.

> 인간의 본능에는 두 종류가 있다. 하나는 보존과 통합을 추구하려는 본
> 능. (중략) 이를 에로스적 본능, (중략) 성적 본능이라고 불러도 좋다. (중
> 략) 또 하나는 파괴하고 살해하려는 본능. 공격과 파괴 본능이라는 말로
> 파악되는 것이다.(5)

인간의 무의식에 성적, 에로스적 본능과 공격과 파괴 본능이 자리하
고 있다면 인간이 전쟁을 피하기란 쉽지 않을 것 같습니다. 의식을 따
르는 이성주의에 호소하며 아무리 평화를 외친다 해도 무의식이 이를
무력화시킬 테니 말입니다. 그렇다면 우리는 어떻게 해야 할까요?

프로이트가 말한 '무의식'의 개념을 이해했다면 우리는 전쟁과 평화
에 대해 근본부터 다시 생각해야 합니다. 게다가 이는 전쟁에 관한 문
제에만 해당하지 않습니다. 지금까지 철학은 '의식'을 대상으로 문제
를 다루어왔습니다. 그러나 인간의 마음 깊숙한 곳에 거대한 '무의식'
이 숨어있다면 철학 그 자체에 대한 개조도 해야 하지 않을까요?

---

* 지그문트 프로이트: 19~20세기 오스트리아 심리학자, 정신과 의사. 인간의 무의식을 밝혀
내고 정신분석학을 창시했다. '오이디푸스 콤플렉스'를 비롯한 중요한 개념을 개발하며, 후
대에 커다란 영향을 끼쳤다.

인간은 사람과 사람 사이의 간격이다

'인간'이라는 말을 들으면 먼저 개체로서의 한 사람이 떠오릅니다. 그렇게 따지면 '인(人, 사람)'으로 충분하므로 '간(間, 사이)'은 필요 없을 텐데, 왜 '인'이 아니라 '인간'이 되었을까요?

일본 철학자 와쓰지 데쓰로*는 『인간의 학으로서의 윤리학』에서 인간을 '사람과 사람 사이의 간격'이라고 규정했습니다.[6] 와쓰지는 '인간'의 원래 의미는 '사람의 간격' 즉, '세상' 혹은 '사회'였는데 잘못된 방식으로 널리 쓰이면서 '사람'이라는 의미로 바뀌었다고 보았습니다. 따라서 '인간이란 무엇인가?'라고 질문한다면 다양한 인간관계와 사회의 존재 방식을 밝혀야 한다고 말했지요.

이렇게 인간을 이해하는 관점은 고대 그리스 철학자 아리스토텔레스(Basic2 참고)에게서도 찾아볼 수 있습니다. 그는 『정치학』에서 인간을 신 혹은 다른 동물과 비교하며 다음과 같이 말했습니다.

> 인간은 자연(본성)적으로 폴리스적 동물이다. (중략) 또한 폴리스는 자연(본성)적으로 각 가정과 개인보다 우선한다. 왜냐하면 전체는 필연적

으로 부분보다 앞서기 때문이다. (중략) 공동체 안에서 살 수 없거나, 자급자족하여 함께 살 필요를 느끼지 못하는 자는 결코 폴리스의 일부가 아니다. 그런 자들은 짐승이나 신이다.[7](저자 역)

여기서 '폴리스'란 현대의 '국가'로 바꿔 읽을 수 있습니다. 그렇다면 아리스토텔레스의 글은 '인간은 본성적으로 함께 모여 국가를 형성해서 살아가는 동물이다. 함께 살 수 없는 자는 인간이 아니라 동물이나 신이다'라고 해석할 수 있습니다.

오늘날에는 '사회' 하면 우선 각각의 사람이 전제가 되고, 여기에서 전체인 '사회'가 형성된다고 보는 입장이 더 자연스럽습니다. 하지만 아리스토텔레스는 이러한 생각을 거부했지요. 공동성을 도외시하고 개인을 우선하기란 있을 수 없는 일이었습니다. 물론 반대로 개인을 무시하고 공동체만을 우선하는 것도 불가능합니다. 그런 국가는 유령과 다를 바 없어서 어디에도 존재할 수 없지요. 인간의 공동체는 어디까지나 사람들 간의 여러 관계 속에서 형성됩니다.

개인과 사회는 둘 중 하나만으로 존립할 수 없습니다. 개인을 생각할 때는 항상 사회를 상정하고, 사회를 생각할 때는 항상 여러 개인을 염두에 두어야 합니다. 중요한 것은 개인과 사회가 어떻게 관련되는지를 구체적으로 해명하는 데 있습니다.

와쓰지 데쓰로는 '인간'의 의미뿐 아니라 '윤리'와 '도덕'의 차이도 명확하게 구분했습니다. 그에 따르면 '윤리'는 동료나 친구를 의미하는 '륜(倫)'자가 포함되어 있듯이 사회적 집단의 규범을 뜻한다고 합니다. 이에 반해 '도덕'은 어디까지나 개인적인 마음가짐으로서 집단성은 포함되지 않는다고 보았습니다. 간단하게 말하면 윤리는 사회적 규범이고, 도덕은 개인의 마음가짐이라는 말이지요. 따라서 '인간학으로서의 윤리학'이란 사람과 사람 사이의 간격인 '인간(人間)'이 사회적 집단의 규범으로서 만든 '윤리학'인 것입니다. 와쓰지는 이렇듯 한자의 의미를 쫓아가며 개인적인 도덕보다 뛰어난 사회적인 윤리학을 구상하고자 했습니다.

* 와쓰지 데쓰로: 19~20세기 일본 철학자. 일본 특유의 공동체 의식을 기반으로 독자적인 '윤리학'을 구상했다. 그의 저서 『인간과 풍토』는 일본 문화론으로도 읽을 수 있다.

인간은 페르소나로
살아간다

'사람(人)'을 뜻하는 영어 '퍼슨(person)'은 라틴어 '페르소나(persona)'에서 유래했습니다. '페르소나'란 원래 연극에서 사용하는 '가면'을 의미하는 말이었는데, 여기서 점차 변형되어 연극의 '역할' 혹은 '배우'를 가리키게 되었다고 하지요.

이후 '페르소나'는 연극의 영역에서 벗어나 일상생활에서도 쓰였는데 '페르소나'의 기본적인 의미가 '역할'이라는 점은 변하지 않았습니다. 하지만 근대에 이르자 '페르소나'의 개념은 점차 '역할'이라는 뜻과 멀어지게 됩니다. 결국 '퍼슨'은 '사물'과 구분되는 '인물'을 가리키는 말이 되었고, 나아가 '권리의 주체', '행위의 주체'라는 뜻도 지니게 되었습니다. 오늘날 '퍼슨'을 듣고 '역할'이라는 뜻을 떠올리는 사람은 아마 없을 것입니다.

이러한 근대적 발상에 이의를 제기하고 '페르소나'의 근원적 의미를 되살리려 한 인물이 독일 철학자 카를 뢰비트*입니다. 그는 논문 〈공동인의 역할에서 개인〉(1928)을 발표하고 개인을 '페르소나(역할)'에 근거해서 이해하고자 했습니다.

뢰비트는 노벨 문학상 수상 작가 루이지 피란델로의 희곡을 예로 들며 '인간은 페르소나라는 존재 방식을 가진 개체로, 본질적으로 함께 사는 세계에서 부여받은 일정 역할을 갖고 현실에 존재한다'[8]라고 말했습니다.

개인에게 '역할'이란 어떤 의미를 지닐지 구체적으로 생각해 봅시다. 가령 내가 아들이라면 이는 부모의 입장에서이고, 남편이라면 이는 아내의 입장에서입니다. 마찬가지로 교사라면 학생의 입장에 섰을 때이고, 부하라면 상사의 입장에 섰을 때이지요. 말하자면 '인간은 근본적으로 마주한 타자에 의해 내가 누구인지 결정되고 이로써 현실에 존재한다'라는 뜻입니다. 이렇듯 인간은 타자를 향해 다양한 '역할'을 연기하는 형태로 존재합니다.

하지만 인간이 갖는 역할의 의의는 인정하더라도 정말로 개인을 역할이라는 개념과 떨어뜨려서 이해할 수는 없을까요? 이 부분은 뢰비트가 분석한 피란델로와, 뢰비트 자신의 생각이 미묘하게 다릅니다.

피란델로는 역할에서 벗어난 개인은 상상할 수 없다고 보았습니다. 극 중에서도 '나는 항상 타인을 향한 존재로 나 자신에게는 그 누구도 아니다'라고 말하지요. 하지만 뢰비트는 역할의 의의는 인정하지만 그러한 역할로도 해소되지 않는 개인의 자립성을 확보하고자 했습니다.

역할은 옷처럼 입었다 벗었다 할 수 있는 외면적인 도구일까요, 아니면 몸에 깊이 새긴 문신처럼 뗐다 붙였다 할 수 없는 것일까요? 이를 어떻게 판단할지에 따라 인간을 근본적으로 어떻게 이해할지가 달라집니다.

뢰비트가 분석한 이탈리아의 작가 피란델로의 희곡은 『여러분이 그렇다면 그런 거죠』 (1917)라는 작품입니다. 이 희곡은 폰자 씨와 그의 아내(폰자 부인) 그리고 장모 프롤라 부인의 인간관계를 둘러싸고 벌어지는 이야기입니다. 폰자 씨 말에 따르면 폰자 부인은 전처(리나)가 세상을 떠난 후 재혼한 상대(줄리아)라고 합니다. 이에 대해 프롤라 부인은 폰자 부인이 프롤라 부인의 딸(리나)로, 폰자 씨와는 재혼이라는 형태로 두 번 결혼했다고 말합니다. 이야기는 폰자 부인이 줄리아인지 리나인지 궁금증을 자아내면서 절정을 맞이하지만 마지막에 나오는 폰자 부인의 대답이 오히려 혼란을 가중시킵니다.

"저는 폰자 씨에게는 줄리아이고, 프롤라 부인에게는 리나예요. 나 자신에게는 그 누구도 아니고요."

---

* 카를 뢰비트: 19~20세기 독일 철학자, 철학사가. 하이데거에게 지도를 받았지만, 유대인이라는 이유로 망명을 떠나야 했다. 일본에서도 잠시 교편을 잡은 적이 있다.

인간은 결함적 동물이다

고대 그리스의 플라톤(Basic2 참고)은 대화편 『프로타고라스』에서 그리스 신화에 등장하는 형제 프로메테우스와 에피메테우스의 이야기를 다뤘습니다.

이 이야기에 따르면 신들이 두 사람을 불러 '각 동물에게 어울리는 장비와 능력을 부여하라'라고 명령했을 때 동생 에피메테우스는 형에게 '이 일은 나에게 맡겨 달라'라고 부탁했다고 합니다. 그 결과 어떻게 되었을까요? 플라톤은 다음과 같이 썼습니다.

> 그런데 에피메테우스는 그리 현명하지 못했다. 자신도 모르는 사이에 그만 모든 능력을 동물들에게 다 써버리고 말았다. 아직 인간이라는 종족이 아무런 능력도 받지 못한 채 남아 있었는데 말이다. 에피메테우스는 순간 어찌할 바를 몰랐다. 곤란해하던 그에게 프로메테우스가 신의 명령을 잘 수행했는지 확인하기 위해 찾아왔다. 그러자 다른 동물들은 모두 그에 어울리는 능력을 갖추었는데 인간만은 벌거벗은 채, 신을 것도 깔 것도, 아무런 무기도 없이 있는 게 아닌가.(9)

동생의 실수를 보다 못한 형 프로메테우스가 인간을 위해 '기술적인 지혜와 훔친 불'을 선물했다는 일화는 유명합니다.

이 이야기에 나오는 주요한 논점은 무엇일까요? 첫째는, 인간이란 다른 동물과 달리 특별한 장비도 능력도 없는 이른바 '결함적 존재'라는 점입니다. 추위를 견딜 가죽도 없거니와 하늘을 날 날개도 없지요. 치타처럼 빠르지도 못하고 사자처럼 튼튼한 어금니도 없습니다. 두 번째로 확인할 점은 인간은 '결함적 존재'이기에 이를 채울 '기술'을 필요로 한다는 점입니다. 인간을 '호모 파베르*'라고 보는 관점도 있듯이, 기술은 인간 탄생과 함께했다고 할 만큼 역사가 깊습니다. 기술이나 테크놀로지라고 하면 최근에 일어난 성과로 보이지만, 기술은 그야말로 인간과 함께 존속해 왔다고 봐야 합니다.

그럼에도 철학에서는 오랜 기간 동안 기술에 그다지 관심이 없었습니다. 어쩌면 억압해 왔다고 보는 게 맞을지도 모르겠네요. 그런데 20세기가 되자 기술이 철학의 주제로 다뤄지기 시작했습니다. 그중 중요한 역할을 독일 철학자 아르놀트 겔렌*이 맡았습니다. 그는 『인간, 그 본성과 세계에서의 위치』(1940)를 쓰고 인간을 '결함적 존재'로 규정했으며, 이를 바탕으로 철학적 인간학을 전개했습니다. 또한 최근 세상을 떠난 프랑스 철학자 베르나르 스티글러*는 대작 『기술과 시간』을 펴내고, 기술의 근본적 의의를 역설했습니다. 이처럼 현대에는 기술을 빼고서는 철학을 논할 수 없게 되었습니다.

철학자 스티글러는 매우 특이한 경력을 지닌 인물입니다. 1952년에 태어난 그는 1968년 학생 운동에 연루되어 고등학교를 중퇴하고 여러 일을 전전하다가 재즈 카페를 차리지만 가게 운영에 애를 먹으면서 술과 약에 빠져 살았습니다. 이후 은행 강도 혐의로 5년간 감옥살이를 하는데, 복역 중에 철학에 눈을 뜨면서 통신교육으로 대학 학위를 취득했습니다. 출소 후 철학자 자크 데리다의 지도 아래 박사 논문까지 완성했지요. 이후 굵직굵직한 저서를 발표하면서 지금의 자리에 올랐습니다. 참으로 대단한 삶이 아닐 수 없습니다. 그의 삶은 우리에게 철학은 언제든지 가능하고 또 어디서든 시작할 수 있음을 알려줍니다.

* 호모 파베르: 라틴어에서 유래한 말로, 공작인(工作人)이라는 뜻이다. 생각하는 인간을 의미하는 '호모 사피엔스'와 대립되는 개념으로 만들어졌다. 옛날부터 쓰였지만 20세기에는 막스 셸러와 베르그송 등이 주로 사용했다.

* 아르놀트 겔렌: 20세기 독일 철학자. 철학적 인간학을 펼치며 현대의 보수주의에도 영향을 주었다.

* 베르나르 스티글러: 20~21세기 프랑스 철학자. 미디어와 기술에 관한 지식이 풍부해서 필생의 과업으로 『기술과 시간』을 3권까지 발표했지만 살아있는 동안 완성하지 못했다.

인간은 이유를 주고받는 게임을 한다

　오래전부터 인간을 규정할 때면 '로고스'라는 개념에 주목해 왔습니다. 로고스는 기본적으로 다음과 같은 두 가지 의미를 지닙니다. 하나는 '말', 다른 하나는 '이법(理法)' 혹은 '이성'입니다. 따라서 인간을 '로고스적 동물'이라고 하면 '말을 하는 동물'인 동시에, '이성을 지닌 동물' 혹은 '이법을 따르는 동물'이라고 해석할 수 있습니다.

　'로고스'의 두 가지 의미를 활용해서 현대에 '프래그머티즘(Basic25 참고)'을 부흥시키고자 한 인물이 미국 철학자 로버트 브랜덤*입니다. 그는 인간과 그 밖의 동물이 어떻게 다른지 물으면서 우리 인간의 특징을 '이유에 구속된 존재로, 더 나은 이유가 갖는 고유한 힘에 굴복한다'[10]라고 규정했습니다. 여기서 '이유'란 영어의 'reason'을 뜻하는 동시에 '이성'을 의미합니다. 따라서 이유가 있다는 것은 '합리적이면서 이성적'이라는 뜻도 포함되지요. 브랜덤은 이러한 전통적인 이성(이유)의 개념을, 언어를 사용해 서로 대화하고 논의하는 장면으로 이해하고자 했습니다.

　20세기 철학은 보통 '언어적 전환'으로 구분 짓습니다. 즉, 언어를 사용해서 문제를 탐구했지요. 브랜덤은 언어적 전환의 계보를 따르면서 동시에 전통적인 이성주의와의 통합을 시도했습니다. 이를 단적으로 보여주는 개념이 바로 '이유의 공간'입니다.

'이유의 공간'은 원래 20세기 중반 미국에서 활약한 철학자 윌프리드 셀러스*가 제시한 개념입니다. 쉽게 말하자면, 언어로 이유를 주고받는 사고의 체계를 가리킵니다.

좀 더 깊이 이해하기 위해서 앵무새와 인간을 비교한 예를 살펴봅시다. 앵무새가 눈앞의 빨간색 물건을 보고 "이것은 빨간색이다"라고 말했다고 합시다. 이는 인간이 "이것은 빨간색이다"라고 말하는 것과 어떻게 다를까요? 말하는 내용만 놓고 보면 둘은 같은 언어를 쓰고 있으니 다를 바가 없습니다. 게다가 앵무새도 빨간색이 아닌 다른 색을 보여주면 이를 두고 빨간색이라고 말하지 않습니다. 그렇다면 대체 무엇이 다르단 말일까요?

브랜덤은 인간이 '빨간색'이라는 말을 내뱉을 때 여러 가지 논리적 판단을 행한다고 보았습니다. 예를 들면 '노란색은 아니다, 이것은 색의 한 종류다, 붉은빛도 빨간색이다'와 같은 이유를 찾는다는 것이지요. 이와 달리 앵무새는 '이것은 빨간색이다'라고 말할 순 있어도 인간이 행한 추론의 과정을 거칠 수는 없다고 합니다. 다시 말해, 인간은 이유를 찾아 추론하는 과정을 거친다는 점에서 '이유의 공간' 속에 있다는 말입니다. 당연히 앵무새는 이곳에서 살지 못하겠지요.

이와 같은 방식으로 언어를 사용하는 인간의 사고체계를 철학적으로 생각하면 뭐라고 해야 할까요? 브랜덤은 이를 규범적 프래그머티즘*이라고 불렀고, 이는 현대 철학에서 매우 중요한 흐름으로 자리 잡았습니다.

앵무새와 자동 온도 조절기, 그리고 인간의 차이는 무엇일까요? 앵무새도 자동 온도 조절기도 주위 환경에 적절하게 반응할 줄 압니다. 인간에게 가르침을 받은 앵무새는 빨간색 물건을 보고 '빨간색'이라고 말하고, 파란색 물건을 보고 '파란색'이라고 말합니다. 자동 온도 조절기도 외부의 온도가 높으면 금속이 팽창되어 에어컨의 온도를 내리는 버튼을 누르고, 반대로 낮으면 수축되어 올리는 버튼을 누르는 방식으로 온도를 조절합니다. 하지만 앵무새와 자동 온도 조절기는 인간처럼 추론을 하지는 못합니다. 주변 환경에 대해 적절하게 반응할 뿐 그 이유를 찾고 답을 구하는 능력은 없는 것이지요. 이는 오직 인간에게만 있는 능력입니다. 이것이 전통적으로 인간을 '이성적인 동물'로 부르는 근거이기도 합니다.

* 로버트 브랜덤: 20~21세기 현존하는 미국 철학자. 리처드 로티의 제자로, 프래그머티즘을 추론주의에 근거해서 재구성했다. 1994년 발표한 『명시화』는 규범적 프래그머티즘을 대표하는 작품으로 매우 높게 평가받고 있다.

* 윌프리드 셀러스: 20세기 미국 철학자. 전후 미국을 대표하는 철학자 중 한 명이다. 분석철학과 프래그머티즘을 잇는 중요한 역할을 담당했다. 주요 저서로는 『경험론과 심리철학』이 유명하다.

* 규범적 프래그머티즘: 현대 미국 철학자 로버트 브랜덤이 체계화한 사상. 인간의 의사소통을 '이유'를 주고받는 게임으로 보며 사고할 때 규범('이렇게 생각해야 한다'라고 하는 이유)을 중시한다.

인간은 곧
끝을 맞이한다?

철학적 질문을 '인간'에서 시작할 때, 빼놓을 수 없는 이야기가 있습니다. 바로 20세기 프랑스 철학자 미셸 푸코*가 제시한 '인간의 죽음'이라는 테제입니다. 그는 1966년에 발표한 『말과 사물』에서 다음과 같이 썼습니다.

> 아무튼 한 가지는 확실하다. 그것은 '인간'이 인간의 지식에 제기된 가장 오래된 문제도, 가장 항상적인 문제도 아니라는 것이다. (중략) 인간은 사고의 고고학에 의해 최근의 산물임이 드러난 하나의 발명품에 불과하다. 그리고 필경 인간의 종언은 가까이 다가왔다. (중략) 인간은 파도에 씻겨 지워지는 바닷가 모래 위의 얼굴처럼 소멸할 것이다.[11]

푸코가 말한 '인간의 죽음'이란 대체 뭘 말하는 걸까요? 가끔 오해할 때가 있는데, 여기서 말하는 죽음이란 생물로서의 멸종이 아닙니다. 어디까지나 개념으로서의 '인간'의 죽음이며, 구체적으로는 '인간'을 중심으로 사물을 이해하는 발상과 사고방식의 끝을 가리킵니다.

푸코는 인간 중심적 사고가 근대에 도입되었고, 구체적으로는 칸트가 표명했다고 보았습니다. Basic11(모든 질문은 인간으로 거슬러 올라간다)에서도 언급했지만 인간의 입장에서 모든 것을 생각하는 관점은 칸트에서 시작되었습니다.

역사적으로 보면 근대적인 인간 중심적 사고는 니체가 선언한 '신의 죽음'으로 야기되었습니다. 혹은 니체 자신도 말한 바 있듯이 인간이 '신을 죽임'으로써 인간 중심적 사고가 성립되었다고도 볼 수 있지요. 근대 이전 '신'이 중심이었던 세계에서 인간이 신을 죽이면서 근대적인 인간 중심적 사고가 성립한 것입니다.

그런데 푸코는 이러한 인간 중심적 시대가 곧 끝을 맞이하리라고 말했습니다. 칸트를 기점으로 생각하면 인간이 중심이었던 시대는 18세기 말에서 20세기 말입니다. 도식화하면 '신의 죽음 → 인간의 탄생 → 인간의 죽음'으로 표현할 수 있겠습니다.

그렇다면 우리는 푸코가 말한 인간의 죽음을 구체적으로 어떻게 이해해야 할까요? 여기에 단서를 제공해 주는 인물이 현대 독일 철학자 페터 슬로터다이크입니다. 그는 1999년에 발표한 『인간농장을 위한 규칙』에서 푸코의 '인간의 종언'이라는 테제를 '포스트 휴머니즘'이라고 보고, 21세기의 방향성을 내놓았습니다. 슬로터다이크는 포스트휴머니즘에서는 생명공학(바이오테크놀러지)을 활용하여 '인간의 한계를 극복'하는 한편, 디지털 정보기술의 발달로 근대적인 휴머니즘(인본주의)을 초월한다고 보았습니다.

이러한 관점에서 생각해 보면 '인간의 종언'이라는 테제도 꽤 현실성 있는 주장처럼 느껴지기도 합니다.

---

* 미셸 푸코: 20세기 프랑스 철학자. 푸코의 사상은 구조주의에서 포스트구조주의로 발전하며 프랑스 현대 사상의 중심이 되었다. 1966년에 발표한 『말과 사물』에서는 '인간의 죽음'을 선언하며 크게 주목을 받았다.

CHAPTER 2

지 식
KNOWLEDGE

무엇을 알 수 있는가

인간의 마음은 종종 세 가지로 분류됩니다. 18세기 후반 칸트(Basic1 참고)는 인간의 마음을 이성(知), 감정(情), 의지(意)로 구분했으며, 이를 바탕으로 유명한 3대 비판서인 『순수이성비판』, 『실천이성비판』, 『판단력비판』을 썼습니다. 그리고 플라톤(Basic2 참고)은 인간의 영혼은 '이성, 기개, 욕망' 세 가지로 구성되며, 이에 따라 국가의 구성원도 지배자, 보조자, 일반 시민으로 나뉜다고 보았습니다.

엄밀하게 따지면 칸트와 플라톤의 구분은 일치하지 않습니다. 하지만 둘 다 인간의 이성, 즉 '지성'을 높이 평가했다는 점에서는 같습니다. 인간에게는 무엇보다 '지성(앎)'이 가장 근본적인 부분이기 때문입니다. 그래서 아리스토텔레스(Basic2 참고)는 『형이상학』의 서두를 '앎'에서 시작하며 '모든 인간은 태어나면서부터 알기를 원한다'[1]라고 말했습니다.

다만 여기서 아리스토텔레스가 말한 '앎'이란 단순히 지성적인 영역만이 아니라 감각적인 영역까지 포함하고 있음에 주목해야 합니다.

따라서 인간의 '앎에 대한 욕구'를 이해하려면 감각에까지 시선을 넓혀야 합니다.

역사적으로 보면 감각과 이성 중 어느 것을 더 우선하느냐에 따라 경험주의(Basic7 참고)와 이성주의로 나뉘어 대립각을 세웠습니다. 경험주의는 감각에서 출발하여 이로부터 무엇을 지성적으로 이해할 수 있는지를 논했다면, 이성주의는 감각을 배제하고 이성에 따른 인식만을 진리라고 여겼습니다.

경험주의와 이성주의의 대립은 결코 어제의 이야기가 아닙니다. 현대에도 여전히 진행 중이지요. 따라서 지금 필요한 자세는 어느 한쪽을 지지하기보다는 양자의 생각과 근거를 이해하여 무의미한 오해와 혼란을 피하는 것입니다. 'CHAPTER 2'에서는 지금도 자주 수면 위로 떠오르는 논의를 다루고 있으므로, 현실적이고 구체적인 문제를 생각할 때 도움이 될 것입니다.

현상이 아닌
본질을 파악하라

새로운 사건을 맞닥뜨리면 많은 사람이 눈에 보이는 현상에 집착하다가 그 아래 숨어 있는 본질을 놓치고 맙니다. 예를 들면 커다란 사회적 변화가 발생하면 일어난 사건 하나하나에 민감하게 반응하면서 우왕좌왕할 때가 있습니다. 정작 사건의 본질 즉, 사건이 발생한 근본적인 원인 혹은 근거가 무엇인지는 이해하지 못하는 것이지요.

이러한 상황을 설명하기 위해 플라톤(Basic2 참고)은 『국가』에서 그 유명한 '동굴의 비유'를 들며 지식의 본보기를 제시했습니다. 이에 따르면 동굴 안에서 손발이 묶여 뒤를 돌아보지 못하는 인간은 벽에 비친 '그림자'만을 본다고 합니다. 그래서 인간은 그림자를 실재라 믿고 진짜 진실은 알지 못한다는 것이지요.

플라톤은 인간을 동굴에서 해방시키고 진실로 안내하는 것이 '철학'의 역할이라고 생각했습니다. 그렇다면 현상(그림자)과 구별되는 '본질(실재)'이란 대체 무엇일까요.

플라톤의 경우에는 사물의 본질을 '이데아'라고 불렀습니다. 이는 현재 쓰이는 '아이디어(idea)'의 기원이 된 말이기도 합니다. 플라톤은 이러한 이데아를 원래부터 갖추고 있는, 선천적인, 다시 말해 생득적인 진리라고 보았습니다. 가령 '개란 무엇인가(개의 본질)'를 알고자 할 때 보통은 흰둥이, 누렁이와 같은 각각의 개를 모아 놓고 여기서 공통점을 찾아내면 '개의 본질'을 알 수 있다고 생각합니다. 이를 의미의 추상적 이론이라고 부릅니다. 하지만 애초에 '개의 본질'을 모르는 사람이 어떻게 각각의 개를 모을 수 있을까요? 또한 어찌저찌 모은다고 해서 무엇이 개의 공통점인지 어떻게 알 수 있을까요? 이러한 방법이 실현 가능하려면 인간은 이미 '개의 본질(이데아)'을 알고 있어야만 합니다. 이게 바로 플라톤의 주장이지요.

그런데 사물의 본질(이데아)을 생득적으로 알 수 있다는 플라톤의 주장은 이후 매서운 비판을 받았습니다. 특히 그 선두에 선 자가 플라톤의 제자 아리스토텔레스(Basic2 참고)였습니다. 그는 『데 아니마(영혼에 관하여)』에서 '가능성 안에 있는 지성은, 현실성에 있어서는 아직 아무것도 적히지 않은 서판과 같다'[2]라고 말했지요.

여기서 나온 '빈 서판'이라는 말이 이후 라틴어 '타불라 라사(백지 상태)'로 유명해진 것입니다. 인간의 마음은 원래 아무것도 적히지 않은 '타불라 라사(백지 상태)'로, 경험을 통해 이곳에 지식이 채워진다는 비유입니다. 아리스토텔레스는 인간이 태어나기 전부터 '이데아'를 가지고 있다는 생각은 인정하지 않았습니다.

플라톤과 아리스토텔레스의 대립은 역사적으로 여러 차례 반복되었습니다. 따라서 어느 한쪽에 성급한 답을 요구하기보다는 우선 이 대립이 왜 일어났는지, 그 근거를 이해하는 것이 더 중요합니다.

편견을 배제하고
경험에서 생각하라

인간의 지식은 대체 어떤 도움이 될까요? 이론과 학문에 대해서 이렇게 묻고 싶어질 때가 있습니다. 만약 철학이 단순히 한가한 자들의 도락(道樂)이 아니라면 대체 어디에 유효한 것인지 참으로 궁금해집니다.

이에 대해 영국 철학자 프랜시스 베이컨*은 '아는 것이 힘이다'라는 명언을 남깁니다. 베이컨은 셰익스피어와 동시대인인데, 둘 다 베일에 싸여 있어서 종종 동일 인물이 아니냐는 설이 돌기도 했습니다. 물론 진위는 아직 밝혀지지 않았지요. 게다가 같은 이름을 지닌 현대 화가도 있어서 베이컨을 설명할 때는 조금 주의가 필요합니다.

베이컨은 이 명언을 『신기관』[원제: 노붐 오르가눔(새로운 오르가논)]에서 언급했습니다. '오르가논'은 도구라는 뜻으로, 이 책은 생각하기 위한 새로운 도구를 주요 논제로 다루고 있습니다. 책의 제목은 아리스토텔레스가 쓴 논리학 책들을 '오르가논'이라고 부른 데서 유래했습니다. 베이컨은 아리스토텔레스에서 한 발짝 더 나아가 새로운 논리학이 필요함을 역설한 것이지요.

'아는 것이 힘이다'라는 말과 함께 베이컨은 사람들에게 무엇을 전달하려고 했을까요?

> 인간의 지식은 힘과 일치한다. 왜냐하면 원인을 모르면 결과를 낼 수도 없기 때문이다. 자연을 지배하기 위해서는 먼저 자연을 섬겨야 한다. 사색을 통해 알게 된 원인은 작업의 규칙에 대응한다.[3] (저자 역)

다시 말해 자연 현상의 원인을 알지 못하면 자연의 횡포에 당하기만 할 뿐 자연을 지배할 수는 없다는 뜻입니다. 이는 대인 관계에서 타인의 마음과 행동의 원인을 모르면 그 사람을 다룰 수 없는 것과 마찬가지입니다.

그렇다면 이러한 지혜를 얻으려면 어떻게 해야 할까요?

베이컨은 두 가지 방법을 제시했습니다. 하나는 '이돌라'를 배제하는 것입니다. 이돌라는 보통 '우상' 혹은 '환영'으로 번역되며, 요즘 쓰는 '아이돌'이라는 말의 어원이기도 합니다. 베이컨은 '이돌라'란 인간이 잘못 지니고 있는 '선입관'으로 총 4가지 유형이 있다고 했습니다.

① 종족의 우상 (본능적 이돌라)
② 동굴의 우상 (개인적 이돌라)
③ 시장의 우상 (언어에 따른 이돌라)
④ 극장의 우상 (권위에 의한 이돌라)

이름만 들어도 무슨 뜻인지 대략 짐작이 갈 것입니다.

지혜를 얻기 위한 또 하나의 방법은 실험과 관찰을 바탕으로 귀납적 추론을 하는 것입니다. 중세에는 주로 일반적 전제에서 출발하여 개별적인 결론을 이끌어내는 연역법을 사용해 왔습니다. 베이컨은 여기에 반기를 들고 경험을 바탕으로 개별적인 사례에서 출발하여 단계적으로 일반 규칙을 이끌어내는 귀납법을 제창한 것이지요.

이에 따라 베이컨은 이후 이어지는 영국 경험론의 시조가 되었습니다. 경험론에서는 선입관을 배제하고 귀납법에 근거하여 경험 안에서 법칙과 지식을 얻는 것을 목표로 합니다.

COLUMN

경험주의와 이성주의의 대립은 근대에 들어와서는 지역적인 대립으로서 영국 경험론과 대륙 합리론*의 대립으로 나타났습니다. 이중 직접적인 논쟁은 영국의 존 로크(Basic7 참고)와 독일의 고트프리드 라이프니츠(Basic7 참고) 사이에서 벌어졌지요.

로크는 『인간지성론』을 쓰고 인간의 지식이 감각과 경험에서 유래함을 역설하면서 영국 경험론을 대표하는 철학자가 되었습니다. 이를 정면으로 부정한 것이 라이프니츠의 『신인간지성론』이지요. 제목만 봐도 라이프니츠의 의도가 느껴집니다. 이 책에서 그는 경험론을 비판하며 다음과 같은 유명한 문구를 남겼습니다.

– 감성 속에 없었던 것은 지성 속에도 없다. 단, 지성 그 자체를 제외하고[4] (저자 역)

* 프랜시스 베이컨: 16~17세기 영국 철학자. 영국 경험론의 시조로 '아는 것이 힘이다'라는 명언을 남겼다. '우상(이돌라)'이라는 개념으로도 유명하다.

* 대륙 합리론: 근대 철학을 분류할 때 영국 경험론에 대항하는 흐름으로서 제시되는 사상이다. 데카르트를 필두로 스피노자, 라이프니츠 등이 여기에 속한다. 수학적 진리를 바탕으로 한 이성적인 인식을 중시한다.

나는 생각한다, 고로 나는 존재한다

　우리가 보고 듣고 느끼는 세상은 실제로도 그와 같은 모습을 하고 있을까요? 사실은 단지 그렇게 생각할 뿐으로 어쩌면 전혀 다른 모양새를 하고 있을지도 모릅니다. 나에게 보이는 모습과 너에게 보이는 모습은 과연 똑같을까요?

　눈앞의 꽃을 보고 "빨간색 꽃이 예쁘네"라고 말했다고 합시다. 그런데 옆에 있는 사람이 "응? 나는 그렇게 생각하지 않는데?"라고 했다면 무슨 이유에서일까요? 두 사람에게 보이는 꽃은 똑같이 빨간색일까요? 아니면 똑같이 보이기는 하지만 서로 다르게 느낄 뿐일까요? 그것도 아니면 보는 방식 자체가 다른 걸까요? 아니 그 전에 같은지 다른지를 어떻게 확인할 수 있을까요?

　이럴 때 큰 의미를 지니는 말이 프랑스 철학자 르네 데카르트(Basic12 참고)의 '나는 생각한다, 고로 나는 존재한다'입니다. 데카르트는 『성찰』에서 절대 확실하다고 말할 수 있는 지식을 얻기 위해서 지금까지 자신이 갖고 있던 모든 지식을 일단 의심하고, 그것이 진실인지 아닌지를 음미합니다. 이것을 우리는 '방법적 회의'라고 부르지요.

이를 위해 데카르트는 우선 감각적 지식을 검토하고, 이것이 때때로 틀릴 수도 있다는 사실을 확인합니다. 다음으로는 수학적 지식을 선별하는데 이 역시 오류의 가능성이 있음을 깨닫습니다. 이러한 의심 끝에 등장하는 것이 소위 말하는 '꿈의 가설'입니다. '꿈과 현실을 구별할 수 있는가'라는 문제지요.

나아가 데카르트는 마음속 의심을 철저하게 검증하기 위해서 '악마'라는 존재를 가정합니다. 다음 글을 살펴봅시다.

> 이 악마는 모든 땅, 하늘, 연장적 사물, 형태, 크기, 장소도 존재하지 않는데, 나에게 이러한 것이 지금 보이는 대로 존재한다고 생각하도록 만든 것은 아닐까?(5)

가령, 눈앞의 도형을 보고 '사각형'이라고 말하거나 '2+3=5'라고 답할 때 이 모든 것이 악마가 의도한 속임수에 지나지 않을지도 모른다는 말입니다. 이렇게까지 한다면 확실한 지식 따위 아무것도 없다고 말하고 싶어지지요.

이처럼 모든 지식을 의심한 결과 데카르트는 어디에 이르렀을까요? 그는 최종적으로 '의심하고 있는 나 자신은 존재한다'라는 사실을 확신합니다. 이를 표현한 말이 '나는 생각한다, 고로 나는 존재한다'인 것입니다. 워낙 유명한 말이니 이 표현이 나오는 『방법서설』의 구절을 인용해 두겠습니다.

> 나는 깨달았다. 내가 이처럼 모든 것은 거짓일지 모른다고 생각하는 동안에도 그렇게 생각하는 나 자신은 필연적으로 무언가가 아니면 안 된다고. 그리고 '나는 생각한다, 고로 나는 존재한다'라는 진리는 회의론자*의 그 어떤 터무니없는 가정에도 절대 흔들리지 않는 견고하고 확실한 사실이라는 점을 인정했다. 그러므로 나는 이 진리를 내가 구하고자

PART 1　인생의 본질을 알다

했던 철학의 제1원리로서 이제 안심하고 받아들일 수 있겠다고 판단했다.[6] (저자 역)

모든 것을 의심한 끝에 완전히 정반대로 돌아서서, 이처럼 의심하는 일 자체가 '나는 존재한다'라는 사실을 증명해 준다는 논리입니다. 또한 이렇게 확립된 '나는 생각한다'로부터, 데카르트는 그 밖의 진리도 기초를 다져가고자 했습니다. 이러한 방식은 꽤나 아슬아슬한 줄타기를 하는 듯한 논증법이어서 오늘날에도 여전히 이를 둘러싼 논의가 계속되고 있습니다.

COLUMN

데카르트에 뿌리를 둔 철학적 논의 중에 '착시 논쟁'이라는 것이 있습니다. '100원짜리 동전을 위에서 정면으로 보면 원형이지만, 비스듬히 보면 타원형이라는 사실을 어떻게 받아들여야 하는가'라는 문제지요.
원래는 정확하게 동그라미 모양이지만 비스듬히 봤을 때는 타원형으로 잘못 보인다고 해야 할까요? 아니면 동그라미 모양도 보는 방법에 따른 하나의 결과에 지나지 않을까요? 다시 말해, 원형도 타원형도 보는 방법에 따른 차이일 뿐 어느 하나가 진실이라고 할 수 없다는 뜻입니다. 자, 둘 중 어느 의견에 더 설득력이 있다고 생각하나요?

★ 회의론자: 고대 그리스 이후 인간의 인식에 대해 확실한 진리를 부정하는 사고방식을 회의론이라고 한다. 부정하는 방식에 따라 다양한 입장이 있다.

'코페르니쿠스적 전환'
이란?

아무리 시행착오를 겪어도 기존의 발상으로는 해결할 수 없는 일이 있다면 어떻게 해야 할까요? 아마도 그 발상 자체를 근본적으로 뒤집어보려는 시도를 하지 않을까요? 이처럼 기존의 사고방식을 180도 반대로 바꾸는 일을 종종 코페르니쿠스와 연관 지어 '코페르니쿠스적 전환'이라고 말합니다.

이 표현은 칸트(Basic1 참고)가 『순수이성비판』에서 행한 철학 혁명에서 유래했습니다. 그는 '지금까지 우리의 모든 인식은 대상을 따라야만 한다고 가정'했지만, 이 전제 아래에서는 문제가 해결되지 않는다고 보았습니다. 그래서 다음과 같은 의견을 내놓았지요.

> 우리는 형이상학의 여러 과제를, 내가 가정한 바와 같이 대상이 우리의 인식을 따라야만 한다면 좀 더 잘 해결할 수 있을지 한번 시험해 보는 게 어떨까. (중략) 이 내용은 코페르니쿠스의 최초의 생각과 같은 것으로(이하 생략).(7)

조금 어렵게 표현되어 있지만 이를 도식화하면 쉽게 이해할 수 있습니다. 이전에는 '인식은 대상을 따른다'라고 생각해 왔지만 칸트는 이를 정반대로 '대상이 인식을 따른다'라고 뒤집은 것입니다.

유명한 뉴턴의 사과를 예로 들어 설명해 보겠습니다. 기존의 방식대로라면 ①처럼 대상(사과가 나무에서 떨어진다)이 있어야 인식(만유인력을 생각한다)이 생겨납니다. 이를 코페르니쿠스적 전환으로 칸트의 주장을 따르자면 ②처럼 인식(만유인력을 생각한다)이 있어야 비로소 대상(사과가 나무에서 떨어진다)의 의미를 이해할 수 있다는 뜻입니다.

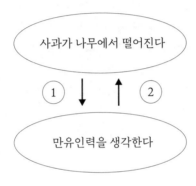

그림9. 인식은 대상을 따를까, 아니면 대상이 인식을 따를까

이러한 차이는 구체적으로 무엇을 의미할까요? 칸트는 수학과 자연과학의 사고방식을 모델로 삼았으므로 이를 사용해서 이해해 봅시다. 이전의 사고방식(①)에서는 대상을 찬찬히 관찰해서 이를 통해 대상의 존재를 배우고자 했습니다. 하지만 대상을 멍하니 바라본다고 반드시 올바른 정답에 이르는 것은 아니지요. 그래서 칸트는 ②처럼 대상을 관찰할 때 미리 자신의 생각(예를 들면 가설)을 정리해 두고 이것이 바른지 아닌지를 확인하자고 제안한 것입니다. 어떤 가설을 세우는지에 따라 대상을 이해하는 방식이 달라지기 때문입니다.

이러한 사고방식의 전환을 칸트는 학생이 교사(대상)가 가르쳐주는 대로 배울지, 아니면 재판관처럼 피고인(대상)에게 자신의 가설을 씌우고, 심문을 통해 진실을 고백하게 할지의 차이라고 설명했습니다. 실제로 연구자가 적절한 생각과 가설을 가지고 있지 않다면 대상에게서 진실을 밝혀내기란 참으로 어려운 법이니까요.

COLUMN

칸트는 인간이 지닌 생각과 가설은 인간의 공통적인 개념과 범주 안에 속한다고 보았습니다. 선글라스를 떠올리면 이해하기 쉽습니다. 녹색 선글라스를 쓰고 대상을 보면 녹색으로 보이듯이 우리 인간도 대상을 관찰할 때 저마다 고유의 인식 장치를 가지고 있고 이것이 대상을 인식하도록 돕는다는 말입니다.

이와 같은 생각을 현대에는 '구성주의*'라고 부릅니다. 대상을 어떻게 인식하느냐는 사람마다 다르게 구성되기 때문이지요. 구성주의의 사상은 최근 철학뿐 아니라 그 밖의 다른 영역에도 영향을 미쳐서 다양한 형태로 쓰이고 있습니다. 따라서 구성주의라고 미처 인식하지 못하고 받아들일 때도 많습니다.

* 구성주의: 현대에는 사회구성주의라는 말로 사용되고 있다. 현실 혹은 과학적 사실이 알고 보면 인간의 사회적인 관계에 의해 구성된다고 보는 입장으로, 칸트의 인식론을 바탕으로 형성되었으며 이후 다양한 이론이 가미되었다.

잘 알려진 것이 반드시
잘 인식된 것은 아니다

집에서든 직장에서든 우리는 보통 사회 통념과 상식에 준하여 생활해야 한다고 생각합니다. 따라서 일반적으로 통용되고 있는 지식을 익히는 일이 우선으로, 이를 응용하는 것은 나중 문제가 되지요.

그런데 이러한 지식과 상식이 우리에게 방해가 되는 경우도 적지 않습니다. 혹은 불편을 주지는 않더라도 이러한 상식이 대체 무슨 근거로 만들어졌는지 도무지 이해가 가지 않을 때도 있습니다. 이럴 때는 헤겔*이 『정신현상학』에서 알려준 경구를 한번 떠올려봅시다.

> 잘 알려진 것들은 보통 (중략) 잘 알려진 것이라고 해서 잘 알고 있는 것은 아니다. 무언가를 인식할 때 어떤 것을 잘 알려진 것으로 전제하고 인정해 버리는 일은 흔히 있지만 이는 (오히려) 자기기만이고 타인을 속이는 행위다.[8]

현대와 같은 정보화 사회에서는 '잘 알려진 것'이 하루가 멀다 하고 쏟아져 나옵니다. 이를 모르고 생활하다가는 사회에 뒤처진다는 생각에, 우리는 '잘 알려진 것'을 끊임없이 검색하고 받아들이는 데 여념이 없지요.

하지만 이러한 지식이 과연 올바른지 아닌지는 완전히 별개의 문제입니다. 기존의 상식을 그대로 따랐을 뿐인데 잘못된 방향으로 간 경험도 있지 않은가요? '잘 알려진 것'이 오히려 우리를 어떤 틀 안에 가두고 있는지도 모릅니다. 그러므로 '잘 알려진 것'에 대한 맹신은 금물입니다. 철학이 종종 상식을 의심하는 이유가 여기에 있습니다.

그렇다고 '잘 알려진 것'을 완전히 무시하거나 배척하기란 어렵고, 그럴지라도 그리 생산적이지 못합니다. 일의 순서를 매기자면 '잘 알려진 것'을 익히는 쪽을 제일 먼저 해야 하지요. 다만 여기에 머물러 있지만 말고 내가 배운 지식에 의심을 품어서 무엇이 진정으로 올바른지 검토하는 단계로 나아가야 합니다. 이를 헤겔은 '인식하기'라고 불렀습니다. '잘 알려진 것'에서 시작하여 '인식하기'로 나아가는 것, 이게 바로 철학이 필요한 이유입니다.

COLUMN

헤겔에 따르면 인간은 자신이 속한 사회와 시대의 영향을 크게 받기 때문에 이를 뛰어넘어서 이상을 추구하기란 불가능하다고 합니다. 따라서 철학의 과제는 이러한 시대의 본질적인 모습을 개념에 따라 이해하는 데 있다고 했습니다.

『법철학』의 서문 속 유명한 구절인 '여기가 로도스*다, 여기서 뛰어라!'는 이러한 맥락에서 나온 말입니다. 이는 원래 『이솝 이야기』에 나오는 한 우화에서 빌려온 말인데, 종종 그 뜻을 잘못 이해하고 인용될 때가 있습니다. 명언을 쓰고자 할 때는 되도록 분명한 의미를, 그 맥락과 함께 알아두어야 합니다.

* 게오르크 빌헬름 프리드리히 헤겔: 18~19세기 독일 철학자. 독일 철학을 완성한 인물로, 헤겔의 철학을 비판하는 데서부터 현대 철학이 시작되었다. 역사를 관통해 발전하는 '정신'에 주목하여 역사철학의 의의를 강조했다.

* 로도스: 에게 해에 있는 섬. 『이솝 이야기』에 나오는 로도스 섬에 관한 이야기를 헤겔이 『법철학』의 서문에 사용하고, 마르크스도 현실을 비꼬기 위해 언급한 바 있어서 유명해졌다.

개념과 이론이 사물에 어떤 영향을 미칠지를 따져라

프래그머티즘*은 예전에 실용주의 혹은 도구주의로 번역되는 바람에 평판이 그다지 좋지 않았습니다. 장소와 상황에 따라 의견을 이리저리 바꾸는 이해타산적인 생각(실리주의)으로 간주되기도 했지요. 하지만 최근에는 프래그머티즘의 진정한 의의가 조금씩 알려지면서 예전에 쓰던 실용주의라는 표현도 점차 쓰이지 않고 있습니다.

프래그머티즘은 원래 19세기 후반 미국에서 생겨난 철학으로 이후에도 미국을 중심으로 전개되었습니다. 이런 점에서 프래그머티즘은 미국의 토착 사상이라고 볼 수 있습니다. 하지만 오늘날에는 세계적으로 널리 알려져, 현대를 구별 짓는 사상 중 하나로 평가받고 있습니다. 프래그머티즘이 주장하는 바는 무엇일까요.

창시자 찰스 퍼스*가 규정한 '프래그머티즘의 원칙'을 살펴봅시다.

어떤 대상의 개념을 명확하게 알고자 한다면, 그 대상이 어떻게 실질적이고 의미 있는 영향을 미치는지 깊이 고찰해라. 그러면 이러한 영향에 대한 개념은 그 대상에 대한 개념과 일치한다.(9)

예를 들어, 어떤 물건이 '딱딱하다'라고 하면 이는 '다른 물건에게 긁혀도 흠집이 잘 나지 않는다'라는 뜻입니다. 또 '무겁다'라는 것은 '그 물체를 위로 끌어올리는 힘이 없다면 아래로 떨어진다'라는 뜻이지요. 이처럼 구체적으로 '어떤 영향을 미치는가'라는 관점에서 개념을 이해해야 한다는 말입니다.

이러한 생각은 철학과 이상을 이해할 때 매우 유익한 시점을 제공합니다. 가령 철학에서는 종종 추상적인 개념을 사용해 의미가 불분명한 경우가 적지 않습니다. 이때 프래그머티즘의 원칙을 내세우면 그 개념이 구체적으로 어떤 영향을 미치는지 설명을 요구할 수 있지요.

이 원칙은 개념뿐 아니라 이론에도 동일하게 적용할 수 있습니다. 어떤 사람의 생각이나 추상적 이론을 들었을 때 이를 어떻게 판단할지 고민이 된다면, '그것이 대체 어떤 영향을 미치는지' 확실하게 물어보면 도움이 됩니다. 쉽게 말하면 "그래서 어떻게 되는 건데?", "그렇게 생각하면 어떤 점이 달라지는데?" 하고 질문하는 것이지요. 새로운 생각이나 이론이 아무런 영향을 미치지 못한다면 이는 가치가 없다고 결론 내려도 좋으니까요.

19세기 말에 시작된 프래그머티즘은 21세기인 지금에도 새로운 관점에서 이목을 끌고 있습니다. 국내에서는 그다지 친숙하지 않지만 앞으로는 중요한 철학으로서 점점 더 주목받게 될 것입니다.

20세기 후반 미국에서 프래그머티즘의 의의를 역설하고, 세계적인 대유행을 이끈 인물이 리처드 로티(1931~2007, Basic8 참고)입니다. 그는 1982년에 발표한 『프래그머티즘(실용주의)의 결과』에서 모든 학문 위에 군림하던 '대문자 철학(Philosophy)'은 끝났다고 선언했지요.

이 선언과 함께 지금까지 오랫동안 철학을 지배해 온 영국 경험론과 대륙 합리론의 무의미한 대립을 종식시키고자 했습니다. 그렇게 로티는 프래그머티즘을 미국의 토착 사상이 아닌 전 세계적으로 유행하는 사상으로 만들었습니다. 요즘에는 프래그머티즘을 실용주의로 가볍게 생각하면 자신의 지식이 부족함을 드러내는 일과 같습니다.

* 프래그머티즘: 19세기 말 미국에서 시작되어 현대 미국 철학에도 영향을 끼치고 있는 사상. 이전에는 실용주의 혹은 도구주의라고 번역했지만, 요즘에는 원문 그대로 '프래그머티즘'이라고 쓴다. 사상과 사고는 행위와 연결되며 철학은 실천과 연관지어야 한다고 주장한다.

* 찰스 퍼스: 19~20세기 미국 철학자. 프래그머티즘의 창시자로, 논리학과 수학에서도 공적을 세웠으며 기호학에도 기여했다.

BASIC **26**

암묵적 지식의
중요성

많은 사람 사이에 지인이 끼어 있으면 우리는 그 사람의 얼굴을 금방 알아볼 수 있습니다. 하지만 어떻게 알아봤냐고 묻는다면 뭐라고 설명하기는 어렵습니다. 그저 "그 얼굴이 그 사람의 얼굴이었으니까…" 밖에는 달리 할 말이 없지요.

이처럼 우리는 어떤 사람의 얼굴을 안다고 해도 이를 말로 설명하기는 쉽지 않습니다. 이러한 지식을 헝가리 출신의 영국 철학자 마이클 폴라니*는 '암묵적 지식'이라고 표현했습니다.

> 인간의 지식에 대해 재고할 때 나의 출발점은 '우리들은 말할 수 있는 것보다 더 많은 것을 알 수 있다'라는 사실이다. 이 사실만큼은 충분히 확실하다고 생각한다. 하지만 이 사실이 무엇을 의미하는지 정확하게 설명하기란 간단치가 않다.⁽¹⁰⁾ (저자 역)

자전거를 타는 방법에 대해 생각해 봅시다. 어린 시절 우리는 여러 번 넘어지고 또 다른 사람의 도움을 받아 가면서 어느 사이엔가 자전거를 탈 수 있게 되었습니다. 당연히 우리는 자전거 타는 법을 알고 있는 것이지요. 하지만 자전거 타는 법을 설명해 보라고 하면 말문이 턱 막힙니다.

이와 같은 암묵적 지식을 설명하기 위해 영국 철학자 길버트 라일*은 『마음의 개념』에서 지식을 두 가지로 구분했습니다. 하나는 '방법적 지식(knowing how)'이고 다른 하나는 '사실적 지식(knowing that)'입니다. 가령 덧셈을 알고 있다는 것은 구체적인 문제(2+7=?)가 주어졌을 때 올바른 정답을 낼 수 있다는 뜻입니다. 당연히 덧셈의 원리를 설명할 수 있다는 말은 아니지요. 바로 이것이 '방법적 지식'입니다. 때에 따라 '노하우'라고 표현되기도 하지요.

라일은 이러한 능력을 '디스포지션(disposition, 성향)'이라고 불렀는데, 이는 '만일(If) 구체적인 문제가 주어진다면, 그때는(then) 올바른 답을 도출할 수 있다'라는 구조(If~then)를 갖는다고 합니다. 우리는 이와 같은 실천적인 지식을 많이 갖고 있지만 이를 언어(사실적 지식)로 충분히 설명할 수는 없다는 것이지요.

이러한 유형의 지식은 보통 기술을 습득할 때 중요해집니다. 종종 '머리가 아니라 몸으로 기억한다'라고 표현하지요. 훈련하듯 실제로 해 보면서 체득하는 수밖에 없는 지식을 말합니다.

문제는 말로 설명 가능한 명시적인 지식과 이러한 '암묵적 지식'과의 관계를 어떻게 이해해야 하느냐입니다. 양자는 어떻게 연결되어 있을까요? 또 '암묵적 지식'을 전달하려면 어떻게 해야 할까요?

일을 할 때도 정작 중요한 부분은 말로 설명하기 어렵고, 경험하며 체득하는 수밖에 없는 경우가 많습니다. 이처럼 '암묵적 지식'은 매우 중요한 차원의 문제인데도 이를 해명하는 일은 아직 충분히 완성되지 않았습니다.

'암묵적 지식' 중에 여러 번 반복하는 훈련이 필요하지 않은 경우도 있습니다. 일례로 어떤 사람의 형제나 부모를 보면 그 사람과 어딘지 모르게 닮았다고 느낍니다. 구체적으로 어디가 어떻게 닮았다고 특정할 수는 없지만 전체적으로 주는 인상이 꼭 빼닮은 것이지요. 비트겐슈타인은 이러한 '가족 유사성'이라는 개념에 대해 논한 적이 있습니다. 이렇게 보면 '암묵적 지식'은 우리가 갖고 있는 일반 지식의 토대와 같은 역할을 한다고 볼 수 있습니다.

이와 같이 이른바 직관적인 지식을 바탕으로 개개의 명시적 사실에 대한 지식이 성립된다면, 암묵적 지식에 관한 연구가 좀 더 깊이 이루어져야 하지 않을까요?

★ 마이클 폴라니: 19~20세기 헝가리 출신의 영국 철학자, 사회과학자. 1966년에 출판된 『암묵적 영역』이 유명하다. 원래는 과학자로 아인슈타인과 노이만과도 교류했다. 유대인이라는 이유로 1933년 영국에 망명했다. 제2차 세계대전 후 사회과학 분야로 전향하여 '암묵적 지식'에 관한 개념을 내놓았다.

★ 길버트 라일: 20세기 영국 철학자. 일상언어학파를 대표하며, 심신이원론을 비판하고 행동주의를 제창했다. 이때 사용한 '기계 속 유령'이라는 레토릭이 유명하다.

패러다임이 다르면
다른 행성에 사는 것

미국의 과학사학자 토마스 쿤*이 『과학혁명의 구조』에서 제창한 '패러다임*'이라는 말만큼 20세기에 강력한 영향을 준 개념도 없을 것입니다. 전문 과학사뿐 아니라 철학을 포함한 인문학 분야까지 폭넓게 사용되었고, 나아가 문화와 풍속 분야에서도 소위 붐이 일었지요. 일례로 '올해 넥타이는 작년과 완전히 다른 패러다임으로 제작되었습니다'라는 말이 나올 정도였습니다.

패러다임의 개념이 대유행하던 것과는 정반대로 이를 제창했던 쿤 자신은 『과학혁명의 구조』 제2판에서 '패러다임'이라는 말을 쓰는 것을 그만두었습니다. 사실 원래도 개념의 의미가 불분명하다며 많은 비판을 받았는데, 이를 명확하게 밝히기도 전에 본인이 패러다임이라는 말을 쓰지 않게 된 것이지요. 하지만 여기서는 워낙 영향력이 막대한 말인 만큼, 개념의 엄밀한 의미를 따지기보다는 일반적으로 통용되고 있는 쓰임에 대해 알아보겠습니다.

쿤은 자연과학의 역사를 설명하기 위해 과학연구를 주도하는 '패러다임'에 주목했는데, 이때 패러다임이란 어떤 모범이 되는 예(견본)를 의미합니다. 여기서 출발하여 '사고방식의 근본적인 틀', '개념틀', '지적 준거틀'이라는 의미로 확대 해석되었습니다. 사물을 파악할 때 우리는 보통 자신의 '패러다임'에 근거해서 이해한다고 볼 수 있습니다.

'패러다임'의 개념을 사용하면서 쿤은 자연과학의 역사를 두 개로 나누었습니다. 하나는 패러다임이 근본적으로 전환되는 시기로, 이를 '과학혁명'이라고 불렀지요. 다른 하나는 패러다임에 따라 과학이 발전하는 단계로 이를 '정상 과학'의 시기라고 했습니다. 쿤의 생각을 도식화하면 다음과 같습니다.

> 과학혁명(패러다임의 전환) → 정상 과학(패러다임에 따른 활동)의 발전 → 변칙 사례의 출현 → 경쟁하는 패러다임의 출현 → 과학혁명(새로운 패러다임의 등장)[11]

쿤이 패러다임의 개념을 제창했을 무렵, 마찬가지로 과학사학자였던 N.R.핸슨은 '이론 적재성'이라는 개념을 내놓았습니다. 과학적 관찰과 실험을 행할 때 '이론'이 선행된다는 주장이지요. 핸슨이 『과학적 발견의 패턴』에서 사용한 다음 그림을 보며 이론 적재성을 구체적으로 이해해 봅시다.[12]

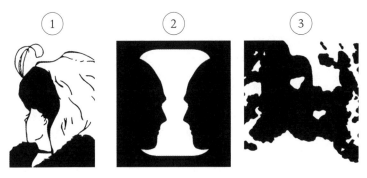

그림10. 개념과 언어에 따라 달리 보이는 그림

①번 그림을 봅시다. 젊은 여성으로 보이나요, 아니면 늙은 여성으로 보이나요? 물론 두 가지 모두 가능합니다. ②번 그림도 마찬가지로 두 사람의 얼굴로 보이기도 하고, 꽃병처럼 보이기도 합니다. 이처럼 그림이 달리 보이는 이유는 쿤의 설명을 따르자면 패러다임이 다르기 때문입니다. 핸슨이 제시한 ③번 그림도 살펴봅시다. 이 그림은 어떻게 보이나요? 핸슨의 말을 빌리면 이 그림은 '사람의 얼굴'이라는 이론이 적재되면 얼굴로 보인다고 합니다. 그림이 어떻게 보이느냐는 결국 사람에 따라 달라지는 것이지요.

그렇다면 여기서 어떤 결론을 내리면 좋을까요? 쿤에 따르면 패러다임은 일정 집단이 공유하는 것으로 패러다임이 같은 시기에는 상호 이해가 가능하다고 합니다. 하지만 패러다임이 달라지면 서로 이해하기가 극히 어려워집니다. 이를 쿤은 '패러다임이 다르면 다른 행성에 사는 것'이라고 표현했는데 과연 인간은 서로를 이해하기가 그토록 어려운 걸까요?

이러한 생각을 과학철학자 카를 포퍼*는 '준거틀(프레임워크)의 신화'라고 칭하며 비판했습니다.[13] 이는 과학을 이해할 때뿐 아니라 다른 문화를 이해할 때도 문제가 될 수 있습니다. 지금 글로벌화가 진행되고 있는 만큼 패러다임에 대한 새로운 검토가 필요할 것 같습니다.

* 토마스 쿤: 20세기 미국의 과학사학자, 과학철학자. 1962년에 발표한 『과학혁명의 구조』가 세계적으로 화제가 되며, 여기서 사용한 '패러다임'이라는 말이 유행어가 되었다. 과학의 발전을 패러다임의 전환이라는 '과학혁명'과 패러다임에 근거한 '정상 과학'으로 나누며, 완전히 새로운 과학의 상을 제시했다.

* 패러다임: 1962년에 토마스 쿤이 『과학혁명의 구조』에서 사용한 개념. 쿤이 패러다임에 다양한 뜻을 부여함으로써, 의미가 불분명하다는 비판을 받았다. 일반적으로는 개념도식 혹은 준거틀로 바꿔 말할 수 있으며 사고방식의 기본이 되는 개념을 가리킨다.

* 카를 포퍼: 20세기 오스트리아 출신의 영국 철학자. 과학철학에서는 '반증 가능성'이라는 이론을 제시하고, 사회철학에서는 『열린사회와 그 적들』을 발표하는 등 다양한 분야에 큰 영향을 미쳤다.

PART 1 인생의 본질을 알다

'허풍선이 남작의 트릴레마'는 피할 수 없다?

어릴 적 어른들에게 "왜?"라고 몇 번이나 질문을 반복했던 기억이 있을 것입니다. 이처럼 아이들은 '다른 사람을 괴롭히면 안 된다'라고 혼내면 쉽게 '왜?'라고 묻습니다. 그러면 어른들은 보통 '만약 누군가가 너를 괴롭히면 기분이 나쁘겠지? 내가 기분 나쁜 일은 다른 사람에게도 하지 않는 거야'라는 논리(황금률*)를 내세우지요. 그런데 이때 "나는 누가 괴롭히면 복수할 거야!"라며 반론하는 아이가 있습니다. 그래서 이번에는 복수하면 안 된다고 말하면 아이는 또 "왜?"라고 질문하지요. 결국 수많은 이유와 반론이 오가다가 마지막에는 "안 되는 건 안 되는 거야!"라고 말하며 강요하기에 이릅니다.

곰곰이 생각해 보면 어른들의 이러한 태도는 그리 좋은 방식은 아닙니다. 게다가 사실은 아이라서 이렇게 질문하는 것도 아니지요. 여기에는 좀 더 근본적인 이유가 있습니다.

한스 알베르트*라는 독일 철학자는 『비판적 이성 논고』에서 '뮌히하우젠(허풍선이 남작)의 트릴레마(세 가지 모순)'에 대해 설명했습니다. 그에 따르면, 어떠한 지식도 정당화하고자 근거를 내놓다 보면 '결국 마지막에는 모든 지식이 받아들이기 힘든 세 가지 선택지 중 하나를 골라야 하는, 즉 세 가지 모순에 빠진다'(14)라고 합니다.

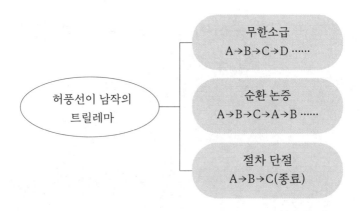

그림11. 허풍선이 남작의 트릴레마

구체적으로는 무한 소급의 딜레마, 순환 논증의 딜레마, 절차 단절의 딜레마입니다. 하나씩 살펴보도록 하지요.

'무한 소급'이란 "왜?"라는 질문에 아무리 답을 해도 다시 "왜?"라는 질문을 받음으로써 끝이 나지 않는 상황을 말합니다. '순환 논증'이란 닭이 먼저냐, 달걀이 먼저냐처럼 앞의 명제를 설명하려면 뒤의 명제가 필요하고, 뒤의 명제를 설명하려면 앞의 명제가 필요해지는 돌고 도는 상황을 말하지요. 마지막으로 '절차 단절'이란 지식을 정당화하는 과정에서 어느 시점에 이르면 자의적으로 설명을 중단하고 하나의 명제를 절대 진리로 설정해 버리는 상황을 말합니다.

가만 보면 다른 사람뿐 아니라 나 자신도 종종 이러한 논리적 모순에 빠지곤 하지 않나요? 이를 통해 알 수 있는 것은 논의를 할 때는 언제든지 지식의 근거를 다시 물을 수 있다는 점입니다. 바꿔 말하면 '이

결로 논의는 끝났다'라는 상황은 애초에 존재하지 않는다는 뜻입니다. 우리는 이 점을 끊임없이 깨달아야만 합니다.

하지만 확실한 근거를 제시할 수 없다는 이유로 순환 논증에 빠지거나, 자의적인 시점에서 절대 진리를 설정해 버리는 등 설명하기를 포기해서는 곤란합니다. 나와 상대방의 주장의 근거는 무엇인지 끊임없이 고쳐 묻는 태도야말로 진정으로 의미 있는 태도가 아닐까요?

* 황금률: 여러 종교, 도덕, 철학에서 등장하는 행동 지침. '내가 싫어하는 행동은 남에게도 하지 말라'라는 내용의 규칙이다.

* 한스 알베르트: 20~21세기 현존하는 독일 철학자. 비판적 합리주의를 주장하며 기초주의를 비판한다. '뮌히하우젠의 트릴레마' 논의가 유명하다.

CHAPTER 3

도덕
MORAL

무엇을 해야만 하는가

일상생활에서뿐 아니라 일을 할 때도 우리는 '~해도 될까?' 혹은 '~가 맞을까?'라는 질문에 매일 맞닥뜨립니다. 예를 들면 '친구를 위해서라면 거짓말을 해도 될까?', '회사의 비리를 알았다면 공개해야 할까?' 등 종류도 다양하지요. 이러한 문제에 대해 생각하는 것이 도덕 철학 내지는 윤리학입니다.

도덕이나 윤리학은 오래전부터 철학의 중요한 부분으로 연구되었습니다. 소크라테스가 철학을 시작한 이유도 '그저 살아가는 것이 아니라 잘 살기 위해서'였습니다. 그런데 대체 어떻게 하면 잘 살 수 있을까요? 아니 애초에 '잘 산다'라는 것은 무엇일까요?

현재 윤리학은 크게 세 가지 입장으로 나눌 수 있습니다. 각각의 학설에 대해 자세히 알아보기 전에 대략적인 윤곽부터 짚고 넘어가 보겠습니다.

우선 공리주의와 의무론이 있습니다. 먼저 공리주의는 행위의 결과에 주목하여 선악을 판단합니다. 이에 반해 의무론은 행위의 결과가 아닌, 행위 그 자체를 중심으로 선악을 판단합니다. 공리주의와 의무론은 구체적 행위를 두고 종종 대립하는 양상을 보이지요. 이를 이해하기 위해서 '트롤리 딜레마'라고 불리는 사고실험에 대해 생각해 봅시다.

> 브레이크가 고장 난 트롤리 전차가 선로 위를 달리고 있다. 그런데 저 멀리 다섯 명의 작업자가 보이고, 이대로라면 모두 전차에 치일 위기다. 이때 선로의 스위치를 누르면 방향을 바꿀 수 있는데, 그쪽에는 한 명의 작업자가 일을 하고 있다.(트롤리 사례)
>
> 브레이크가 고장 난 트롤리 전차가 선로 위를 달리고 있고, 저 멀리 다섯 명의 작업자가 보인다. 그런데 선로 위의 육교에는 몸집이 큰 남자가 있어서 그를 밀어 떨어뜨리면 전차를 멈출 수 있다.(육교 사례)
>
> 당신이라면 두 가지 상황에서 어떤 선택을 하겠는가?

설문 조사를 실시한 결과 많은 사람이 트롤리 사례에서는 공리주의적으로 판단하여 선로를 바꿔서 한 명을 희생시키는 쪽을 선택했습니다. 하지만 육교 사례에서는 의무론적으로 판단하여 한 명의 남자를 직접 죽일 수는 없으므로, 다섯 명의 죽음을 방관하는 쪽을 선택했지요. 다섯 명의 생명과 한 명의 생명 중 한쪽을 선택해야 한다는 점에서 어찌 보면 두 사례는 같은 문제인데도 도덕적인 생각의 차이에 따라 행동이 완전히 달라지는 것입니다.

두 윤리학과는 별개로 최근에는 제3의 학설인 '덕 윤리학'이 관심을 끌고 있습니다. 이 학설의 시작은 플라톤과 아리스토텔레스와 같은 고대 그리스 시대로까지 거슬러 올라갑니다. 덕 윤리학에서는 어떻게 행동해야만 하는가를 문제 삼지 않고, 한 인간으로서 '좋은 사람'이 되려면 어떻게 해야 하는가를 중점적으로 파헤칩니다.

지금부터는 구체적인 이론들을 살펴볼 예정인데, 이 세 가지 윤리학의 개념과 위치를 염두에 두고 읽는다면 좋겠습니다.

윤리와 도덕의 차이

초등학교에서는 '도덕'을 가르치지만 고등학교에 올라가면 '윤리'라는 과목이 등장합니다. 도덕과 윤리는 뭐가 다를까요?

말 자체가 다른 만큼 도덕과 윤리는 완전히 똑같은 의미는 아닐 것입니다. 하지만 다들 별생각 없이 뭉뚱그려 사용하다 보니 "도덕과 윤리의 차이는 뭔가요?"라고 새삼 묻는다면 당황하고 말지요. 언젠가 이런 질문을 받을지도 모르니 이번 기회에 도덕과 윤리의 차이에 대해 확실하게 알아둡시다.

사전을 찾아보면 둘의 차이는 명확하게 드러나지 않습니다. 원래 '도덕'은 라틴어(mores)에서 유래한 '모럴(moral)'을 옮긴 말이고, '윤리'는 그리스어(ethos)에서 유래한 '에틱스(ethics)'를 옮긴 말입니다. 어원이 된 라틴어와 그리스어 모두 관습, 규범, 풍속 등의 의미를 갖습니다. 따라서 어감의 차이는 있을지언정, 의미로서는 큰 차이가 없다고 볼 수 있지요. 어떤 언어에서 유래했느냐만 다를 뿐입니다.

이러한 까닭에 보통은 도덕과 윤리를 구별해서 사용하지 않습니다. 서로 호환해서 쓸 수 있는 말로 상황에 따라 어느 쪽을 써도 틀리지 않지요. 굳이 따지자면 도덕이 구체적인 상황에 더 가깝고, 윤리는 추상적인 이론에 더 가깝지만 이러한 구별이 언어 자체에서 시작된 것은 아닙니다.

다만, 역사적으로 도덕과 윤리를 엄밀하게 구별한 철학자는 있습니다. 일례로 일본 철학자 와쓰지 데쓰로는 『인간의 학으로서의 윤리학』에서 '단순히 개인적, 주관적 도덕 의식을 윤리라는 언어로 표현하는 것은 합당하지 않다'라고 말하며 '윤리는 사람과 사람 사이의 길이자 질서'라고 설명했습니다.[1]

와쓰지는 '윤리'가 사람들 사이의 사회적 관계에서 성립한다고 보고, 개인적·주관적 '도덕'과는 구별해서 사용하기를 주장했습니다. 이는 독일 철학자 헤겔의 구분('개인적·내면적인 도덕'과 '사회적·규범적인 인륜')을 답습한 것이지요.

그렇다고 이것이 정답이라는 뜻은 아닙니다. 현대 프랑스 철학자 미셸 푸코나 질 들뢰즈 등은 와쓰지나 헤겔과는 정반대의 입장을 취했습니다. '도덕(moral)은 사회적 규범이며 사람들이 준수하도록 명령하는 것이지만, 그러한 규범에 따르지 않고 저마다의 삶의 방식을 택하는 것이 윤리(ethics)'라고 보았습니다. 즉, 도덕이 사회적이고 윤리가 개인적이라고 판단한 것이지요.

과연 어느 쪽이 우리의 사용법에 더 가까울까요? 정리하자면 어원적으로는 구별할 필요가 없고, 이후 각 단어에 어떤 의미를 부여하느냐에 따라 조금 차이가 날 뿐입니다. 따라서 도덕과 윤리를 어떻게 구분하든 그것이 유일한 정답은 아닙니다.

	도덕(moral)	윤리(ethics)
어원	라틴어	그리스어
의미	관습, 규범	관습, 규범
와쓰지·헤겔	개인적, 주관적	사회적, 객관적
푸코·들뢰즈	사회적 규범	개인적 삶의 방식

그림12. 도덕과 윤리

BASIC **30**

내가 싫은 일은
남에게도 하지 말라

옛날부터 자주 쓰이던 도덕적 원칙으로 '황금률(Golden Rule)'이라는 개념이 있습니다. '남이 나에게 하지 않았으면 하는 행동은 나도 하지 말라'든지 '남이 내게 하길 바라는 행동을 남에게 하라'와 같은 말이 그 예입니다.

황금률은 만국 공통의 도덕적 관념으로, 오래전부터 다양한 표현으로 언급되어 왔습니다. 기독교에서는 '남에게 대접받고 싶은 대로 남을 대접하라'라고 가르치며, 이슬람교에서는 '내가 남에게 위협받고 싶지 않다면, 나 역시 어느 누구에게도 위협을 가하지 말라'라는 말이 전해집니다.

아이를 교육할 때도 가정이나 학교에서는 종종 황금률이 반박할 수 없는 근거로 제시되곤 합니다. 예를 들어 아이가 거짓말을 해서 혼을 냈는데도 계속 납득하지 못하고 "왜 거짓말을 하면 안 되는데?"라고 반문하면 어떻게 할까요? 대부분의 부모나 교사는 틀림없이 황금률에 기대서 설명할 것입니다. "누가 너한테 거짓말하면 어때? 기분 나쁘겠지. 그러니까 너도 다른 사람한테 거짓말하면 안 되는 거야" 하고 말입니다. 하지만 과연 아이는 이걸로 충분히 납득할 수 있을까요?

황금률은 분명히 여러 상황에서 요긴하게 쓰이지만 사실 알고 보면 결정적인 난점을 내포하고 있습니다. 바로 '내가 원하는 것'과 '남이 원하는 것'이 동일하리라는 전제이지요. 바꿔 말하면, 내가 원하는 것과 남이 원하는 것이 다르면 황금률은 성립할 수 없습니다.

바로 이러한 난점을 풍자와 함께 지적한 이가 작가 버나드 쇼*입니다. 그는 다음과 같이 말했습니다.

> 남이 내게 하길 바라는 일을 남에게 하지 말라. 왜냐하면 사람의 취향은 똑같지 않기 때문이다.[2] (저자 역)

현대 사회에서는 사람들의 감성과 취향이 가지각색이라서 반드시 같을 수가 없습니다. 스포츠를 좋아하는 사람도 있지만 싫어하는 사람도 있고, 이성의 사랑을 갈망하는 사람도 있지만 동성애자도 있습니다. 따라서 모든 사람이 공통적인 취향을 찾기란 점점 더 어려워지고 있습니다. 그렇다면 황금률에 기대서 도덕적 원칙을 내세우는 것도 불합리하지 않을까요?

부모나 교사에게 순종적인 아이라면 황금률로 설득 가능할지 몰라도, 반항적인 아이라면 쉽지 않을 것 같습니다. 황금률이 과연 타당한 근거인지 되묻는다면 꼭 그렇다고는 대답할 수 없기 때문이지요. 따라서 황금률을 사용하려거든 이 점을 알고 있어야 합니다. 아니면 오히려 긁어 부스럼이 날 수도 있으니 말입니다.

---

* 버나드 쇼: 19~20세기 영국 극작가 겸 평론가. 1912년에 완성한 『피그말리온』은 〈마이 페어 레이디〉라는 이름으로 영화화되었다. 1925년에 노벨 문학상을 수상했다. 강렬한 풍자가 담긴 작품으로 유명하다.

남에게 피해만 주지 않는다면 뭐든 상관없다

인간의 자유를 논할 때 현대에도 여전히 커다란 영향을 끼치고 있는 사상이 존 스튜어트 밀*의 자유론입니다. 만약 누군가에게 "자유란 무엇인가?"라고 묻는다면 십중팔구 밀의 사상에 관한 대답이 돌아올 것입니다. 밀은 '자유'를 설명하기 위해 '타자 피해(배제)의 원칙'이라는 개념을 제시했습니다.

> 그 원리란, 인류가 구성원 어느 한 사람의 행동의 자유에, 개인적이든 집단적이든 간섭하는 것이 정당하다고 여겨지는 유일한 목적은 자기방어 (self-protection)에 있다. 또 문명사회의 어느 구성원에 대해서든 그의 의지에 반하는 권력을 행사할 수 있다고 보는 유일한 목적은 타 구성원에 미치는 피해 방지에 있다.[3]

'타자 피해의 원칙'의 기본은 타인에게 피해를 주지 않는 이상, 그 사람을 간섭할 수 없다는 것입니다. 반대로 말하면 타인에게 위해(가령 살인과 같은)를 가할 때는 반드시 그 행위를 금지해야 하지요. 하지만 이와 달리 타인이 아닌 자기 자신에게 피해를 줄 때는 설령 그를 위하는 마음에서라도 간섭할 수 없습니다. 이를 '퍼터널리즘'의 금지라고 합니다.

퍼터널리즘이란 부모가 자식을 위한다는 명목으로 여러 가지 간섭을 하는 행위를 말합니다. 동양에서는 퍼터널리즘적 행위가 꽤 빈번하게 일어나는데, 밀은 남에게 피해를 주지 않는다면 모든 일은 어디까지나 스스로 결정해야 하며 책임은 본인이 져야 한다고 생각합니다. 쉽게 말해서 밀의 입장은 '자기 결정론'으로 볼 수 있으며, 결과를 놓고 보면 '자기 책임론'에도 해당되지요.

밀은 성인이라면 자신의 행동에 대해 판단할 능력이 있다고 전제합니다. 물론 아직 다 자라지 않은 어린아이에게는 '퍼터널리즘'이 허용됩니다. (원래 '퍼터'의 어원은 '아빠'입니다.) 판단 능력이 없는 아이는 퍼터널리즘에 따라 보호받아야 하지만 (아마도) 판단 능력이 있는 성인에게는 자유를 허용해야 한다는 것입니다. 다만, 그 결과 본인에게 피해가 갈지라도 어디까지나 자기가 책임을 져야 합니다.

이 자유론은 '타인에게 피해만 주지 않는다면 뭐든 해도 좋다'는 형태로 표현되기도 합니다. 이때 문제가 되는 것은 '피해' 혹은 '위해'를 어떻게 규정하느냐이지요. 가령 목욕을 하지 않아서 악취를 내뿜는 사람이 전철을 타면 주변 사람에게는 '피해'가 갑니다. 하지만 그렇다고 '목욕을 하지 않은 사람은 전철에 탈 수 없다'라고 할 수는 없습니다. 타인에게 주는 피해를 어떻게 규정할지가 밀의 자유론을 판단하는 시금석인 셈입니다.

밀은 벤담에서 시작된 공리주의를 새로운 방향으로 발전시켰습니다. 벤담의 공리주의에서는 쾌락과 고통을 단순히 양적으로만 계산하는데, 이것이 옳은 것인지 의문을 제기한 것이지요. 예를 들어 '식사로 얻은 쾌락과 독서로 얻은 쾌락을 똑같이 취급해도 좋을까' 하는 것입니다.

이에 따라 쾌락과 고통의 질적인 차이에 주목해야 한다고 주장한 사람이 밀입니다. 그는 '배부른 돼지보다 배고픈 인간이 낫고, 배부른 바보보다 배고픈 소크라테스가 낫다'라고 말했습니다. 이 말은 어느 대학 입학식에서 '뚱뚱한 돼지보다 마른 소크라테스가 돼라!'라는 말로 바꿔서 전달되기도 했지요.

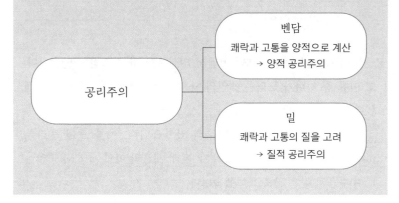

* 존 스튜어트 밀: 19세기 영국 철학자. 벤담의 공리주의를 계승하고 새로운 관점을 도입했다. 1859년에 발표한 『자유론』은 지금도 중요한 문헌으로 인정받고 있다.

강자를 위한 도덕,
약자에서 시작된 도덕 :
지배의 도구인가
약자의 질투인가?

'도덕'이라는 말을 들으면 어쩐지 의심부터 하는 사람이 많습니다. 그 이유 중 하나가 도덕은 개인의 자유를 빼앗고 사회적 규율을 강제한다고 느끼기 때문이지요.

이러한 생각은 아주 오래전부터 있었습니다. 예를 들어 플라톤(Basic2 참고)은 『국가』에서 '정의'가 '지배 계급의 이익'에 지나지 않는다며 다음과 같은 말로 표현했습니다.

> '옳다'라는 것은 모든 국가에서 동일한 사항을 의미한다. 즉, 이는 현존하는 지배 계급의 이익에 지나지 않는다는 말이다. 그런데 지배 계급은 권력이 있는 강자를 말한다. 따라서 바르게 추론하면 강자의 이익이 되는 것이야말로 어떤 상황에서든 마찬가지로 '옳다'라는 결론에 이른다.(4)

이 지적을 듣자 하니 현대에도 짐작 가는 데가 없지 않습니다. 국가뿐 아니라 다양한 조직에서 도덕과 규율을 요구할 때 종종 강압적인 지배로 보일 때가 많기 때문입니다. 도덕이라는 이름 안에 지배자의 이익이 깔려 있는 셈입니다. 순순히 도덕을 지키는 자는 이빨이 뽑힌 (거세당한) 동물과 다를 바 없지요.

이에 반해 니체(Basic9 참고)는 '도덕'이 '약자의 원망(질투)'에서 생겨났다고 주장합니다. '좋다, 나쁘다'는 원래 도덕적 의미가 아닌 '훌륭하다, 열등하다'를 표현하는 말이었다고 니체는 말합니다.(5) 그도 그럴 것이 확실히 스포츠에서는 '좋은 선수'란 '우수한 선수'이고, '나쁜 선수'란 '서투르고 실력이 낮은 선수'를 가리킵니다. 즉, '좋다=우수함=강하다, 나쁘다=열등함=약하다'로 정리할 수 있습니다.

그런데 열등한 약자들은 힘으로는 강자를 이길 수 없기에 다른 측면에서 강자를 끌어내리고자 합니다. 말하자면 모두 모여(집단) 소곤소곤 '저 자식은 오만하다, 이기적이다!'라고 험담을 늘어놓는 것입니다.

이런 식으로 강자는 악인이 되고, 약자가 선인이 되면서 도덕이 생겨났다는 말입니다. 약자인 우리는 모두 함께 협력했으므로 선한 마음을 가지고 있다는 식이지요. 여기서 도덕은 약자들의 자기 정당화를 위한 도구인 셈입니다. 실제로 우리 주변을 살펴보면 질투심에서 시작된 도덕을 곳곳에서 발견할 수 있습니다. 대중매체, 학교, 직장, 동네 등 모든 곳에서 '약자의 원망'이 만연하다가 이를 정당화하기 위한 요구가 끊이질 않지요.

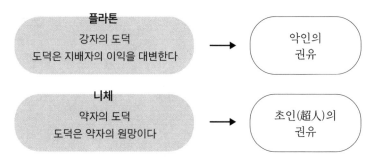

그림13. 플라톤과 니체

그렇다면 자기 자신을 위해서는 오히려 도덕을 지키지 않는 편이 좋지 않을까요? 여기서 '반도덕의 권유'가 등장합니다. 이에 플라톤은 '옳은 일'이 강자의 이익일 뿐이라며 반대로 '그른 일'이야말로 나에게 이익이 되고 도움이 된다고 보았습니다. 하지만 이래서야 도덕이 마치 '악인의 권유'처럼 느껴지네요.

반면 니체는 약자의 원망에서 벗어나 '도덕의 피안'으로 향할 것을 주장했습니다. 이를 '초인의 권유'라고 하는데 가만히 생각해 보면 이역시 '악인의 권유'일 뿐이라는 생각이 듭니다.

옳고 그름은 결과를 보고 판단하라

도덕을 문제로 삼을 때는 의견이 종종 엇갈립니다. 같은 행위라도 옳다고 보는 사람도 있지만 그르다고 질책하는 사람도 있기 때문이지요. 다음과 같은 상황을 가정해 봅시다.

> 중병에 걸린 환자를 살릴 수 있는 약이 하나 있다고 하자. 한 환자에게 그 약을 쓰려는데 때마침 5명의 환자가 더 실려 왔다. 그들에게는 남은 하나의 약을 1/5개씩 나누어 먹이면 모두를 살릴 수 있다. (1/5보다 적은 양이라면 살릴 수 없다.) 더 이상 약을 구할 수 없는 상황이라면 당신은 어떤 선택을 하겠는가?

순서상 먼저 치료를 받고 있던 중병의 환자를 우선해야 한다고 생각하는 사람도 있습니다. 혹은 모두에게 평등하도록 6등분을 하자고 주장하는 사람도 있습니다. 전자의 경우 한 명을 살릴 수는 있지만 다른 다섯 명은 죽습니다. 후자의 경우에는 모두가 충분하게 약을 먹지 못했으므로 결국 여섯 명 전원이 죽을 수도 있습니다. 이 문제에 대해 공리주의 입장에서는 결과를 최우선으로 삼기에, 5등분해서 다섯 명의 사람을 살리는 쪽을 가장 이상적이라고 생각합니다. 이 같은 사고방식을 결과주의라고 합니다.

공리주의에서는 행위의 선악을 판단하기 위해 결과의 공적과 이익을 계산합니다. 여기서 포인트는 두 가지입니다. 하나는 선과 악을 '쾌락'과 '고통'의 총합에 따라 결정하는 것입니다. 공리주의의 창시자 제레미 벤담*은 다음과 같이 말했지요.

> 우리가 무엇을 하면 안 되는지를 지시하고, 또 우리가 무엇을 해야 하는지를 결정하는 것은 그저 고통과 쾌락뿐이다.[6]

두 번째 포인트는 쾌락과 고통의 총합을 구할 때, 관계된 사람 전체를 대상으로 한다는 점입니다. 개개인이 아닌 전체 구성원에게 무엇이 이익인지를 따지는 것입니다.

공리주의는 때때로 '이기주의'로 오해받기도 하는데 오히려 전체의 이익을 생각하므로 '공익주의'에 가깝습니다. 나에게는 이익일지라도 연관된 사람 전체에게는 불이익이라면 옳은 행위가 아닌 것입니다. 이를 정리하면 다음과 같습니다.

공리주의의 포인트

① 결과주의

② 쾌락과 고통의 계산주의

③ 전체 이익의 우선주의

도덕에 관한 문제는 사실만으로는 해결할 수 없기 때문에 종종 감정

적인 충돌로 번지곤 합니다. 사람에 따라 '무엇이 옳고, 그른가'의 기준이 다르기 때문이지요. 이러한 상황을 타파하려면 누구나 인정할 만한 기준이 필요한데 그것이 '쾌락과 고통'인 것입니다.

이렇게 공리주의는 쾌락과 고통의 계산이라는 객관적인 원리를 도입해서 도덕도 과학적인 논의가 가능함을 주장했습니다.

COLUMN

공리주의의 기준은 '쾌락과 고통'이므로 공익에 해당하는 대상을 인간으로 한정하지 않습니다. 즉 쾌락과 고통을 경험할 수 있는 모든 존재가 공익의 대상이 되는 것이지요. 구체적으로는 동물도 인간과 마찬가지로 쾌락과 고통을 느끼므로 고려 대상에 포함됩니다. 이 때문에 공리주의자 중에는 피터 싱어*처럼 동물 해방 운동을 벌이는 사람도 있고, 채식주의자도 적지 않습니다. 이와 같이 공리주의는 현대의 환경 보호 운동과도 맥락을 같이 합니다.

* 제레미 벤담: 18~19세기 영국 철학자 겸 법학자. 철학설로서 공리주의를 제창하여 '최대 다수의 최대 행복'을 주장했다. 대표작은 1789년에 발표한 『도덕과 입법의 원리 서설』이다.

* 피터 싱어: 20~21세기 현존하는 오스트레일리아 출신의 철학자. 20세기 후반 환경 철학과 생명 철학 분야에서 급진적인 논의를 펼치며 주목받았다. 공리주의 입장에서 인간 중심주의를 비판하고 동물 해방을 주장했다.

보편화 가능한
원리를 따르라

행위의 선악에 대해 독일 철학자 임마누엘 칸트(Basic1 참고)는 공리주의와 다른 방향에서 접근합니다. 칸트는 도덕철학에서 '의무론'이라고 불리는 사상을 제창하며 지금도 커다란 영향력을 행사하고 있지요. 이를 이해하기 위해 다음과 같은 사례를 살펴봅시다.

살인 청부업자에게 쫓기는 친구 A가 내가 사는 곳으로 도망쳐 와서는 숨겨달라고 부탁을 했습니다. 잠시 뒤 살인 청부업자가 와서 A가 어디 있는지를 묻는다면 나는 거짓말을 해도 될까요? 다시 말해 칸트의 질문은 '친구를 구하기 위해서라면 거짓말을 해도 좋은가?'입니다.

이에 대한 칸트의 대답은 '거짓말을 해서는 안 된다'입니다. 참으로 불합리한 대답처럼 보이지만 이는 칸트에게 '네 의지의 격률이, 언제나 동시에 보편적 입법의 원리가 될 수 있도록 행위하라'라는 의무론적 사상이 깔려 있기 때문입니다.[7]

어려운 표현 같지만 핵심 내용은 누구나 쉽게 이해할 수 있습니다. 예를 들면, 행위가 선한지 악한지를 판단할 때 사람들은 보통 자신의 입장을 먼저 생각하기 쉽습니다. '나는 해도 되지만 다른 사람은 해선

안 돼'라고 말이지요. 이에 대해 칸트는 나뿐 아니라 '누구든지 나와 같은 일을 해도 되는지' 생각하라고 말합니다. 이것이 보편적 입법의 원리입니다.

내가 거짓말을 해도 된다면 당연히 다른 사람들도 거짓말을 해도 됩니다. 이렇게 되면 과연 인간관계나 사회가 제대로 성립될 수 있을까요? 아마도 사회 전체에 거짓말이 만연하여 아무도 믿지 못할 것입니다. 칸트는 다른 이의 거짓말은 허용하지 않으면서, 나는 거짓말을 해도 좋다는 예외를 결코 인정하지 않았습니다. 이를 '정언명령'이라고 합니다.

이처럼 칸트의 의무론은 행위의 결과가 아닌 행위 그 자체, 나아가 행위의 동기를 기준으로 선악을 판가름합니다. 가령 남에게 칭찬받고 싶어서 선한 행동을 했다면 이는 옳지 않은 일입니다. 모든 사람이 해도 좋다고 생각되는 행위를 마음에서 우러나와 자발적으로 해야만 칸트에게 '옳다'고 인정받을 수 있습니다.

칸트의 의무론은 행위의 결과를 고려하지 않고 판단하기 때문에 자칫 잘못하면 최악의 상황을 불러올 수도 있습니다. 동기는 좋지만 결과는 최악인 경우도 있으니 말이지요.

일례로 앞서 친구가 살인 청부업자에게 쫓기는 상황을 다시 떠올려 봅시다. 거짓말을 하지 않고 친구가 여기 있다고 말한다면 친구는 그 자리에서 죽임을 당할 것입니다. 그럼에도 칸트의 확신은 흔들림이 없습니다. '네가 마땅히 해야 할 일을 해야 한다'라는 것이 칸트의 의무론입니다.

살인 청부업자와 관련된 거짓말 이야기는 칸트의 철학 중에서도 가장 비판받는 부분입니다. 이에 마이클 샌델*은 일본에서 화제였던 TV 프로그램 〈하버드 백열 교실〉에서 새로운 해석을 내놓았습니다. 간단하게 말하면 거짓말을 하지 않고도 친구를 숨겨주는 방법으로, 애매하게 말하면서 그 자리를 피하라는 것입니다. 예를 들면 "좀 전에 저쪽 길에서 봤어요"처럼 말이지요. 확실히 이렇게 말하면 거짓말도 아니고, 친구가 집에 있다고 밝히지도 않았으니 잘 넘어갈 법도 합니다. 그런데 과연 살인 청부업자가 샌델의 말에 속을 만큼 호락호락할까요?

* 마이클 샌델: 20~21세기 현존하는 미국 철학자. 1980년대에 『정의의 한계』를 출판하며 자유주의를 비판하고 공동체주의를 제창했다. 21세기에 들어와서는 『정의란 무엇인가』를 쓰고, '백열 교실'이라고 불리는 강의 방식으로 큰 명성을 얻었다.

어떻게 하면 좋은 사람이 될 수 있을까?

고대 그리스 시대부터 '어떻게 하면 좋은 사람이 될 수 있을까'라는 주제는 중요하게 다루어졌습니다. 사람으로서 갖추어야 할 이상적인 모습을 갈망해 온 것이지요. 이는 '덕'이라고 불리며 오랫동안 다양한 형태로 논의되었습니다.

아리스토텔레스(Basic2 참고)는 지혜와 용기, 절제와 정의 등을 사람으로서 갖추어야 할 '덕'이라고 보았으며, 중세 기독교에서는 신앙과 희망, 사랑 등을 중요한 덕목으로 여겼습니다. 현대에는 근면 성실함을 중요한 덕으로 보기도 하지요.

이처럼 덕은 사회와 시대에 따라 그 내용도 변화했습니다. 하지만 덕의 구체적 항목은 달라졌을지언정 그 의미는 일맥상통해 왔습니다. 아리스토텔레스가 '덕'에 대해 설명한 부분을 잠시 살펴봅시다.

> 덕(德)은 이를 갖출 수 있는 자가 좋은 성향을 가지고 그 기능을 잘 발휘하도록 돕는다. 예를 들어 눈의 덕이 눈과 눈의 기능을 뛰어나게 만드는 것과 같다. 왜냐하면 우리가 사물을 잘 볼 수 있는 이유는 눈의 덕이 돕

기 때문이다. (중략) 인간의 덕도 인간이 좋은 사람이 되고, 자신의 기능을 발휘시키는 원천처럼 그 사람의 성향을 이룬다.[8] (저자 역)

이처럼 아리스토텔레스의 '덕'이란 그 사람의 기능을 잘 발휘시키고, 그를 뛰어나게 만드는 '탁월성'과 같습니다. 하지만 금방 몸에 배지 않으므로 '습관'을 통해서 정착시켜야 하는데, 여기서 중요한 역할을 맡는 것이 '교육'이지요. 다만 교육을 할 때도 이론을 가르치기보다는 습관으로 체득하게 만들어야 한다고 보았습니다.

그런데 이와 같이 '좋은 사람'에 주목하는 윤리학은 근대 이후에 일보 후퇴합니다. 그 대신 근대의 주류가 된 윤리학은 공리주의와 의무론이었지요. 양자 모두 인간의 '행위'에 주목하며 '무엇을 하고, 하지 말아야 하는가'를 중시했습니다. 하지만 이러한 윤리학도 20세기 후반에 이르자 비판받기 시작했고, 이전의 '덕윤리학'을 부활시키고자 하는 움직임이 일어났습니다.

하지만 '덕윤리학'은 좋은 인간상을 중심으로 다루는 반면, 구체적인 행위에 관한 직접적인 언급은 빠져 있습니다. '덕을 지닌 자가 하는 행위가 옳다'라고만 할 뿐 '실제로 어떻게 행동해야 하는지' 답을 주지는 않지요. 따라서 윤리학으로서 '덕윤리학'이 구체적인 상황에서 얼마나 의미가 있을지는 새롭게 검토되어야 합니다.

아리스토텔레스는 덕을 과도함과 부족함의 중간 상태인 '중용'이라고 보았습니다. 이에 대한 몇 가지 예를 정리해 두었으니 살펴보면서 현대에도 충분히 통용되는 가치임을 확인해 보세요.

PART 1 인생의 본질을 알다

과도함	중용(덕)	부족함
무모	용기	겁
방종	절도	둔감
뻔뻔함	신중함	부끄러움
이득	정의	손실
사치	여유로움	인색함
허영	자긍	비굴
교활함	사려 깊음	순진함

그림15. '과도함 – 중용(덕) – 부족함'의 비교 및 예시

도덕은 죽었다
무엇이든 용서받을 수 있다

　도덕에 관한 철학적 논의라고 하면, 보통 도덕의 의의를 묻고 어떤 행위가 옳은지 이것저것 따지는 과정이라고 생각합니다. 그런데 이러한 기본 전제를 근본부터 부정한 사람이 19세기 말 독일 철학자 프리드리히 니체(Basic9 참고)입니다.

　니체의 말 중 '신은 죽었다'라는 표현이 유명한데, 여기서 신은 종교적 의미의 신뿐 아니라 절대적인 가치를 상징하기도 합니다. 예를 들면, '절대적인 진리', '절대적인 선악', '절대적인 미(美)'는 더 이상 성립하지 않는다는 뜻이지요. 덧붙여 '절대적'이라는 말은 시대와 장소를 넘어서서 '언제 어디서도 타당한 것'을 말합니다. 지금 혹은 여기서만 해당한다면 그것은 절대적일 수 없지요.

　현대인의 대부분은 니체의 의견에 어느 정도 동의하지 않을까요? 니체는 이를 '니힐리즘'이라고 부르며 20세기와 21세기에 유행하리라고 예언했습니다. 실제로 니체의 예언대로 오늘날에는 절대적인 기준은 사라지고, 뭐든지 그 나름의 정당성을 인정받는 상황이 펼쳐지고 있습니다. 이러한 니힐리즘적 사고방식으로 '도덕'에 관해 언급한 부분을 살펴볼까요?

> 현상에 멈추어 서서 '있는 것은 그저 사실뿐'이라고 주장하는 실증주의
> 에 반대해서 나는 말한다. 아니다, 실로 사실은 없다. 있는 것은 그저 해
> 석뿐이다.[9]

니체의 생각의 바탕에는 '퍼스펙티브(원근법) 주의'가 깔려 있습니
다. 사물은 저마다 보는 입장과 시점에 따라서 달리 보인다는 주장이
지요. 물론 '도덕'도 예외는 아니어서 어떤 입장에서 보는지에 따라 도
덕(선악)의 판단도 달라집니다. 따라서 니체는 '해석'이라는 말을 사용
했습니다. 누구나 인정하는 객관적 사실이 아니라 사람마다 보는 입
장과 시점에 따라 달라지는 해석 말이지요.

도덕에 객관적인 기준은 없고 오로지 해석만이 있다면 '무엇이 옳
고, 그른지' 결정할 수 없게 됩니다. 이러한 사고방식을 극단적으로 밀
고 나가면 "왜 사람을 죽여서는 안 되는가?"라는 질문에 마땅한 답을
찾을 수 없기도 합니다. 그래서 아도르노와 호르크하이머는 『계몽의
변증법』에서 니체의 사상에 대해 다음과 같이 말했습니다.

> '이성으로는 살인에 대해 원칙적으로 반론할 수 없음을 얼버무리기보다
> 는 온 세상에 큰 소리로 외쳐 댔다.'

'신이 없다면 모든 것은 허용된다!'

이 명언은 러시아의 대문호 도스토옙스키가 『카라마조프가의 형제들』에서 한 말로, 니체의 니힐리즘에 대한 문학적 표현이라고도 할 수 있습니다. 제2차 세계대전 후 프랑스 철학가 장 폴 사르트르는 이 말을 '실존주의'의 출발점으로 삼았습니다. 현대를 신이 없는 시대라고 한다면 '모든 것이 허용'되는 상황에서 어떻게 선악을 판단할 수 있을까요? 현대인은 지극히도 곤란한 이 문제에 직면할 수밖에 없습니다.

도덕적 판단은
취향의 차이

도덕에 관한 현대 사상 중에서 '정서주의*'라는 것이 있습니다. 니체의 도덕론이 '하드 니힐리즘(도덕에 관한 철저한 회의)*'이라면, '정서주의'는 '소프트 니힐리즘*'이라고 할 수 있지요.

소프트 니힐리즘의 선두 주자로는 20세기 영국 철학자 알프레드 에이어*가 있습니다. 그는 『언어, 논리, 진리』(1936)에서 '사실 판단'과 '도덕 판단'을 구분 지으며 다음과 같은 예를 들었습니다.

"당신이 돈을 훔쳤다면 나쁜 짓을 한 것이다."[10]

이 문장은 '당신이 돈을 훔쳤다'라는 사실 판단과, 그 사실이 '나쁘다'라는 도덕 판단으로 이루어져 있습니다. 문장으로서는 겹문장에 해당하는데, 두 문장을 뜯어보면 차이가 분명하지요. 앞 문장인 '사실 판단'은 원리적으로 진실인지 거짓인지 판단할 수 있습니다. 실제로 돈을 훔쳤다면 진실이고, 훔치지 않았다면 거짓입니다. 문제는 뒤에 나오는 도덕 판단입니다.

가령 '당신이 돈을 훔쳤다'라는 사실이 진실이라도 그것이 나쁜지 아닌지는 쉽게 결정할 수 없습니다. 옳은지, 그른지는 사실의 진위와는 다른 차원의 문제이기 때문입니다. 그렇다면 사람들은 보통 '선악'을 어떻게 판별할까요? 이에 대한 에이어의 대답은 '감정과 정서에 따른다'입니다.

> 나의 말을 일반화해서 '돈을 훔친 것은 나쁘다'라고 한다면 나는 그 어떤 사실적인 의미도 갖지 않은 문장을, 다시 말해 진실 혹은 거짓임을 알 수 없는 문장을 만들어낸 것이다. 이는 그저 내가 '돈을 훔친 일!'하고 쓰고, 여기에 쓰인 느낌표와 글자의 굵기가 일정 사회적 규약에 따른, 특수한 도덕적인 부인(否認)의 감정을 표현하고 있음을 나타내는 것과 같다. 이 경우 그 어떤 사실적인 의미는 하나도 말하지 않았음이 분명하다.[10]
> (저자 역)

정리하자면, '옳다, 그르다'라는 표현은 사실(당신이 돈을 훔쳤다)에 대한 감정의 표현으로 우리가 미간을 찌푸리거나 환호성을 지르는 행위와 다를 바 없다는 뜻입니다. 감정의 표현은 옳다, 그르다의 문제가 될 수 없다는 것이지요.

일례로 카레를 먹으면서 "이 카레는 맛없다!"라고 말하는 사람에게 우리는 그 말이 옳은지, 그른지를 따지지 않습니다. 왜냐하면 그것은 호불호의 차이이기 때문입니다. 이를 '취미 판단'이라고 합니다. 즉, '카레가 맛있는지 아닌지'는 취미 판단으로, 이에 대한 진위 여부는 중요하지 않다는 말입니다.

이처럼 '옳은지, 그른지'를 말하는 도덕 판단은, 결국 '좋은지, 싫은지'를 말하는 취미 판단이 됩니다. 어쩌면 처음부터 취미 판단에 불과했는데, 우리가 마치 중대한 도덕 판단이었던 것처럼 착각했는지도 모릅니다.

PART 1 인생의 본질을 알다

이렇게 생각해 보면 세상 사람들이 내놓는 다양한 '도덕 판단'도 한 껍질 벗기고 나면 실제로는 모두 '취미 판단'에 지나지 않음을 알 수 있습니다. 그렇다면 교장 선생님이 학생들에게 '남자는 머리카락이 짧고 깔끔해야 학생답다'라고 말해도, 학생들은 그저 '아, 저게 교장 선생님의 취향이구나' 하고 반응할지도 모를 일이네요.

* 정서주의: 알프레드 에이어와 찰스 스티븐슨이 주장한 윤리학설. 도덕적 문제는 사실 판단이나 윤리적인 논의로는 해결할 수 없고, 감정과 정서에 따라서 결정된다고 본다.

* 하드 니힐리즘(도덕에 관한 철저한 회의)과 소프트 니힐리즘: 니힐리즘을 양분하여, 니체가 주장한 니힐리즘을 '하드 니힐리즘', 이보다는 유연한 니힐리즘을 '소프트 니힐리즘'이라고 부른다. 하드와 소프트의 차이는 도덕을 거부하느냐, 부정하느냐에 있다.

* 알프레드 에이어: 20세기 영국 철학자. 영국에 논리실증주의를 소개하고, 1936년에 『언어, 논리, 진리』를 발표했다.

행복
HAPPINESS

무엇을 원해야 바람직한가

동서고금을 막론하고 '어떻게 하면 행복해질 수 있을까'에 관해서는 실로 다양한 학설이 존재합니다. 그 이유는 인간이 하나같이 불행하기 때문일까요?

인간이 불행한지 아닌지는 뒤로 하고 모든 인간이 행복을 갈망하는 것만큼은 부정할 수 없는 사실입니다. 파스칼(Basic9 참고)은 다음과 같이 말했습니다.

> 모든 인간은 행복해지길 원하고 바란다. 이것에 예외는 없다. 아무리 방법이 달라도, 모두 이 목적을 향해 나아간다. 어떤 사람은 전쟁을 하고, 또 어떤 사람은 하지 않는 것은 모두 같은 욕망에서다. 이 욕망은 양자에게 공통된 속성이며, 다만 다른 관점이 작용할 뿐이다. (중략) 이것이야말로 모든 인간의 모든 행동의 동기다. 목을 매려는 자들까지도.[1]

모든 사람이 다 행복을 갈망한다 해도 '행복'에 대한 생각은 저마다 다를 수 있습니다. 대체 행복이란 무엇일까요?

행복은 객관적인 행복과 주관적인 행복으로 나뉩니다. 객관적인 행복은 이에 관한 항목을 나열할 수도 있겠네요. 아프기보다는 건강해야 행복하고, 가난하기보다는 여유로워야 행복합니다. 이는 행복하기 위한 충분조건이라고는 할 수 없지만, 필요조건임은 분명합니다.

행복을 주관적으로 이해하자면 '행복=행복감'으로 이해할 수 있습니다. 실제로 겉으로는 그 어떤 구속도 받지 않는 풍요로운 생활을 하고 있는데도 행복을 느끼지 못하는 사람도 있습니다. 반대로 그리 유복하지 않은 상황에서도 행복하다고 느끼는 사람도 적지 않습니다. '행복도 순위'에서 그다지 부유하지 않은 나라가 상위에 오르는 일이 자주 있는 것처럼 말입니다.

'CHAPTER 4'에서 설명할 행복을 이해하기 위한 네 가지 시점을 미리 제시해 두겠습니다.

그림16. 행복을 이해하기 위한 네 가지 시점

BASIC 38

행복을 어떻게 잡아야 할지
그것이 문제로다

'행복'이라는 말은 어원을 살펴보면 '이따금 우연히 받은 것'이라는 의미를 갖고 있습니다. 그 점에서는 '행운'과 큰 차이가 없지요. 속되게 말하면 '넝쿨째 굴러온 호박'도 행복이자 행운인 셈입니다.

하지만 철학에서 행복을 논할 때는 행운을 행복이라 부르기를 반대하는 사람이 많습니다. 예를 들어 버트런드 러셀*은 『행복의 정복』에서 '행복은 극히 드문 경우를 제외하고, 운 좋게 잘 익은 과일이 입안으로 톡 떨어지는 것과는 다르다'(2)라고 말했습니다.

여기서 말하고자 하는 바는 '행복'은 타인이 주거나, 우연히 얻거나, 신에게 부여받은 것이 아니라는 것입니다. 오히려 행복은 자신의 '힘을 발휘'하여 스스로 획득하는 것이라고 봅니다. 이 점에서는 알랭*의 『행복론』에도 비슷한 내용이 담겨 있습니다.

행복은 항상 우리에게서 도망치려 한다고 말한다. 다른 사람이 준 행복이라면 그렇다. 누군가에게 받은 행복이란 무릇 존재하지 않기 때문이다. 하지만 스스로 만든 행복은 결코 배신하지 않는다.(3)

이와 같은 생각은 힐티*의 『행복론』에서도 다르지 않습니다. 힐티의 『행복론』은 러셀과 알랭과 함께 이른바 '3대 행복론'이라 불리는데, 그 중에서도 종교적인 색채가 가장 강하지요. 그럼에도 서두에 적힌 '일 에서의 행복'을 읽으면 '자기 실현'을 매우 강조하고 있음을 알 수 있습니다.

> 모든 일은 인간이 진지하게 몰두만 한다면 금세 흥미가 깊어지는 성질을 띠고 있다. 일의 종류가 행복을 결정하는 것이 아니라, 창조와 성공의 환희가 행복을 불러오는 것이다. 무릇 가능한 범위의 최대 불행은 일이 없는 생활로, 생이 끝날 무렵 그 결실을 보지 못한 삶이다.[4] (저자 역)

지금까지 다양한 행복론을 살펴보았습니다. 여기서 가장 중요하게 봐 두어야 할 부분은 '행운'과 '행복'을 구별해야 한다는 점입니다.

저자	원제(출판연도)	특징
카를 힐티	『행복론』 (1891, 스위스)	윤리적·종교적
알랭(필명)	『행복론』 (1925, 프랑스)	문학적·철학적
버트런드 러셀	『행복의 정복』 (1930, 영국)	합리적·상식적

그림17. 3대 행복론

★ 버트런드 러셀: 19~20세기 영국 철학자, 수학자, 논리학자. 1950년에 노벨 문학상을 받았다. 실로 다양한 분야에서 활약했으며, 모두 후세에 커다란 영향을 미쳤다.

★ 알랭(본명:에밀 오귀스트 샤르티에): 19~20세기 프랑스 철학자. 짧은 문장으로 사색을 독려하는 모럴리스트로, 이를 모아 『행복론』으로 완성했다.

★ 카를 힐티: 19~20세기 스위스 철학자. 경건한 기독교인으로 이를 바탕으로 『행복론』을 썼다. 『잠 못 이루는 밤을 위하여』라는 저서도 유명하다.

행복과 도덕은
일치한다

구직 활동을 하는 대학생에게 "취업 준비는 왜 하느냐?"라고 묻는다면 당연한 걸 왜 묻느냐는 얼굴로 "좋은 회사에 들어가고 싶어서요"라고 답할 것입니다. 이때 다시 "왜 좋은 회사에 들어가고 싶으냐?"라고 물으면 어떤 대답이 나올까요? 남들에게 인정받고 싶어서? 안정된 생활을 누리고 싶어서? 물론 이유는 다양할 것입니다. 그런데 여기서 멈추지 않고 또다시 "안정된 생활은 왜 하고 싶으냐?"라고 묻는다면 어떨까요? 과연 어떤 대답이 돌아올까요?

이처럼 목적(왜?)을 찾아 계속해서 거슬러 올라가면 더 이상의 것은 없을 만한 '궁극적인 목적'에 도달합니다. 이를 아리스토텔레스(Basic2 참고)는 '행복'이라고 불렀지요. 행복은 우리 삶에서 궁극적인 목적[가장 좋은 것=최고선(善)]에 해당합니다.

> 최고의 선은 행복으로, 잘 살고 잘 행위 하는 것이 행복과 같은 의미다.
> 이에 관해서는 사람들 대부분의 의견이 일치한다.(5) (저자 역)

행복을 궁극적인 목적으로 보는 사고방식을 보통 '행복주의'라고 부릅니다. 인간은 누구든 매번 좋은 것을 갈망하며 살아가는데, 그중에서도 가장 좋은 것이 '행복'이라는 입장이지요. 여기서 문제가 되는 부분은 '행복'을 어떻게 보느냐입니다.

왜냐하면 '선(善, 좋은 것)'에는 두 가지 뜻이 있기 때문입니다. 사람에 따라서는 감각적인 '쾌락'을 '선'으로 볼 수도 있습니다. 쾌락이야말로 가장 좋은 것이고, 행복은 쾌락 안에 있다는 생각이지요. 이를 '쾌락주의'라고 부르는데, 아리스토텔레스는 이 생각에 반대했습니다.

아리스토텔레스는 행복을 이해할 때 '덕(德)'과 연관 지어 생각했습니다. 이에 따라 '가장 좋고, 또 가장 완전한 덕을 기반으로 한 영혼의 활동이 인간에게 선이다'라고 말했습니다. 여기서 '덕'이란 '탁월성'을 의미하는 '아레테(arete)'로, 인간에게는 탁월성이 곧 도덕이라고 확신했습니다.

이렇게 보면 아리스토텔레스의 행복주의를 논할 때 왜 『니코마코스 윤리학』을 언급하는지 알 것 같습니다. 아리스토텔레스의 '행복주의'의 핵심은 행복과 도덕을 결부시켜 생각하는 데 있기 때문입니다. 그는 '도덕'에 반한 '쾌락'을 스스로에게 '좋은 것'으로 여기고 활동하는 태도는 '행복'이라고 보지 않았습니다. 이에 따라 '행복한 생활은 성실함을 동반하는 것으로, 놀이 속에는 없다'라고 역설했지요.

COLUMN

고대 철학 중에서 아리스토텔레스와는 다른 형태로 '행복론'을 전개한 인물이 에피쿠로스입니다. 그는 행복의 실질은 쾌락이며, 쾌락 자체가 '선(좋은 것)'이라는 '쾌락주의'를 주장했습니다. 하지만 쾌락은 욕망을 그대로 따른다고 해서 반드시 얻는 것은 아니며, 오히려 '고통'을 통해서도 생겨날 수 있다고 합니다. 그래서 욕망을 제어하고 '마음의 평안(아타락시아)'을 얻는 것이 쾌락으로 이어진다고 보았습니다.

바르게 살려거든
행복을 바라지 말라

행복과 도덕이 같다고 보는 아리스토텔레스적인 행복론을 단호하게 부정한 이가 근대 최고의 철학자로 불리는 임마누엘 칸트(Basic1 참고)입니다. 칸트의 기본적인 생각은 '행복'은 인간의 억누를 수 없는 '욕망'에 근거한 것으로, '선(善)'을 원하는 도덕과는 반드시 구별해야 한다는 것입니다.

> 인간을 행복하게 만드는 것과 인간을 선인으로 만드는 것, 그리고 인간이 영리하게 자신의 이익을 따지는 것과 인간이 유덕한 것은 전혀 다르다(생략).[6]

칸트는 인간이 본능적으로 행복을 원한다는 사실을 부정하지는 않았습니다. 인간은 욕망(칸트는 이를 '경향성'이라 불렀습니다)을 갖고, 이를 바탕으로 행복을 갈망하기 때문이지요. 하지만 이러한 '행복'은 '선'을 지향하는 도덕과는 전혀 다르다고 보았습니다.

예를 들어 교묘한 거짓말로 성공해서 부유해졌다고 합시다. 일에서 성공했다는 점에서는 자신의 욕망을 채웠고 남들로부터 칭찬을 받을지도 모릅니다. 하지만 그러한 '행복이 선한 것인가?'라고 묻는다면 대부분 선뜻 그렇다고 대답하지 못할 것입니다. 도덕적인 '선'을 무시하고 '행복'을 손에 넣는다 한들 마음이 편할 리가 없기 때문이지요.

칸트는 도덕적인 선에는 예외가 없다고 말합니다. 이를 '정언명령'이라고 부르지요. '거짓말은 하면 안 된다'라는 도덕적인 명령은 설사 결과가 불행할지라도, 절대로 지켜야만 합니다. '선한 거짓말'이라는 말이 있듯이 때로는 거짓말을 하는 편이 좋은 결과를 가져올 수 있지만, 그런 경우에라도 칸트는 절대로 거짓말을 해서는 안 된다고 보았습니다.

칸트는 '행복과 도덕 중 하나만을 선택'해야 하는 문제가 발생했을 때 한 치의 망설임도 없이 도덕을 선택하라고 주장합니다. 친구의 행복만이 아니라 자기 자신(혹은 가족)의 행복일지라도 도덕을 위해서는 희생해야만 한다는 생각이지요.

이는 지극히도 엄격한 도덕주의가 아닐 수 없습니다. 오늘날 이러한 근엄주의에 대한 평가는 그리 좋지 않지만, 그렇다고 이러한 원칙을 방기해 버리면 너무 쉽게 편의주의로 빠질 위험성도 있습니다.

일례로 '예외를 인정해야 하는가'라는 문제에 대해 생각해 봅시다. 현실에서는 때때로 규칙을 위반하거나, 원칙대로 할 수 없는 경우가 있습니다. 자신의 잘못이 아니라 불가항력적으로 타인과의 약속을 지키지 못하는 상황도 발생하지요. 그럴 때 요즘에는 온정주의적 입장에서 사정을 고려하여 규칙 위반을 허용하기도 합니다. 하지만 칸트의 입장에서 보면 이러한 예외는 있을 수 없습니다. 이 점을 어떻게 평가할지에 따라 행복에 대한 생각도 엇갈릴 것입니다.

칸트의 근엄주의는 그의 사생활에서도 여지없이 드러납니다. 유명한 일화 중 하나로 산책에 관한 이야기가 있습니다. 칸트는 매일 정해진 시간에 정해진 경로로 산책하는 습관이 있었다고 합니다. 그런 까닭에 마을 사람들은 칸트의 산책을 보고 "아, 칸트 씨가 지금 이곳을 걷고 있으니 OO시겠군!" 하며 짐작했습니다. 칸트에 관한 이런 이야기가 많은 편인데, 그의 '예외를 허용하지 않는 원칙주의'만큼은 가슴에 깊이 남습니다.

예술이라는 행복

행복을 적극적으로 논하는 철학자들에게 그야말로 싸늘한 시선을 보내는 인물이 19세기 말 독일 철학자 프리드리히 니체(Basic9 참고)입니다. 그는 쾌락주의나 행복주의에 대해 '조소와 연민으로 내려다볼 수밖에 없는 것'[7]이라고 잘라 말했지요.

니체의 데뷔작인 『비극의 탄생』(1872)이라는 책이 있습니다. 거기에는 그리스 신화를 예로 들며 "인간에게 가장 좋고, 가장 멋진 것은 무엇인가?"라는 미다스 왕의 질문에 "최선의 것은 당신이 절대 손에 넣을 수 없는 것 즉, 태어나지 않는 것, 존재하지 않는 것, 무(無)의 상태를 말한다. 그러니 당신이 선택할 수 있는 차선책은 빨리 죽는 것이다"[8]라는 대답이 나옵니다.

여기서 말하는 바는 '인생은 고뇌로 가득 차 있다'라는 쇼펜하우어로부터 물려받은 '염세주의(페시미즘)'입니다. 그 당시 니체에게는 살아가는 것 자체가 고통이고 불행이었습니다. 이러한 감정은 꼭 니체만이 아니라 많은 사람이 느껴본 적 있지 않을까요?

하지만 만약 누군가가 '염세주의'를 외친다면 그다지 진지하게 받아들이지 않는 편이 좋습니다. 왜냐하면 말하는 그 사람도 아직 살아 있기 때문입니다. 염세주의를 외치는 사람은 필연적으로 자기모순에 빠질 수밖에 없습니다.

삶의 모든 것이 고통이라는 생각은 필시 옳지 못합니다. 인생에는 기쁨뿐 아니라 때로는 고통도 따르는 법이라고 말하는 편이 적절하지요. 그런데 만약 삶 속에서 고통만 느껴진다면 정말로 '빨리 죽는 것' 말고는 방법이 없을까요?

니체가 『비극의 탄생』에서 찾아낸 해결책은 '예술에 의한 구제'였습니다. 여기서 '예술'이란 구체적으로 '음악'을 말합니다. 음악으로 나 자신을 잊고(엑스터시), 생의 고뇌에서 해방되자는 것이지요. 이 발상은 이후 '자기비판'을 받지만, 곰곰이 생각해 보면 인생의 본질을 꿰뚫고 있지 않은가요?

생의 고뇌에서 해방될 수 있는 방법이 음악뿐인지는 모르겠지만 적어도 술을 포함해서, '망아(忘我)' 상태에 이르는 도구는 인간에게 없어서는 안 될 것 같습니다.

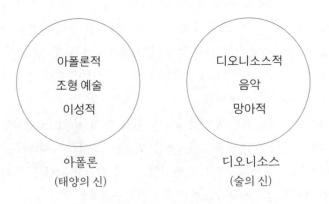

그림18. 예술의 두 종류

니체는 『비극의 탄생』에서 보여준 염세주의적 사상을 훗날 스스로 비판합니다. 신판에 추가된 서문 '자기비판의 시도'에 따르면 그 사상을 낭만주의*라고 부르며 거부하지요. 이때 문제 삼은 부분은 삶을 고통이라고 보고 음악(예술)으로 망각하겠다는 도식이었습니다. 이를 대신해서 니체가 새롭게 제시한 개념이 '영원회귀'사상과 '권력에의 의지'였습니다. 이것이 『차라투스트라는 이렇게 말했다』에서 드러나지요.

* 낭만주의: 18세기 말부터 19세기에 걸쳐 유럽에서 일어난 예술적, 사상적 운동. 합리적인 고전주의에 대항하여, 마음과 감정의 고양을 강조하고 자연이나 무한한 존재를 동경했다.

행복이 아닌
불행에 주의하라

    행복론 중에서도 유달리 이색적인 사상을 제시한 이가 지그문트 프로이트(Basic14 참고)입니다. 그는 70대에 『문명 속의 불만』(1930)을 출간했는데, 여기에 프로이트가 생각하는 '행복론'이 담겨 있습니다.

    프로이트에 따르면 인생의 목적은 '행복'임에 틀림없습니다. 하지만 여기에는 적극적 목표(강렬한 쾌락을 추구하는 것)와 소극적 목표(고통과 불쾌함이 없는 상태를 추구하는 것) 두 가지가 있음에 주의해야 합니다. 다시 말해, 인간은 행복해지기 위해서 강렬한 쾌락을 추구하면서도 한편으로는 고통을 피하려고 한다는 것이지요. 이를 프로이트는 '쾌락 원칙'이라고 불렀는데, 그리 특별한 내용을 담고 있지는 않습니다. 그렇다면 프로이트 사상의 특별함은 어디에 있을까요?

    프로이트 사상의 흥미로운 점은 인간이 '행복'을 얻기란 지극히 어려운데 반해, '불행'은 손쉽게 불러올 수 있음을 밝힌 부분입니다.

> 매우 엄밀한 의미에서 행복은 강하게 억압되어 있던 욕구가 갑자기 충족될 때 생겨나며, 본래 일시적인 현상으로만 나타난다. 쾌락 원칙에 따

라 우리가 강력하게 갈망했던 상황도 오랜 시간 계속되면 김이 빠진 쾌적함만을 제공할 뿐이다. 우리는 강력한 대비를 통해서만 쾌락을 느낄 수 있고, 이러한 쾌락도 매우 짧은 시간 동안만 누릴 수 있다.

이처럼 인간이 행복해질 가능성은 우리 마음의 구조 탓에 제한적이다. 반면 불행을 경험하기란 지극히 쉽다.[9]

연애와 결혼을 예로 들면 쉽게 이해할 수 있습니다. 불륜을 포함해서 연애를 할 때는 가슴이 뛰고 강렬한 감정에 휩싸입니다. 이에 반해 일정 기간 사긴 후에 결혼을 하면 우리는 '김이 빠진 쾌적함'만을 느낄 뿐이지요. 하지만 그렇다고 불륜에 빠졌다가는 아주 손쉽게 '불행'을 경험할 수도 있습니다.

프로이트는 불행의 원인을 세 가지로 나누어 설명합니다. ① 자신의 신체, ② 우리를 둘러싼 외부 세계, ③ 타인과의 관계지요. 이 중 세 번째 원인에서 시작되는 고난은 필시 다른 종류의 불행보다 훨씬 우리를 힘들게 한다고 합니다.

프로이트는 이러한 고통을 잘 처리하지 못하면 마음의 병이 생긴다고 보았습니다. 이를 회피하는 한 가지 방법이 '종교'인데, 그는 종교를 '집단 망상'이라고 불렀습니다. 이렇게 생각해 보면 인간에게 행복이란 거의 불가능한 게 아닐까 싶습니다.

프로이트는 마음의 원칙으로 '쾌락 원칙' 외에 '현실 원칙'도 제시했습니다. 이는 만족을 잠시 연기해서 쾌락에 이르는 우회로를 만드는 행위입니다. 언뜻 보면 쾌락 원칙에 반하는 듯 보이지만, 꼭 그렇지는 않습니다. 왜냐하면 현실 원칙도 마찬가지로 쾌락의 실현을 목표로 하는데 그 방법이 다를 뿐이기 때문이지요. 아이처럼 쾌락을 바로 실현시키려 하는지, 아니면 어른처럼 실현될 때까지 참는지의 차이입니다. 하지만 모든 어른이 현실 원칙을 따를 수 있는지는 의문이네요.

아름답게
산다는 것

행복을 논할 때 '성'에 관한 문제를 빼놓을 수 없습니다. 쾌락과 고통은 필연적으로 성적인 부분과 연결되기 때문이지요. 그래서 프로이트(Basic14 참고)는 쾌락 원칙을 '교육시키기 어려운 성적 욕동의 작업 방식'이라고 했습니다. 우아한 행복론도 한 꺼풀 벗겨 보면 질척질척한 '성애론'에 지나지 않는 것입니다.

1984년 에이즈로 사망한 프랑스 철학자 미셸 푸코(Basic19 참고)는 죽기 직전에 『성의 역사』 2권과 3권을 출판했는데, 여기에는 푸코만의 독자적인 행복론이 담겨 있습니다. 이 책에서 '성'과 '행복'은 어떻게 연관되어 있을까요?

푸코는 『성의 역사』(1976) 1권에서 근대적인 성의 존재 방식을 문제로 삼았는데, 만년에 출간한 2, 3권에서는 고대 그리스 로마 시대로까지 거슬러 올라갑니다. 그 이유에 대해 푸코는 한 인터뷰에서 다음과 같이 설명했습니다.

자신의 생을 개인적인 예술 작품으로 만들려는 것은, 설령 집단적인 기준에 따를지라도, 고대의 도덕적 경험 혹은 도덕적 의지의 중심에 있었다고 나는 생각한다. (중략) 탐구란, '실존의 미학'의 탐구다.[10]

성적 욕망은 인간을 매우 강력하게 지배해서 때로는 자기 자신조차 잃게 만듭니다. 하지만 이러한 성적 욕망에 지배당하는 삶이 과연 아름답다고 할 수 있을까요? 사회적 도덕이라는 관점에서 비판하기 이전에 한 개인의 삶으로서 아름다운지, 추악한지 묻는 것입니다. 성적 욕망뿐 아닙니다. 무언가에 탐욕적인 사람의 모습은 아름다움과는 거리가 멀지요.

아름다운 삶을 살기 위해서 푸코는 모든 욕망을 부정하고 금욕적인 생활을 해야 한다고 보지는 않았습니다. 『성의 역사』 2, 3권의 부제가 각각 '쾌락의 활용', '자기 배려'인 점만 봐도 그렇지요. 푸코에게는 욕망을 어떻게 절제하고 통제할지, 같은 맥락에서 자신을 어떻게 배려해 나갈지가 중요했습니다.

의외라고 여길지 모르겠지만 푸코의 행복론을 보면 구키 슈조*가 『이키의 구조』(1930)에서 언급한 일본 고유의 미적 감성인 '이키(있는 그대로의 순수한 아름다움. 세련된 멋을 말할 때 일본인이 자주 쓰는 표현_옮긴이)'가 떠오릅니다. 구키는 끈적거리는 욕망이 아니라, 욕망과 적당히 거리를 두면서 상대방과 세련된 관계를 맺는 것이 이키의 특색이라고 보았습니다. 이와 같은 '이키'의 감성이 과연 현대 일본인에게도 남아 있는지는 모르겠지만, 적어도 '이키'에 따른 삶이 '실존의 미학'적인 관점에서도 매력적이라는 사실만큼은 부인할 수 없을 것 같습니다.

---

* 구키 슈조: 19~20세기 일본 철학자. 유럽에서 오래 유학 생활을 하며 하이데거에게 가르침을 받았다. 귀국 후 발표한 『이키의 구조』는 일본 문화 연구서로 높은 평가를 받고 있다.

BASIC **44**

인생은
무엇을 위한 것일까?

어린 시절 누구나 한 번쯤 '사람은 무엇을 위해 사는가' 혹은 '인생의 의미는 무엇인가'라고 자문해 본 경험이 있을 것입니다. 그때는 이렇게 저렇게 생각해 봐도 끝내 확실한 답을 구하지 못한 채, 어느샌가 질문 자체를 잊어버리기 일쑤였지요. 이러한 의문을 어린 시절 갖는 순수한 호기심이라고 치부해 버리면 그만이지만, 솔직히 여전히 궁금한 것도 사실입니다.

제2차 세계대전 후 프랑스에서 사르트르*의 '실존주의'가 유행할 무렵, 함께 활동했던 소설가 알베르 카뮈*가 전쟁 중에 쓴『시지프 신화』(1942)라는 철학 에세이가 있습니다. 여기서 등장하는 '시지프(시시포스)'는 그리스 신화에 나오는 영웅이지요. 카뮈는 책에 다음과 같이 썼습니다.

> 신들이 시지프에게 내린 형벌은 쉬지 않고 바위를 굴려서 어느 산 정상까지 옮기는 일이었는데, 매번 정상까지 올라가면 돌이 자기 무게를 못이기고 다시 아래로 굴러떨어져 버렸다. 아무런 의미도 희망도 없는 노

동만큼 끔찍한 형벌은 없다는 신들의 생각은 확실히 어느 정도 타당한 일이었다.[(11)]

이 책의 서두에서 카뮈는 '참으로 중대한 철학적 문제'는 딱 하나밖에 없다고 말합니다. 바로 '자살이다. 인생이 살만한 가치가 있는지 없는지를 판단하는 것, 그것이 철학의 근본 문제에 답하는 것이다'라고 말입니다.

자, 그렇다면 과연 인생은 무엇을 위한 것일까요?

시지프의 형벌을 보면 어쩐지 우리의 일상생활을 보고 있는 듯한 착각에 빠집니다. 월요일부터 금요일까지 아침에 일어나, 식사 후 출근해서 일하고 퇴근해서 자는 삶. 시지프의 형벌과 전혀 다를 바가 없지요. 이때 '왜?'라는 질문을 품는 순간, '권태 속에서 모든 것이 시작된다'라고 카뮈는 말합니다.

사실 이 질문에는 허점이 있습니다. '인생 전체'를 통째로 바깥에서 바라보면 '인생의 의미(목적)'를 이해하기는 어렵기 때문입니다. 간혹 종교를 가진 사람은 '신을 위해서'라고 대답할지도 모르지만, 다시 '신은 무엇을 위해서?'라고 묻는다면 질문은 무한 반복되고 결국 답은 나오지 않습니다.

하지만 인생의 내부로 들어가서 하나의 사건에 주목한다면 우리는 어렴풋이 그것의 목적(의미)을 깨달을 수 있습니다. 가령 "일은 왜 하는가?"라고 질문한다면 여러 가지 대답이 가능합니다. 그리고 여기서 더 이상 질문하지 않는 것이 하나의 방법일지도 모릅니다. 물론 그걸로 근본적인 의문이 풀리지는 않겠지요.

매일 같은 일을 반복하며 삶의 보람이라고 할 만한 인생의 목적을 찾을 수 없다면, 과연 살아갈 이유가 있을까요? 이에 대해 니체는 '아무것도 없다(nihil, 허무)'라고 잘라 말했습니다. 그래서 그는 '니힐리즘'을 주장한 것입니다. 그렇다면 인간은 살아갈 이유가 아무것도 없는데 왜 살아야 할까요? 이것이 니체가 품은 근본적인 문제입니다.

* 장 폴 사르트르: 20세기 프랑스 철학자 겸 작가. 제2차 세계대전 후 실존주의를 제창하며 세계적으로 큰 영향을 끼쳤다. 주요 저서로 1943년에 발표한 『존재와 무』, 1960년에 출간한 『변증법적 이성 비판』이 있다.

* 알베르 카뮈: 20세기 프랑스 소설가 겸 평론가. 1942년에 발표한 『이방인』으로 널리 알려졌고, 1957년에 노벨 문학상을 받았다.

경험 기계가 행복감을
만들어주면 행복해질 수 있을까?

행복은 '건강'이나 '돈' 혹은 '가족, 친구'처럼 객관적인 기준으로 이해할 수도 있습니다. 하지만 이러한 기준을 충족해도 행복하다고 느끼지 못하는 사람도 있지요. 따라서 행복은 저마다 마음에 품는 감정으로, 주관적인 성질을 띤다고 보는 쪽이 합당한지도 모릅니다. 다시 말해 '행복이란 스스로 행복감을 느끼는 것'으로 정리할 수 있습니다.

그렇다면 행복감만 느낀다면 그 사람은 행복해질 수 있을까요? 이 점을 문제로 삼은 이가 로버트 노직*이라는 미국 철학자입니다.

노직은 『아나키에서 유토피아로』(1974)를 쓰고 자유지상주의*의 대표자로 촉망받았는데, 이 책에서 여러 흥미로운 사고 실험을 행하며 화제를 모았습니다. 그중에서도 특히 '경험 기계'라는 개념이 자주 회자됩니다.

당신이 바라는 모든 경험을 대신 만들어주는 경험 기계가 있다고 가정해 보자. 최고의 신경심리학자들이 당신의 뇌를 자극해서 (중략) 당신이 생각하고 느끼도록 만들 수 있는 것이다. 그동안 당신은 뇌에 전극을

단 채 탱크 안에서 떠다니고 있다. 인생의 다양한 경험을 미리 입력해 주는 이 기계에 당신이라면 평생 연결되어 있겠는가?[12]

영화 <매트릭스>를 본 사람이라면 이러한 설정이 그리 기괴하게 느껴지진 않을 것입니다. 그런데 대체 노직은 경험 기계를 통해 무슨 말이 하고 싶었을까요?

경험 기계란 사람들이 원하는 세계를 뇌 속에 입력해서 이를 진짜처럼 마음속으로 보고 느낄 수 있게 해주는 장치입니다. 쉽게 말하면 잠들어 있는 사람에게 행복한 꿈의 세상을 보여주는 것이지요. '이러면 좋겠다'라는 개인의 소망이 실현된 세상이 마음껏 펼쳐집니다. 경험 기계에 연결되어 있는 동안에는 아무런 근심 걱정이 없습니다.

물론 현실은 탱크 속을 떠다니며 뇌에 전극을 달고 있는 상태입니다. 하지만 그 사람의 마음속 세상에서는 자신이 부자가 되어 있거나, 이성의 시선을 한 몸에 받거나, 일에서 큰 성공을 거두고 있지요.

경험 기계 속 인간은 행복감을 충분히 느끼고 있습니다. 그런데 행복감을 얻었으므로 그 사람은 행복해졌다고 할 수 있을까요? 곧바로 그렇다는 대답이 나오지 않는다면 '행복=행복감'이라는 공식은 성립하지 않는 셈입니다.

그리스 시대부터 전해지는 광인의 행복에 관한 이야기를 잠시 생각해 봅시다. 집을 나와 항구에 살고 있는 광인은 그곳에 드나드는 배를 모두 자기 배라고 착각합니다. 그래서 항구에 배가 들어올 때마다 크게 기뻐하며 "무사히 돌아와서 다행이다!" 하고 외치지요. 이 모습을 보다 못한 형제가 그를 의사에게 데려가 병을 치료받게 했습니다. 그러자 그는 더 이상 항구의 배를 자기 것이라고 생각하지 않았는데, 그 때문에 들어오는 배를 봐도 아무런 기쁨을 느낄 수 없었습니다. 병을 치료한 탓에 행복감이 사라져 버린 것이지요. 치료를 받은 그는 과연 행복해진 걸까요?

* 로버트 노직: 20~21세기 미국 철학자. 롤스의 자유주의에 대항하여 자유지상주의를 제창했다. 1974년에 발표한 『아나키에서 유토피아로』에서 탁월한 사고 실험을 구사하며 자유주의의 원리를 흥미롭게 제시했다.

* 자유지상주의(libertarianism): 자유주의(liberalism)와 구별하기 위해 20세기 미국에서 사용된 용어이다. 미국의 자유주의는 경제적인 측면에서는 평등주의를 지향하며 개인의 자유를 제한하는데, 자유지상주의에서는 이를 비판하며 경제적인 면에서도 자유를 추구한다.

PART 1 인생의 본질을 알다

행복감만으로는
행복을 설명할 수 없다

라틴어로 '메멘토 모리(memento mori)'라고 불리는 유명한 경구가 있습니다. '죽음을 기억하라'라는 뜻으로, 인생의 무상함을 깨닫고 오만해지지 말라는 의미가 담겨있지요. 이처럼 오래전부터 인간에게 '죽음'은 최대의 불행으로 여겨졌습니다. 그래서 평소에는 '죽음'을 잊고자 이런저런 즐거움에 매달리는지도 모르겠습니다.

그런데 이와 다르게 '죽음을 두려워 말라'라고 하는 이가 있습니다. 고대 그리스 쾌락주의자 에피쿠로스*입니다. 에피쿠로스는 인간은 자신의 죽음이 어떤 것인지 알 수 없으므로 죽음을 두려워 말라고 합니다. 죽음에 대해 그는 다음과 같이 말합니다.

죽음은 여러 나쁜 일 중에서도 가장 두려운 일로 여겨지지만, 사실은 우리에게 아무것도 아닌 일이다. 왜냐하면 우리가 존재하는 한 죽음은 현실에 존재하지 않고, 죽음이 현실에 존재할 때는 이미 우리가 존재하지 않기 때문이다. 그래서 죽음은 산 자에게도, 이미 죽은 자에게도 아무런 의미가 없다.(생략)[13]

죽음에 대해서 우리가 알고 있는 것은 어디까지나 '타인의 죽음'뿐입니다. 타인의 죽음을 경험한 뒤 자신의 경우를 가정해서 두려워하지요. 하지만 에피쿠로스의 설명에 따르면 이는 잘못된 생각입니다. 우리는 자신의 죽음을, 아직 죽지 않았으므로 경험할 수 없으며, 경험할 수 있는 때가 온다면 이미 죽었으므로, 죽음을 경험하지 못한다는 것입니다. 이는 스스로 느끼는 행복감을 행복으로 간주하는 발상과 같습니다. 죽음은 죽음을 경험하는 본인 외에는 알 수 없다고 보는 입장이지요.

에피쿠로스의 생각을 검토하기 위해 현대 철학자가 제시한 또 다른 발상을 살펴봅시다.

미국의 철학자 토머스 네이글*은 뇌에 손상을 입고 어린아이와 같은 정신 상태로 퇴행한 한 인물을 예로 들었습니다. 이 사람은 원래 매우 총명했지만 뇌를 다친 후 생후 3개월 정도의 아기와 같은 상태가 되었습니다. 그의 욕구는 모두 보호자가 채워 줄 수 있어서 그는 아무런 불안감도 혐오감도 없이 만족하고 있는 듯 보였습니다. 문제는 이런 상태에 빠진 그를 과연 행복하다고 할 수 있는가입니다.

행복감이라는 점에서 보면 그는 자신의 욕구가 모두 충족되었고 고민도 불안도 없으니 행복하다고 볼 수 있습니다. 하지만 네이글은 '이러한 상태는 통상 그의 친구, 가족, 지인뿐 아니라 무엇보다 자신에게 매우 중대한 불행이라고 볼 수 있다'라고 말했습니다. 왜일까요?

행복은 주관적인 경험이라는 관점에서는 분명히 그는 현재의 상태에 만족하고 있으니 행복할 것입니다. 하지만 네이글은 이를 행복이라고 부를 수 없다고 보았습니다. 그 이유는 '총명했던 인물이었던 만큼 뇌에 손상을 입지 않았다면 자연스럽게 성장하면서 실현해 나갔을 여러 가능성이 차단되었기 때문'입니다. 사람이 행복하려면 그 사람의 가능성을 실현시킬 수 있어야 합니다. 반대로 그 가능성을 실현할 수 없다면 불행하다는 생각이지요.

여기서 알 수 있는 사실은 행복한지 아닌지는 행복감뿐 아니라 가능성의 실현 여부도 고려해야 한다는 것입니다. 그리고 말할 필요도 없이 죽음이 불행한 이유는 그 인물의 여러 가능성을 빼앗아 가기 때문입니다.

COLUMN

치매에 걸린 사람은 과연 행복할까요, 불행할까요? 이 점에 대해서는 '행복감'이라는 관점과 '가능성의 실현'이라는 관점, 두 가지 측면에서 대답할 수 있습니다.

행복감에서만 보자면 치매에 걸린 사람도 자신의 욕구만 충족되면 행복하다고 볼 수 있습니다. 하지만 치매에 걸리지 않은 때와 비교하면 가능성의 폭은 크게 줄어들었으니 행복하다고만 할 수도 없습니다. 그럼에도 모든 가능성을 빼앗아버리는 죽음과 비교하면 치매 환자가 갖고 있는 가능성도 적다고만 할 수 없지 않을까요?

* 에피쿠로스: 기원전 3~4세기경 고대 그리스 철학자. 에피쿠로스학파의 시조로, 원자론과 쾌락주의를 주장했다.

* 토머스 네이글: 20~21세기 현존하는 미국 철학자. 1979년에 발표한 〈박쥐가 된다는 건 어떤 것일까?〉라는 논문에서 감각질(qualia, 어떤 것을 지각하면서 느끼는 기분 혹은 심상_ 옮긴이)에 관한 내용을 다루었는데, 이후 여러 가지 논쟁을 불러일으켰다.

진리를 탐구하다

종교
RELIGION

세계
UNIVERSE

자연
NATURE

종교
RELIGION

무엇을 믿어야 할까

1세기 정도 전에는 과학이 발전하면 종교는 이윽고 소멸할 것이라고 보았습니다. 하지만 이후 과학이 크게 발전했음에도 종교는 쇠퇴할 기미를 조금도 보이지 않고 있지요.

남미와 아프리카에서는 종교를 믿는 사람이 늘어나고 있습니다. 유럽에서는 기독교 신자의 비율은 줄었지만 이슬람교 신자는 오히려 늘었습니다. 또 미국에서는 주류파인 프로테스탄트는 감소하고 있지만, 원리주의적인 복음파는 증가하는 경향을 보이고 있습니다. 이러한 흐름을 두고 독일의 사회학자 울리히 벡*은 다음과 같이 말했습니다.

> 21세기 초에 나타났던 종교로의 회귀 현상은 1970년대에 이르기까지 200년 이상 이어져 온 사회 통념(conventional wisdom)을 깨는 것이었다.[1]

사람들의 예상과 달리 과학이 발전해도 종교가 소멸할 일은 없을 것 같습니다. 그런데 대체 종교가 사라지지 않는 이유는 어디에 있는 것일까요? 이를 알기 위해서 '믿는다'라는 기본적인 태도로 거슬러 올라가 새롭게 생각해 봅시다.

　영어로 '믿는다'를 의미하는 'believe'라는 말은 상황에 따라 다르게 번역됩니다. 예를 들어 종교에서는 '신앙'이라고 하며, 정치나 도덕과 같은 실천적인 문제에서는 '신념'이라고 불리지요.

　하지만 이 말은 원래 특정 분야에서만 쓰는 것은 아닙니다. 인간이 활동하는 모든 영역에서 '믿음'은 제 기능을 하고 있지요. 이때는 그냥 '믿는다'라고 부르는 편이 일반적입니다.

　이렇게 보면 종교의 문제는 범위가 매우 넓다는 사실을 알 수 있습니다. '신앙' 하면 종교가 없는 사람과는 관련 없는 듯 보이지만 무교인 사람에게도 '믿음'이 전혀 없지는 않습니다. 왜냐하면 인간 활동의 대부분이 '믿음'에 바탕을 두고 있기 때문입니다.

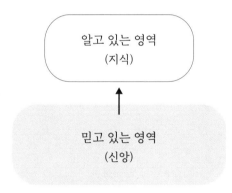

그림19. 지식과 신앙의 관계

　우리는 인식하진 않지만 누군가와 대화할 때 그 사람이 '인간'이며 '마음이 있다'라는 사실을 믿습니다. 하지만 그것이 진짜인지 가짜인지 확인할 길은 없지요. 그저 당연하게 혹은 막연히 그렇다고 믿을 뿐입니다. 또한 출근이나 등교를 할 때도 회사나 학교가 늘 그렇듯이 그 자리에 있을 것이고, 그곳까지 가는 전철이나 버스도 언제나처럼 움직이고 있을 거라고 믿습니다. 화재나 사고, 특별한 사건이 일어나는 경우도 있지만 그런 상황이 없는 한 보통은 의심하지 않고 으레 그러리라고 믿고 있는 것이지요.

이처럼 우리의 행동과 지식은 '믿음'에 바탕을 두고 있습니다. 모든 일에 일일이 '진짜일까?'라고 의심한다면 아마 아무 일도 하지 못할 것입니다. 이와 같이 광대한 '믿음'의 영역이 기반이 되어 하나하나의 행동과 지식이 가능해지지요. 오히려 지식으로서 확인할 수 있는 영역은 극히 한정되어 있습니다.

믿음의 영역을 '신앙'이라고 부른다면, 우리의 '지식'은 틀림없이 신앙이 받쳐주고 있다고 말할 수 있습니다. 종교가 끈질기게 살아남는 이유가 바로 여기에 있지 않을까요?

* 울리히 벡: 20~21세기 독일 사회학자. 체르노빌 원전 사고 직후에 출간한 『위험 사회』가 베스트셀러가 되었다.

BASIC 47

불합리하기 때문에
나는 믿는다

믿음과 지식, 혹은 종교와 철학의 관계를 논할 때 언급되는 '불합리하기 때문에 나는 믿는다'라는 말은 역사적으로 매우 유명한 말입니다. 그래서 일본에서는 하니야 유타카*의 책 제목이 되기도 했지요. 우리는 이 말을 어떻게 이해해야 할까요?

이 말은 원래 2~3세기 기독교 신학자 테르툴리아누스*에서 유래했습니다. 다만 그의 저서에 지금과 같은 문장 그대로 쓰이지는 않았습니다. 후에 연관된 다른 말과 함께 쓰이면서 지금의 형태를 갖추었지요. 각각의 말을 라틴어와 함께 알아봅시다.

① 불합리하기 때문에 나는 믿는다 (Credo quia absurdum.)
② 이해하기 위해서 나는 믿는다 (Credo ut intelligam.)
③ 믿기 위해서 나는 이해한다 (Intelligo ut credam.)

세 문장의 바탕에는 '믿음'과 '지식', 나아가 종교(신앙)와 철학(지식)의 관계가 깔려 있습니다. 세 문장을 그림으로 표현해 보겠습니다.

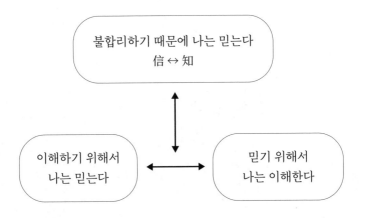

그림20. 믿는다는 것(信)과 안다는 것(知)

'불합리하기 때문에 나는 믿는다'에서 믿음과 지식은 아무런 관련이 없음을 기본 전제로 삼습니다.

테르툴리아누스 시대에는 기독교가 힘을 지니기 시작해서 그리스 철학과 기독교의 관계를 어떻게 설정해야 할지가 문제시되었습니다. 이때 테르툴리아누스는 양자를 완전히 나눠서 생각하고자 했지요. 신앙과 지식은 전혀 다른 성질의 것으로, 지식으로 확인할 수 없는 것이야말로 신앙으로 받아들일 수 있다고 보았습니다.

이에 반해 나머지 두 문장은 종교(신앙)와 철학(지식) 중 어느 하나를 목적으로 삼습니다. '이해하기 위해서 나는 믿는다'는 중세 철학자 안셀무스*의 입장으로, 신앙이 이성을 이끈다고 보지요. 반면 '믿기 위해서 나는 이해한다'는 아벨라르*의 입장으로, 이성이 신앙을 이끈다는 생각입니다.

믿음과 지식의 관계를 보는 입장이 총 세 가지가 있는 셈인데, 이러한 사고방식은 중세뿐 아니라 근대, 그리고 현대까지 이어지고 있습니다. 따라서 철학자(혹은 사람들)의 견해를 이해할 때 이 세 가지 측면을 염두에 두면 전통 철학과의 연결고리를 발견할 수 있습니다.

PART 2   진리를 탐구하다

오해가 없도록 한 가지 주의할 점을 일러두겠습니다. '불합리하기 때문에 나는 믿는다'라고 해서 '불합리한 모든 것을 믿는 것'은 아니라는 점입니다. 이 말은 지식으로서 논증하려고 해도 확인할 수 없는 일이 있을 때 합리적으로 논증하기보다는 믿는 수밖에 없다는 뜻입니다. 이는 지금 우리에게도 충분히 필요한 사고방식이 아닐까요?

COLUMN

과거에는 '중세'라고 하면 암흑의 시대로 여기며, 철학도 기독교에 지배당한 고난의 시기였다는 이미지가 따라다녔습니다. 중세 후기 철학은 스콜라 철학이라고 불리는데 '스콜라적'이라는 표현에는 관계없는 사람에게 아무 의미도 없는 일을 굳이 번거롭고 복잡하게 논의한다는 뜻이 담겨 있습니다. 그만큼 중세에 대한 부정적인 인상이 강했던 것이지요. 하지만 최근에는 중세 철학에 대한 새로운 이미지가 생겨나면서 다양하고 풍부한 생각들이 재조명받고 있습니다.

* 하니야 유타카: 20세기 일본 작가 겸 평론가. 제2차 세계대전에서 좌익운동을 벌여 투옥당했다. 전후에는 소설 『사령(死靈)』을 집필하고, 전후 세대의 사상 형성에 큰 영향을 끼쳤다. 『불합리하기 때문에 나는 믿는다』는 잠언집이다.

* 테르툴리아누스: 2~3세기 기독교 신학자. '불합리하기 때문에 나는 믿는다'가 테르툴리아누스의 말로 오해받고 있는데, 정확하게 따지면 문구가 다르다.

* 안셀무스: 11~12세기 중세 영국 철학자. '실재론'을 주장하며 스콜라 철학의 아버지로 불린다. '신의 존재론적 증명'을 제안했다.

* 피에르 아벨라르: 11~12세기 중세 프랑스 철학자. '유명론'의 창시자로 스콜라 철학의 기초를 세웠다. 제자 엘로이즈와의 연애로도 유명하다.

기계 장치의 신과
부동의 동자

종교의 기능을 논할 때 일본에서는 '급할 때 하느님 찾기'라는 표현을 자주 씁니다. 좋은 의미는 아니지만 이와 비슷한 표현이 철학에도 있습니다. 라틴어로 '데우스 엑스 마키나(deus ex machina)'라는 말인데 '기계 장치의 신'이라는 뜻입니다.

어원을 밝히자면 이 말은 그리스 시대의 연극 기법에서 유래했습니다. 극 중에서 곤란한 상황이 벌어지면 이를 해결하기 위해서 신으로 분장한 배우가 등장하곤 했는데, 이때 크레인과 같은 기계 장치를 사용해서 배우가 마치 하늘에서 날아오는 듯한 연출을 했다고 합니다. 말 그대로 '기계 장치에서 나오는 신'이었지요.

이 수법은 특히 비극작가 에우리피데스가 좋아했는데, 철학자 아리스토텔레스(Basic2 참고)는 『시학』에서 이를 크게 비판했습니다. 아리스토텔레스는 연극의 전개는 어디까지나 필연성에 따라 진행돼야 하는데 아무런 맥락도 없이 갑자기 신이 등장하여 문제를 해결하는 방식은 바람직하지 않다고 보았지요.

'기계 장치의 신'은 철학에서도 종종 비판의 대상이 되었습니다. 예를 들면 아리스토텔레스는 『형이상학』에서 아낙사고라스의 생각을 '기계 장치의 신'과 같다며 비판했습니다.[2] '사물이 어떤 원인으로 그렇게 되었는가라는 어려운 문제에 봉착했을 때' 아낙사고라스는 '누스(nous, 이성)'를 내세우기 때문이었습니다. 여기서 누스란 우주의 질서를 바로 세우는 원인을 말합니다. 평소에는 자연의 다양한 물질을 현상의 원인으로 설명하면서, 정작 말이 막힐 때는 갑자기 물질이 아닌 '이성'을 꺼내 든다는 것이지요.

그렇다면 '기계 장치의 신'을 비판한 아리스토텔레스는 '신'을 어떻게 바라보았을까요? 그에 따르면, 자연을 관찰해 보면 모든 것은 '어떤 움직임에 의해 다른 물체가 움직인다'라고 합니다. 그런데 이러한 운동의 인과관계를 계속해서 파고들면 '자기 자신은 움직이지 않으면서 다른 물체를 움직이게 만드는 최초의 존재'를 상정할 수밖에 없지요. 그러지 않으면 '움직이게 만드는 물체와 움직여지는 물체'의 관계는 무한 반복될 뿐 끝이 없기 때문입니다. 그래서 '자기 자신은 움직이지 않으면서 다른 물체를 움직이게 만드는 최초의 존재[부동(不動)의 동자(動者)]'를 아리스토텔레스는 '신'이라고 보았습니다.

하지만 아리스토텔레스의 신에 관한 설명도 어쩐지 '기계 장치의 신'과 크게 다를 바 없다는 생각이 듭니다. '움직이게 만드는 물체와 움직여지는 물체'의 관계를 어디선가는 끊어야 하니 갑자기 '부동의 동자'라는 존재를 꺼내 든 것처럼 보이기 때문입니다.

이렇게 보면 '기계 장치의 신'을 가볍게 비판하며 몰아세울 수도 없는 노릇입니다. 어떤 종교든 철학이든 절대적인 신을 가정할 때는 일반적인 것과는 다른 역할을 부여하기 마련이니까요. 또한 그것은 보통의 차원을 초월해야 합니다. 그런데 어떻게 보통의 차원을 초월할 수 있을까요? 이쯤에서 '기계 장치의 신'을 불러야 할 것 같습니다.

신은 완전하기에
존재한다

신이 존재하는지 아닌지는 어떻게 증명할 수 있을까요? 이에 관한 대표적인 주장이 '신의 존재론적 증명'입니다. 이는 중세 철학자 안셀무스(Basic47 참고)가 처음으로 제시한 증명으로, 이후 근대 철학자 데카르트(Basic12 참고)도 사용했으며, 칸트(Basic1 참고)가 비판하기에 이릅니다.

어떠한 증명인지 간단하게 말하자면 신의 '본질'로부터 신의 '존재'를 도출하는 방법입니다. 신은 보통 '완전한 자'로 규정됩니다. 이때 신의 본질 안에 '존재한다'가 포함될지 아닐지를 생각해 봅시다. 만약 신이 존재하지 않는다면 신은 '완전한 자'라는 본질과 어긋나 버리지요. 따라서 신은 존재한다고 봐야 합니다.(증명 끝)

이 증명을 읽고 과연 납득할 수 있을까요? 어딘가 모르게 기만당하는 느낌을 지울 수가 없을 것입니다. 그럼에도 이 증명의 어느 부분이 문제인지 확실히 말하기도 애매합니다. 이 증명을 추론의 형식으로 표현해서 다시 생각해 볼까요?

> 신은 완전한 자다.
>
> 완전한 자는 본질적으로 '존재'할 수밖에 없다.
>
> 따라서 신은 존재한다.

이 증명을 명확하게 형식을 갖춰서 비판한 사람이 18세기 독일 철학자 칸트입니다. 그는 『순수이성비판』에서 신의 존재론적 증명을 비판하며 '존재한다는 말은 리얼(real)한 술어가 아니다'[(3)]라고 말했습니다. 그런데 사실 여기서 쓰인 '리얼(real)'이라는 말의 의미가 지금과는 좀 다릅니다. 그래서 칸트의 이 논의는 널리 알려진 데 반해서 완벽하게 이해하는 사람은 많지 않지요.

현재 쓰는 '리얼'이라는 단어는 '실재하는'이라고 번역할 수 있습니다. 이때 '실재한다'라는 것은 '현실적'이라는 말과도 같은 의미지요. 그런데 칸트의 용법에서 '리얼'은 현실에 존재한다는 의미가 아닙니다. 만약 그렇다면 '존재한다는 말은 리얼한 술어가 아니다'라는 표현의 의미가 불분명해집니다.

칸트는 '리얼'을 '내용과 사상(事象)을 보여준다'라는 의미로 사용했습니다. 다시 말해, 여기서 리얼은 '신은 ○○이다'처럼 '신은 무엇인가 (본질)'를 보여준다는 의미로 쓴 것입니다. '신은 사랑이다' 혹은 '신은 부동의 존재다'처럼 말이지요.

칸트는 '존재한다'라는 술어가 신이 무엇인지(본질)를 전혀 보여주지 않는다고 보았습니다. 즉 '사랑이다' 혹은 '부동의 존재다'와 같은 방식으로 '존재한다'를 쓸 수는 없다는 뜻입니다. '신은 사랑이다' 혹은 '신은 부동의 존재다'라는 말은 신의 본질을 나타내는 개념이지만, '신은 존재한다'라는 말은 그저 신이 현실에 존재한다는 사실만 보여주는 개념으로 전자의 개념과는 완전히 다르다는 말입니다. 이를 일반화해서 말하면 '본질(무엇인가)'로부터 '실존(현실에 존재한다)'을 도출하기란 불가능한 것이 됩니다. 이렇게 생각하면 '신이 존재한다'라는 말을

CHAPTER 5 무엇을 믿어야 할까

175

RELIGION UNIVERSE NATURE

증명하기란 아무래도 어려워 보이네요.

COLUMN

현재 사용되고 있는 철학의 중요한 개념이 역사적으로도 항상 같은 의미로 사용되지는 않았습니다. 여기서 확인한 '리얼(real)'이라는 표현도 그렇지만, 자주 쓰는 '주관(subject)', '객관(object)'도 주의해야 할 개념 중 하나입니다.

시대에 따라 현대와는 전혀 다르게, 때로는 완전히 반대의 의미를 갖는 경우도 있습니다. 요즘 실재론(realism)이라는 말이 유행하고 있는데, 이 개념도 역사적으로 의미가 크게 바뀌어 왔습니다. 따라서 어떤 의미로 사용되었는지 역사적인 문맥에 주의하면서 해석해야 합니다.

BASIC **50**

신이 인간을 만든게 아니라 인간이 신을 만들었다

기독교에서는 천지창조설을 가르치는 만큼 신과 인간의 관계를 '신이 인간을 만들었다'라고 봅니다. 이에 대해 19세기 독일 철학자 포이어바흐*는 '인간이 신을 만들었다'라며 정반대로 뒤집어서 말합니다.

『기독교의 본질』(1841)에서 포이어바흐는 인간을 '자기의식'이라고 규정했습니다. 즉, 인간이 알 수 있는 대상은 '자신과 같은 부류인 인간의 본질'이라는 것이지요. 따라서 인간이 종교에서 신의 본질이라고 간주하는 것은 사실 인간 자신의 본질일 수밖에 없다고 봅니다. 우리가 신의 본질이라고 여기는 모습은 사실 이상화된 인간 자신의 본질인 것입니다. 가령 '신은 전지전능하다'라는 말이 있는데, 이는 인간 자신의 이상적 모습(전지전능)이 투영되었기 때문입니다.

인간과 신의 관계를 설명할 때 포이어바흐는 핵심 사항을 하나 더 덧붙입니다. 바로 '소외'라는 관점이지요. 소외란 자기 자신에게서 멀어져가는 상황을 말합니다. 인간이 자신의 본질을 신에게 투영하면서 신은 점점 더 풍요로워지고 강력해지는데 반해, 인간은 점점 더 빈곤해지고 작아진다는 것입니다.

신이 주체적이고 인간적으로 변화할수록, 인간은 그만큼 점점 더 자신의 주체성과 인간성으로부터 소외된다.[4]

이렇게 인간과 신 사이에는 소외된 관계가 형성되었습니다. 종교에서는 인간을 무력하고 하잘것없는 존재로 보는데, 역으로 신은 전지전능하고 무엇이든지 가능한 강력한 자로 묘사합니다. 신은 인간이 만들었는데, 그 신에 굴복하고 복종하는 역설적인 상황이 벌어진 것이지요. 포이어바흐는 이것이 기독교의 본질이라고 폭로했습니다.

인간과 신의 관계가 역전하는 현상은 기독교에만 있지 않습니다. 많은 종교에서 '신'으로 여겨지는 존재는 인간을 뛰어넘는 막강한 힘을 지닙니다. 그리스 신들, 그리고 유대교와 이슬람교의 유일신 등도 기독교의 신과 마찬가지로 인간을 초월한 절대적인 힘을 가지고 인간을 지배합니다. 하지만 아이러니하게도 그러한 신을 만든 이는 어디까지나 인간일 뿐이지요.

COLUMN

기독교를 비판한 포이어바흐는 이후 무엇을 쫓았을까요? 신을 만든 자는 인간이므로 그가 다음으로 연구한 대상은 인간이 될 수밖에 없었습니다. 포이어바흐는 소외되지 않는 '인간학'을 구축하는 데 공을 들였습니다. 그에 따르면, 인간은 혼자 단독으로 존재할 수 없기 때문에 '나'와 '너'의 다름을 인정하고 양자의 통일을 목표로 '공동체'를 지향해야 합니다. 그때 기본 원리가 되는 가치관이 '사랑'이었지요. 이처럼 포이어바흐가 기독교를 대신해서 쫓은 것은 '사랑'을 바탕으로 한 인간학이었습니다.

* 루드비히 안드레아스 포이어바흐: 19세기 독일 철학자. 헤겔학파 중 한 명으로 헤겔을 비판하고 유물론을 내세우며 독자적인 '인간학'을 제창했다. 마르크스와 엥겔스에게 커다란 영향을 끼치고 이후 비판받았다.

종교는
민중의 아편이다

인간이 신을 만들었다면 인간에게 종교는 환상에 지나지 않습니다. 그렇다면 인간이 진실에 눈을 뜬다면 종교는 없어져야 하지 않을까요? 하지만 포이어바흐가 기독교의 본질을 폭로한 후에도 종교의 힘은 조금도 사그라지지 않았습니다. 왜일까요?

그 이유는 종교라는 환상을 필요로 하는 인간이 너무 많기 때문입니다. 포이어바흐의 주장을 이어받은 마르크스*는 다음과 같이 말했습니다.

> 종교라는 비참함은 현실의 비참함을 표현하는 것인 동시에, 현실의 비참함에 항의하는 것이다. 종교는 억압받는 생물들의 한숨이며, 무정한 세상을 향한 마음이며, 영혼 없는 상태의 영혼이다. 종교는 민중의 아편이다.(5)

마르크스는 이어서 '민중에게 환상적인 행복을 주는 종교를 폐기하는 것은, 그들에게 현실적인 행복을 달라고 요구하게 만드는 것과 같다'라고 말했습니다. 여기서 포인트는 '종교는 환상이므로 폐기해야 한다'가 아닙니다.

많은 사람이 오해하고 있는데, 마르크스는 '종교는 아편이니까 사용하지(믿지) 말아야 한다'라고 주장하지 않았습니다. 오히려 '아편을 사용하지 않을 수 없는(종교를 믿어야 하는) 현실의 상황을 문제' 삼았던 것이지요.

여기서 알 수 있는 사실은 마르크스의 기본적인 생각이 종교 비판에서 시작되어 현실 비판으로 향한다는 점입니다. 왜냐하면 종교의 환상에서 벗어나라고 아무리 외쳐도, 종교의 환상을 필요로 하는 비참한 사람들이 있는 한 효과가 없기 때문입니다. 따라서 무엇보다 먼저 비참한 현실의 상황을 바꿔야 하겠지요. 이는 약물 의존증에 빠진 사람에게도 해당하는 말일 것입니다.

그렇다면 인간에게 비참한 현실의 상황이란 무엇일까요? 마르크스는 경제적, 사회적 환경이 인간을 비참하게 만든다고 보았습니다. 그래서 이를 개혁해야 한다고 주장했지요. 반면 파스칼(Basic9 참고)은 죽음을 피할 수 없는 인간의 운명이 비참하다고 보았습니다. 실제로 많은 사람이 죽음에 직면했을 때 종교를 찾는다고 합니다. 하지만 이러한 비참함은 사회적, 경제적 환경처럼 바꿀 수 있는 문제가 아니지요.

사회적인 혁명도 간단치는 않지만, 인간이 죽음으로부터 벗어나기란 이보다 훨씬 더 어렵습니다. 바로 여기에 종교가 존재하는 이유가 있다면 아무리 사회 변혁이 이루어진다 한들 종교가 사라지기는 어렵지 않을까요?

COLUMN

기존에 있던 종교가 비판받으며 사라지는 경우는 있습니다. 하지만 이후 어김없이 새로운 종교가 일어나거나 종교와 비슷한 무언가가 생겨났습니다. 마르크스주의에서는 종교를 비판하고 사회 혁명을 주장했지만 그것이 종교의 소멸로 이어지지는 않았습니다. 사회주의 혁명이 일어난 그 어떤 사회에서도 종교는 사라지지 않고 끈질기게 살아남았습니다.

---

* 카를 마르크스: 19세기 독일 출신의 철학자, 경제학자, 혁명가. 헤겔의 영향을 받아 철학에 뜻을 두었지만 이후 엥겔스와 함께 헤겔을 비판하며 자본주의를 대신할 새로운 사회 이론을 만들었다. 그의 『자본론』은 고전으로 인정받고 있다.

신은
죽었다

'신'이라는 말은 종교적인 신앙의 대상만을 뜻하지 않습니다. 인간
이 믿고 있는 모든 것을 가리키는 말로 폭넓게 사용되기도 합니다. 그
대표적인 예가 니체(Basic9 참고)이지요. 그는 『차라투스트라는 이렇게
말했다』에서 다음과 같이 썼습니다.

> 과거에는 신을 모독하는 일이 최대의 모독이었다. 하지만 신은 죽었다.
> 따라서 신을 모독하는 자들도 사라졌다.(6)

이와 같은 '신의 죽음'은 '니힐리즘'을 초래합니다. '니힐'이란 '아무
것도 없다(nothing)'를 표현하는 라틴어에서 온 말입니다.

> 니힐리즘이란 무엇을 의미하는가? 최고의 가치들이 그 가치를 박탈당
> 하는 것. 목표가 결여되어 있다. "왜?"라는 물음에 대한 대답이 결여되어
> 있다.(7)

19세기 말 철학자였던 니체는 기독교의 신을 향한 신앙이 사라지기 시작하면서, '절대적인 가치'에 대한 믿음도 사라지리라고 확신했습니다. 다시 말해 무엇이 옳은지, 무엇이 좋은지, 무엇이 아름다운지와 같은 질문에 현대인은 더 이상 확고한 답을 가질 수 없다는 뜻이지요. 만에 하나 여기에 답을 한다 해도 이에 관한 결정적인 기준은 제시할 수 없게 되었습니다.

이러한 태도를 상대주의라고도 합니다. 신을 믿는지 아닌지와 같은 종교상의 문제가 사물의 진위, 선악, 미추의 판단으로 확대된 것입니다. 신을 믿지 않게 되면서 절대적인 기준도 사라졌으니 끊이지 않는 의견 대립만 난무할 뿐입니다.

이에 관해서 다른 의견을 내놓을 수도 있습니다. 가령 신을 믿는다 해도 저마다 믿는 신이 다르면 대립은 격해질 수밖에 없습니다. 과거를 봐도 종교 간의 전쟁은 그 어떤 전쟁보다 끔찍하고 잔혹했으니까요. 전 인류가 하나의 신을 믿으면 몰라도, 저마다 믿는 신이 다른 이상 대립은 피할 수 없습니다. 또한 믿는 신이 같다 해도 이단이라고 불리는 무리도 있어서 정통과 이단의 대립도 만만치 않은 문제입니다.

결국 신이 죽었든, 아직 죽지 않았든, 인간들의 대립은 피할 수 없어 보입니다. 종교상의 신은 죽었는지 몰라도 그 외의 신들은 아직 멀쩡히 살아있는 듯합니다.

COLUMN

'신은 죽었다'라는 말은 20세기의 슬로건이었습니다. 절대적인 가치와 기준이 사라지고, 다양한 의견과 주장이 난립하게 된 것이지요. 이는 한편으로 해방의 기능도 담당했습니다. 세계 곳곳의 식민지가 해방되면서 이제까지 이어져 왔던 서양 중심주의적 사고방식이 힘을 잃었고, 문화 상대주의가 유행하기 시작한 것입니다. 사람들의 자유가 확대되고 다양성(diversity)이 적극적으로 요구되었습니다. 하지만 20세기 후반에 이르자 상대주의에 대한 비판도 터져 나오기 시작했습니다.

종교라는 현상은
과학적으로 해명할 수 있다

21세기가 되자 미국에서는 '신(新)무신론'이 주목받기 시작했는데 구체적인 내용은 저마다 조금씩 달랐습니다. 그중 한 명인 진화생물학자 리처드 도킨스*는 2006년에 『만들어진 신』을 출간하며 종교에 대해 다음과 같이 말했지요.

> 종교의 사실상의 근거인 '신이 있다는 가설'은 계속 유지될 수 없다. 신은 거의 틀림없이 존재하지 않는다.[8]

도킨스와 비슷한 시기에 철학자 대니얼 데닛*은 『주문을 깨다』를 출간하며 신무신론자에게 새로운 논거를 제공했습니다. 데닛의 무신론에서는 '신이 없음'을 주장하기보다는 오히려 종교라는 현상을 과학적으로 해명하고자 했지요. 신을 믿는 종교적인 태도 자체가 자연현상 중 하나로, 과학적으로 해명할 수 있다고 보았기 때문이었습니다.

> 만일 신이 현실에 존재하고 신이 우리를 사랑해 마지않는 창조자이며

지적이고 의식적인 창조주라는 사실이 진실이라 해도, 그럼에도 역시 종교 그 자체는 복잡한 여러 현상의 복합체로서 완전히 자연적인 현상이다.[9]

데닛이 사용한 방법은 자연주의라고 불렸는데, 그는 '신이 존재하는가 아닌가'라는 종교상의 문제에는 관여하지 않고, 종교를 믿는 태도를 자연과학적으로 해명하고자 했습니다. 그도 그럴 것이 '신의 존재 여부'는 과학적으로 밝힐 수 없지만, 신을 믿는 인간의 태도는 자연과학적으로 해명할 수 있기 때문이었지요.

그렇다면 인간이 신을 믿는 이유는 과연 무엇일까요?

데닛은 인간이 신을 믿는 밑바탕에는 '행위의 주체를 과민하게 탐지하려는 장치(Hyperactive Agency Detection Device, HADD)'가 숨어 있다고 보았습니다. 예를 들면 인간은 풀숲에서 바스락거리는 소리가 나면 '무언가 있다'라고 생각하며 대비 태세를 갖춥니다. 진짜로 위험한 존재가 그곳에 숨어 있는지는 알 수 없지만 그렇게 가정하는 편이 생존 전략상 유리하기 때문이지요.

이와 같은 논리를 바탕으로 '신'이라는 '행위 주체'를 떠올리기엔 조금 멀리 돌아가야겠지만 어찌 됐든, 이를 통해 인간이 어떻게 종교를 믿게 되었는지는 충분히 이해할 만합니다.

움직임이 있으면 어디서든 행위의 주체를 찾으려고 하는 우리의 과민한 경향성으로 인해 만들어진 거짓 경고가, 종교라는 진주가 자라기 위한 '핵심적인' 자극물이다.[9]

인간에게 HADD라는 장치가 갖추어져 있는 까닭에 생존에 유리해졌듯이, 마찬가지 이유로 인간이 종교를 만들어냈다는 것입니다.

21세기에 '신무신론'이 등장하게 된 데에는 미국에서 다음과 같은 의견이 힘을 얻기 시작했기 때문입니다. 바로 '신이 예수가 탄생하기 수천 년 전에 이미 우주와 생물을 창조했으므로 진화론이나 현대 우주론은 틀렸다'라는 의견이었지요.

이로 인해 진화론과 우주과학을 학교에서 가르치기를 반대하는 목소리가 커지고 재판까지 열리기도 했습니다. 지나치게 원리주의적인 종교에 대해 무엇보다 과학적인 관점에서 종교에 오류가 있음을 알릴 필요가 있었던 것입니다. 이러한 속사정을 모르면 왜 21세기 초에 신무신론이 확산되었는지 이해하기 어렵겠지요.

---

* 리처드 도킨스: 20~21세기 현존하는 영국 진화생물학자 겸 동물행동학자. 1976년에 발표한 『이기적 유전자』는 세계적인 베스트셀러가 되어 일약 도킨스의 시대를 열었다. 2006년에는 『만들어진 신』을 출간하면서 다시 한번 신무신론에 관한 논쟁을 불러일으켰다.

* 대니얼 데닛: 20~21세기 현존하는 미국 철학자. 자연과학에 근거한 철학을 펼치며 마음의 철학과 과학철학을 제시했다.

알기 위해서는
믿어야 한다

종교의 기본은 '믿는다'라는 태도에 있습니다. 신의 존재 여부는 과학적으로 밝혀지지 않았지만 종교인들의 믿음은 쉽게 흔들리지 않습니다. 그런데 '믿는다'라는 것은 대체 무엇일까요? 신을 믿든 아니든, '믿는다'의 의미를 먼저 이해할 필요가 있어 보입니다.

19~20세기 철학자 비트겐슈타인(Basic5 참고)은 암으로 사망하기 직전까지 『확실성에 관하여』라는 책의 원고를 썼습니다. 여기서 가장 중요하게 다루었던 테마가 바로 '믿음'이었지요. 그는 책에서 다음과 같이 말했습니다.

우리는 어릴 때 다양한 사실을 배운다. 예를 들면 모든 인간에게는 뇌가 있다고 배우고, 이렇게 알게 된 여러 사실을 믿는다. 나는 오스트레일리아 대륙이라는 게 있고 그 모양은 이러이러하다는 사실을 믿고 있다. 또나에게는 조부모가 있고, 나의 부모라고 말하는 이들이 진짜 부모임을 믿는다. 이러한 신념을 언어로 표현하거나, 이것이 사실이라는 생각을 굳이 한 적은 없지만 말이다.[10] (저자 역)

이와 같은 '믿음'의 반대 개념은 '의심'입니다. 근대 철학자 데카르트(Basic12 참고)는 사실을 손에 넣기 위해서 모든 것을 철저하게 의심하는 방법적 회의를 실천했습니다. 따라서 그는 다른 사람에게 배운 지식은 물론이고, 감각으로부터 얻은 지식, 수학적 지식까지도 일단은 의심부터 하고 보았지요.

하지만 비트겐슈타인은 의심하기 위해서는 우선 배워야 하며, 나아가서는 믿음이 전제되어야 한다고 주장합니다. 즉, 데카르트처럼 의심하기 위해서는 일단 믿음이 필요하다는 말이지요.

> 모든 것을 의심하려는 행위는 의심하는 데에 다다를 수 없다. 의심하는 게임 속 자신에 대한 확실성을 이미 전제로 하고 있기 때문이다.
> 의심할 수 없는 것이 뒷받침되어야만 의심은 성립한다.[10] (저자 역)

확실한 근거나 증거에 기반하여 아는 것은 지극히 한정적입니다. 근거나 증거가 없어도 의심의 여지 없이 믿고 있는 영역이 훨씬 방대하지요. 굳이 예를 세세하게 들지 않아도 '믿음'이란 우리 생활 전반에 깔려 있습니다.

보통은 이 '믿음'을 의심하며 굳이 확인하려 하지 않지만, 데카르트와 같은 철학자는 일생에 한 번쯤은 의심해 보기로 한 것입니다. 하지만 데카르트도 모든 것을 의심하지는 않았습니다. 의심하는 과정에서 사용하고 있는 언어의 의미에 대해서는 의심하지 않았으니까요.

그렇다면 말도 안 되는 이야기를 내뱉는 광인이 아닌 이상, 모든 것을 의심하기란 불가능하다고 봐야 하지 않을까요? 의심하기 위해서는 이미 많은 것을 믿고 있어야 하니까요. 따라서 '믿음'을 정당한 근거가 없다는 이유로 경시해서는 안 되겠습니다.

COLUMN

아이들은 종종 어른들에게 "왜요?"라는 질문을 반복합니다. 그럴 때면 어른들은 어느 정도까지는 친절하게 답하지만 질문이 계속되면 말문이 막혀 "안 되는 건 안 돼!"라고 하면서 이야기를 끊곤 합니다.

이때 우리는 비트겐슈타인의 논의를 떠올려 볼 수 있습니다. 우리는 확실하게 설명할 순 없어도 믿고 있는 것이 많습니다. '모든 것을 의심하기란 불가능하다'라는 말은 '모든 일의 이유를 설명할 수는 없다'와도 같은 뜻이지요. 따라서 의심에 의심이 거듭된 근원적인 질문에 대해서는 "이건 원래 그런 거야"라고 말할 수밖에 없지 않을까요?

지식은 정당화된
참인 믿음일까?

전통적으로 믿는다는 것(신념)과 안다는 것(지식)의 관계는 '지식은 정당화된 참인 믿음이다'라고 보는 입장이 지배적이었습니다. 고대 그리스의 플라톤(Basic2 참고)과 근대 독일의 칸트(Basic1 참고)도 이와 같은 생각이었지요. 이를 도식화하면 다음과 같습니다.

S가 P를 안다는 것(지식)은 다음과 같은 상황에 한정된다.
① S는 P를 믿고 있다.
② P는 진실이다.
③ S가 P를 믿는다는 사실은 정당화된다.

예를 들면 '철수는 A사에 채용된다는 사실을 알고 있다'의 경우, ① 철수는 A사에 채용된다는 사실을 믿고 있고, ② 인사담당자로부터 전화 연락이 왔으므로 이것은 사실이며, ③ 따라서 철수의 믿음은 정당성을 얻었다고 할 수 있습니다. 이러한 공식을 이른바 '정당화된 참인 믿음(Justified True Belief, JTB)'이라고 합니다. 우리의 믿음 중에서 정당화된 것만이 참된 지식이라는 뜻이지요.

이러한 생각은 플라톤이 주장한 이래로 오랫동안 옳다고 여겨져 왔습니다. 하지만 미국의 현대 철학자 게티어*는 1963년에 <정당화된 참인 믿음은 지식인가?>라는 짧은 논문을 발표하며 이러한 공식에 반기를 들었습니다.

그의 반론을 한번 살펴볼까요?

스미스와 존스가 같은 회사에서 면접을 보고 있는데, 스미스는 사장이 "존스를 채용하겠다"라고 말하는 것을 엿들었다. 또한 스미스는 10분 전에 존스의 주머니에 동전 10개가 들어 있는 것을 보았다. 그래서 스미스는 이렇게 생각했다.

(a) 존스가 채용되며, 존스의 주머니에는 동전 10개가 들어 있다.

여기서 스미스는 (a)를 근거로 (b)를 믿게 된다.

(b) 채용되는 사람의 주머니에는 동전 10개가 들어 있다.

스미스는 몰랐지만 결국 면접에서 뽑힌 사람은 스미스였고, 스미스의 주머니에도 우연히 동전 10개가 들어 있었다.[11] (저자 역)

조금 복잡해 보이지만 게티어가 제시한 예시는 틀림없이 JTB의 조건을 충족하고 있습니다.

우선 스미스는 (b)를 믿고 있습니다. 또한 (b)는 스미스는 인지하지 못했지만 자신의 주머니 속에도 동전이 있었으므로 사실입니다. 게다가 (a)를 근거로 (b)라는 결론을 내렸으므로 스미스가 (b)를 믿는다는 사실은 정당성을 얻습니다. 하지만 '스미스가 (b)를 알고 있다'라고는 말할 수 없습니다. 왜냐하면 스미스는 자신이 뽑힐 줄도, 주머니에 동전이 있던 것도 몰랐기 때문입니다. 결국 지식 (b)는 실제로 참일지라도 스미스는 이를 몰랐기 때문에 이를 지식이라고 말할 수는 없습니다. 모르는 것을 지식이라고 할 수는 없으니까요. 이처럼 JTB의 조건에는 충족되지만 참된 지식이라고는 할 수 없는 경우가 발생한다는 말이지요.

게티어의 반론처럼 '지식은 정당화된 참인 믿음이다'라는 생각은 여러 가지 맹점이 발견되면서 지금도 논쟁이 이어지고 있습니다. 이러한 논의는 논리적인 차원만이 아니라, '신앙'이라는 믿음에 근거한 종교에는 무엇이 결여되어 있는가라는 점에도 적용해 볼 수 있습니다.

종교는 종종 신념일 뿐이라며 정당화되지 못한 것으로 취급받곤 합니다. 그렇다면 종교적 신념은 참된 지식이자 진리가 아니라고 할 수 있을까요? 하지만 종교인들은 자신들의 신념이 진리라고 생각합니다. 그런데 이때는 지식만이 아니라 '진리'의 의미도 새롭게 생각해 봐야 할 것 같습니다.

* 에드먼드 게티어: 20~21세기 미국 철학자. 1963년에 발표한 단 3쪽짜리 논문이 '게티어 문제'라고 불리며 전 세계적으로 주목을 받았다.

CHAPTER 6

세 계
UNIVERSE

세계는 수수께끼로 가득 차 있다

철학은 탐구 영역이 정해져 있지 않습니다. 철학은 원래 '모든 것'을 다시 묻는 과정이기 때문입니다. 이 '모든 것'은 다른 말로 '세계'라고도 표현할 수 있습니다. 따라서 철학에서는 '세계'라는 개념이 자주 등장합니다. 하지만 철학자들이 '세계'라는 말을 한 가지 의미로만 쓰지는 않기 때문에 주의해야 합니다. 다시 말해, '세계'의 의미가 다의적임을 염두에 두어야 하지요.

각각의 철학자들이 똑같이 '세계'라는 말을 쓰더라도 그들이 가정하는 '세계'는 다를 수 있습니다. 바꿔 말하면, 철학자들은 저마다 자신이 구상하고 있는 철학에 따라 '세계'를 다르게 정의해 왔습니다. 따라서 세계를 논할 때는 올바른 정답을 찾기보다는 철학자들이 '세계'의 의미를 어떻게 정의하고 있는지에 집중해야 합니다.

그리스어와 라틴어로는 '세계'를 '코스모스(cosmos)'라고 하며 '조화로운 전체'라는 뜻을 담고 있습니다. 조화로운 전체라면 아무리 작아도 코스모스(미크로코스모스, 소우주)라고 불리며, 이는 마크로코스모스와 대비됩니다. 보통 미크로코스모스는 인간을 가리키고, 마크로코스모스는 대우주를 의미하지요.

우주를 가리키는 말에는 '유니버스'라는 다른 계통의 표현도 있는데, 이는 '코스모스'와 구별해서 쓰입니다. 철학자에 따라서는 '코스모스(세계)'와 '유니버스(우주)'를 비교하기도 하므로 주의해야 합니다.

이처럼 무엇을 '세계'라고 부를지는 철학자마다 다르지만, '질서를 가진 전체'라고 바라본다는 점에서는 공통적인 부분도 있습니다. 그중 하나가 전체에는 이를 구성하는 요소가 있다고 보는 입장입니다. 또한 각각의 요소는 다른 요소들과 관계를 맺고, 질서를 만들어 나간다고 봅니다. 그리고 그 요소들이 전체로서 세계 속에 존재한다고 보는 것입니다.

'요소-질서-전체'로서 '세계'를 이해하는 관점은 매우 중요합니다. 'CHAPTER 6'에서는 철학자들의 유명한 세계론을 살펴볼 예정인데, 이러한 관점을 염두에 두기를 바랍니다.

학술적 개념으로서의 철학,
세계 개념으로서의 철학

근대 철학자 데카르트(Basic12 참고)는 『세계론』을 구상하고 집필했지만 갈릴레오의 재판 때문에 출판은 포기하고 말았습니다. 이때 데카르트가 구상한 세계론은 지동설을 도입한 자연학이었습니다. 여기서 데카르트가 생각한 '세계'란 '우주'였던 것입니다.

하지만 데카르트는 『방법서설』에서 다른 '세계'에 대해 이야기합니다. 학교에서 배운 '책의 학문'과 구별하기 위해 '세계의 책'에 대해서 언급했는데, 이때의 '세계'는 인간 세계라는 의미로 '세간'을 뜻했습니다. 그래서 이 말은 '세상이라는 커다란 책'으로 번역되고 있지요.[1]

칸트(Basic1 참고) 역시 이를 답습하여 '세계(세간)의 학문'과 '책의 학문'을 나누어 생각했습니다. '세계지(世界知, Weltkenntnis)'라는 말을 쓰면서 이를 '단순히 학교를 위해서만이 아니라 생활에 도움이 되는 지식'이라고 설명했습니다. 여기서도 '세계'는 인간들의 세계로서 '세간'을 의미합니다.

세계의 학문과 책의 학문을 구별하고자 한 칸트의 생각을 분명하게 드러내 주는 것이 '세계 개념으로서의 철학'입니다. 칸트는 자신의 주요 저서인 『순수이성비판』 속 <방법론>에서 철학을 '학술적 개념'과 '세계 개념'으로 구분하며 다음과 같이 말했습니다.

> 철학이라는 개념은 학술적 개념 중 하나에 지나지 않는다. 즉, 학문으로서 구하는 인식 체계의 개념이며, 이 앎은 체계적 통일, 곧 인식의 논리적 완전성 이외의 그 어떤 것도 목적으로 삼지 않는다. 그러나 더 나아가 세계 개념(conceptus cosmicus)은 늘 철학이라는 이름의 바탕에 있었고, 이 개념이 인격화되어 철학자라는 이상 속에 하나의 원형으로서 드러낼 경우에는 특히 그러하다.[2]

정리하자면, 철학의 학설은 학술적 개념으로서의 철학에 지나지 않는다는 뜻입니다. 따라서 진정한 철학적 지식은 세계 속에서 유효하게 사용되어야 한다는 말이지요. 그리고 이를 체현한 사람만이 비로소 '철학자'라고 불릴 수 있다는 것입니다.

여기서 칸트는 '세계 개념'이라는 말에 일부러 라틴어(conceptus cosmicus)를 덧붙여서 표현했습니다. 이 'cosmic'이 세계 시민(cosmopolitan)이라는 말과 연결된다는 점은 눈여겨볼 만합니다. 코스모폴리탄이라는 말은 세계(cosmos)와 시민(polite)이라는 단어가 합쳐진 말인데, 칸트는 『영구 평화론』에서 세계 시민의 입장을 강조하고 이를 위해서는 '세계지' 혹은 '세계 개념으로서의 철학'이 필요하다고 말했습니다.

칸트는 철학의 목표가 학술적 개념으로서의 철학, 즉 철학의 학설을 아는 데 있다고 보지 않았습니다. 그보다는 세계시민이 될 수 있도록 '철학하기'를 몸에 익혀서, 세계 속에서 활용하는 것이 중요하다고 보았습니다. 이것이 칸트가 생각하는 '철학자'의 이미지입니다. 그렇다면 '철학자'와 '철학 연구자'는 다음과 같이 구분되어야 하겠네요.

- 학술적 개념으로서의 철학 … 철학 학설에 관한 체계적 지식
  … 철학 연구자
- 세계 개념으로서의 철학 … 세계지로서의 철학 … 철학자

　따라서 우리가 직업적으로 철학을 연구하지 않는 이상 목표로 삼아야 할 부분은 '세계지로서의 철학'입니다. 철학을 세계에서 어떻게 활용할 수 있을지가 철학을 평가하는 시금석이 되는 셈이지요.

의지와 표상으로서의
세계

인간에게 세계란 어떤 의미를 지닐까요? 이 문제를 극한까지 파고든 이가 독일 철학자 쇼펜하우어*입니다. 그는 1819년에 『의지와 표상으로서의 세계』를 발표했지만 이후 그의 전 생애에 걸쳐 여러 번 수정을 거듭합니다. 그래서 1844년에 제2판과 속편이 간행되었지요. 쇼펜하우어에게는 『의지와 표상으로서의 세계』가 그의 모든 것과 다름없었습니다.

그런데 어째서 세계는 '의지'와 '표상'이 된 걸까요? 이 두 개념은 칸트(Basic1 참고)가 '현상과 물자체'를 구분한 데서 비롯되었습니다. 칸트는 세계를 '현상'과 '물자체(인식 혹은 주관에 나타나는 현상으로서의 물(物)이 아니라, 그 자체로서 존재하는 물(物)_옮긴이)'로 구분했는데, 쇼펜하우어는 이에 대응하는 개념으로 '표상'과 '의지'를 택한 것이지요. 정리하자면 현상을 표상으로, 물자체를 의지라고 보았습니다.

'현상으로서의 세계'는 인간의 인식을 떠올리면 쉽게 이해할 수 있습니다. 인간이 현재 인식하고 있는 세계가 바로 '표상'입니다. 하지만 쇼펜하우어는 여기서 더 나아가 '의지로서의 세계'라는 생각까지 내놓습니다. 그리고 '의지로서의 세계'가 무엇보다 쇼펜하우어다운 사상에 가깝습니다. 왜냐하면 '의지'는 '물자체'이기 때문이지요.

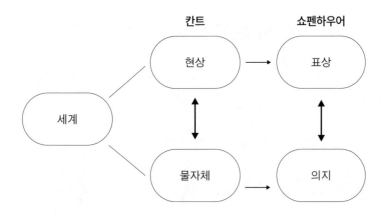

그림21. 칸트와 쇼펜하우어가 생각한 '세계'

그런데 애초에 우리는 '의지'라고 하면 무엇을 떠올릴까요?

쇼펜하우어는 '의지'를 인간의 의지로만 한정 짓지 않았습니다. 동물의 본능, 식물의 운동뿐 아니라 무기적 자연물의 갖가지 에너지 속에서 맹목적으로 활동하고 있는 모든 것을 '의지'라고 불렀지요. 맹목적이고 충동적인 세계가 곧 의지의 세계입니다.

무엇보다 중요한 점은 쇼펜하우어에게 의지의 세계는 곧 고난을 의미한다는 사실입니다. 쇼펜하우어는 '고난은 인생에서 돋아나는 것으로, 인생은 또한 이 의지의 현상일 뿐이다'라고 말했습니다. 그는 의지의 세계 안에서 욕망은 끝이 없으며, 지루함과 고난에 휘둘릴 뿐이라고 보았습니다. 그래서 다음과 같은 말을 남겼지요.

우리의 생존의 상태는 너무나도 비참해서, 이런 상태라면 완전히 존재하지 않는 편이 차라리 낫다.[3]

PART 2   진리를 탐구하다

의지에 관한 그의 이와 같은 생각은 '염세주의(페시미즘*)'라고 불리는데, 최근에는 '반출생주의*(태어나지 않아야 했다)'라는 말이 쓰이기도 합니다.

결국 쇼펜하우어는 최종적으로 '의지의 부정'을 목표로 삼았습니다. 이는 동시에 '세계의 극복'을 의미하기도 하지요. 하지만 문제는 이것이 구체적으로 무엇을 뜻하느냐입니다. 단순하게 생각하면 '자살'이 가장 먼저 떠오릅니다만, 쇼펜하우어는 이 방법을 택하지는 않았습니다. 오히려 해탈과 깨달음의 경지에 이르기를 권하는데, 솔직히 이것이 과연 납득할 만한 결론인지는 모르겠습니다.

COLUMN

쇼펜하우어는 제2차 세계대전이 일어나기 전 일본 학생들에게 매우 인기가 있었습니다. 본오도리의 노래였던 사사야마부시(일본의 대표 명절인 오본의 다음 날 밤에는 다 같이 춤을 추는 풍습(본오도리)이 있는데, 이때 사용되었던 노래 중 하나로 사사야마시의 민요다_옮긴이)가 '데칸쇼부시'라는 학생가로 재창작된 일은 유명하지요. 노래에 나오는 데칸쇼가 데카르트, 칸트, 쇼펜하우어를 뜻했다고 합니다. 또한 이 무렵 청년들 중에서는 『의지와 표상으로서의 세계』를 읽고 인생의 불가해함에 고뇌하다가 자살하는 이도 있었습니다. '철학을 배우면 몹시 고통받다가 미치거나 자살한다'라는 이미지가 생긴 것도 이 무렵입니다.

---

* 아르투어 쇼펜하우어: 18~19세기 독일 철학자. 1819년에 발표한 『의지와 표상으로서의 세계』에서 인생을 고통이라고 보는 페시미즘을 주장하며 많은 사람에게 영향을 끼쳤다.

* 페시미즘: 비관주의, 염세주의라고도 번역되며 옵티미즘(낙관주의, 낙천주의)에 대비되는 말이다. 근대에 페시미즘을 표명한 이가 쇼펜하우어다.

* 반출생주의: 데이비드 베너타가 2006년에 출판한 『태어나지 않는 것이 낫다 - 존재하게 되는 것의 해악』이 반출생주 책으로 화제가 되었다. 하지만 이와 같은 생각은 옛날부터 있었으며 그 종류도 다양하다.

인간은
세계 안에 있다

20세기에 '세계'라는 개념을 매우 인상적인 형태로 철학에 도입한 이가 독일 철학자 하이데거(Basic10 참고)입니다. 그는 1927년에 출판한 『존재와 시간』에서 인간(현존재)을 '세계-내-존재'라고 규정하고 기존의 생각을 강하게 비판했습니다.

하지만 '세계-내-존재'라는 말은 상식적으로 생각해 보면 그다지 무의미한 규정이 아닌가 싶습니다. '인간이 세계 안에 존재하는 게 당연'하기 때문이지요. 그렇다면 하이데거는 '세계-내-존재'라는 규정으로 무엇을 말하고 싶었던 걸까요?

하이데거의 생각과 반대되는 입장이 데카르트(Basic12 참고)의 세계입니다. 데카르트는 우주적인 자연을 세계라고 보았지요. 자연과학에서 다루는 우주 말입니다. 이와 같은 자연과학적인 세계에 대항하여 하이데거는 전혀 다른 '세계'를 주장했습니다.

하이데거는 자신이 상정한 '세계'를 설명하기 위해 인간이 도구를 사용하는 장면을 예로 듭니다. 우리는 못을 박기 위해 망치를 사용합니다. 또한 못을 박는 것은 집을 만들기 위해서입니다. 이처럼 세계는

'~을 위해'라고 하는 각각의 쓰임새 혹은 의미로 연결되어 있습니다. 하이데거는 이 연결을 '지시 연관'이라고 표현합니다. 그리고 이러한 지시 연관의 전체성을 '유의미성'이라고 부르며, 이것이 바로 '세계'라고 주장합니다.

하이데거는 그의 사상을 독특한 문체로 다음과 같이 표현합니다. 다소 난해하게 쓰여 있지만 도구를 사용하는 상황을 떠올리면 이해하는 데 도움이 될 것입니다.

> 현존재가 그 안에서 자신에게 지시하는 형태로 미리 자신이 어떻게 하면 좋을지 이해하는 곳, 이것이 존재자를 미리 만나게 하는 기반이다. 자기 지시적인 이해 작용이 행해지는 곳, 존재자를 적소성이라는 존재 양식 안에서 만나게 하는 기반, 그것이 세계라고 하는 현상이다.[4]

하이데거는 데카르트가 생각한 자연과학적인 세계(우주) 안에 있는 존재자를 '사물적 존재(Vorhandensein, 전재자)'로, 도구의 유의미성을 바탕으로 이해되는 존재자를 '도구적 존재(Zuhandensein, 용재자)'로 부르며 구별했습니다. 이와 같은 도구적 존재를 유의미성을 바탕으로 이해하며 사용하는 자가 인간이고, 그러한 인간의 모습을 '세계-내-존재'라고 부른 것입니다.

'세계-내-존재'는 물리적인 자연을 사물로서 관찰하는 태도를 취하지 않고 좀 더 친밀한 방식으로 세계와 관계를 맺는, 말하자면 이론에 앞서는 실천적인 태도를 취한다고 합니다. 이러한 실천의 전체가 곧 '세계'를 가리킵니다.

하이데거의 문체가 난해하지만, 쉽게 말하면 똑같은 '세계'를 사물성의 총체로 볼지, 유의미성의 연관으로 볼지에 따라 그 양상이 크게 달라진다는 뜻입니다. 하이데거는 도구가 지니는 쓰임새에 근거해서 각각의 존재 간의 연관성 전체를 '세계'라고 명명한 것입니다.

인용문을 보면 알 수 있듯이 하이데거의 용어나 문체는 철학 중에서도 가장 난해한 편에 속합니다. 그래서 하이데거는 젊은 시절부터 뛰어난 실력으로 주목받았음에도 불구하고 좀처럼 대중들의 인정을 받지 못했고, 교수 자리를 얻기까지도 꽤나 험난한 과정을 거쳤습니다. 하지만 그의 대표작인 『존재와 시간』이 발표되자 전광석화처럼 유명인이 되었지요. 이후에는 많은 사람이 하이데거의 문장을 따라 하고, 그의 독특한 문체가 철학다운 문장이라고 보기도 했습니다. 하지만 이는 어디까지나 하이데거에 한해서만 그렇다는 점 잊지 말아야겠습니다.

세계는 성립되어 있는
상황들의 총체다

'세계'라는 개념을 아주 짧고 간결하게 표현한 이가 오스트리아 출신의 철학자 비트겐슈타인(Basic5 참고)입니다. 그가 『논리철학논고』의 서두에서 규정한 '세계'는, '세계'라는 개념의 의미를 생각할 때 누구나 한 번쯤은 짚고 넘어갈 만한 논점입니다.

『논리철학논고』라는 책은 논리적인 엄밀성을 바탕으로 번호가 매겨져 있는데, 그중에서도 가장 원리적인 위치를 차지하는 내용이 '세계'에 관한 규정입니다. 그의 글을 한번 살펴볼까요?

1. 세계는 성립되어 있는 상황들의 총체이다.

1.1 세계는 사실의 총체이지, 사물의 총체는 아니다.

1.11 세계는 여러 사실에 의해, 그리고 그것이 사실의 전부라는 점을 통해 규정된다.

1.12 왜냐하면 사실의 총체는 무엇이 성립되어 있는지를 규정하고, 동시에 무엇이 성립되지 않았는지도 규정하기 때문이다.

1.13 논리 공간 속에 있는 여러 사실, 그것이 세계다.

1.2 세계는 여러 사실로 분해된다.[5]

그의 글에는 세계가 무엇인지 명확하게 제시되어 있지만 지나치게 간결해서 오히려 무슨 뜻인지 이해하기 어렵기도 합니다. 가령, '성립되어 있는 상황(was der Fall ist)'이라든지 '사실(Tatsache)' 또는 '사물(Dinge)'이라는 말은 어쩐지 기묘한 표현으로 들리는데요, 대체 그는 무얼 말하고 싶은 걸까요?

우선 '성립되어 있는 상황'이란 현실에 실제로 성립되어 있는 것을 의미합니다. 예를 들면 저는 형제가 있지만 외동으로 태어날 수도 있었습니다. 여러 가지 상황이 일어날 가능성이 있었지만 현실에서는 그중 하나만 일어나지요. 이와 같이 현실에 성립되어 있는 것, 이를 전부 모아둔 것이 '세계'라는 말입니다.

다음으로 나오는 '사실'과 '사물'은 서로 대비되는 개념입니다. '사실'은 '어떤 것이 이러이러하다'라는 것을 나타냅니다. 예를 들면 '고양이'나 '개'는 '사물'에 해당하는데, '고양이가 나무에 올라간다'라든지 '개가 짖는다'라는 모습은 '사실'에 해당합니다. 비트겐슈타인은 사물의 총체가 세계가 아니라, '어떤 것이 이러이러하다'라는 사실의 총체가 세계라고 봅니다.

따라서 '사물'을 있는 대로 끌어모아서 전체를 만들지라도 이것이 세계가 될 수는 없습니다. 언어로 표현하자면 '사물'은 단어이고, '사실'은 문장이라고 볼 수 있지요. 문장으로 표현된 사실이 전체를 구성하는 요소이고, 이러한 요소들이 모여서 세계는 성립되는 것입니다.

비트겐슈타인이 정의한 '세계'는 조금 추상적으로 느껴지지만 '세계'에 대한 가장 포괄적인 규정이라고 할 수 있습니다.

COLUMN

비트겐슈타인은 20세기 철학자 중 영어권에서 분석철학의 창시자로 인정받고 있습니다. 분석철학은 보통 전기와 후기로 나뉘는데, 비트겐슈타인은 양쪽 모두와 관련되어 있지요. 그 점에서 그는 분석철학의 역사라고도 할 수 있습니다. 전기 분석철학은 '논리 실증주의*'라고 불리며, 여기에 영향을 끼친 책이 『논리철학논고』입니다. 하지만 비트겐슈타인은 이후 자신의 생각을 바꾸고, 후기에는 이와 다른 사상을 폈습니다. 이 후기 사상에 영향을 받아 분석철학에서는 일상언어학파라는 조류가 생겼습니다.

* 논리 실증주의: 20세기 전반에 오스트리아 빈에서 시작된 철학자 집단(빈 학파)의 사상. 논리학과 수학, 그리고 실증 가능한 과학만이 진정한 지식이라고 생각했다.

세계는
존재하지 않는다

21세기에 들어와서 '세계'라는 말에 새롭게 주의를 환기시킨 이가 독일 철학자 마르쿠스 가브리엘*입니다. 2013년에 발표된 그의『왜 세계는 존재하지 않는가』는 철학서로서는 이례적으로 베스트셀러에 오르며 가브리엘을 일약 스타 철학자로 만들었습니다.

하지만 제목만 봐서는 그의 의도가 무엇인지 상상하기 어렵습니다. 어째서 세계가 존재하지 않는다는 걸까요? 그는 '세계'를 대체 어떻게 바라보고 있을까요?

우선 가브리엘은 비트겐슈타인이 제시한 '세계는 사실의 총체'라는 규정을 그대로 따릅니다. 따라서 세계는 엄청나게 광대한 영역임을 알 수 있지요. 가령 '세계'와 '우주'를 비교하자면 상식적으로는 우주가 세계보다 더 넓습니다. 우주 안에 세계가 있다고 생각하지요. 하지만 '세계는 사실의 총체'라는 정의를 두고 생각해 보면 '우주에서 일어나는 모든 일'이 곧 '사실의 총체'의 일부분이므로 오히려 '세계 속에 우주가 있다'라고 할 수 있습니다.

여기서 가브리엘은 '존재의 여부'를 가릴 때 필요한 '의미의 장(場)'

이라는 개념을 도입합니다. 도식적으로는 'A는 X라는 의미의 장에 존재한다'라고 표현할 수 있습니다. 예를 들어 유니콘은 신화라는 의미의 장에는 존재하지만, 자연과학이라는 의미의 장에는 존재하지 않습니다. 또 내가 꾼 꿈은 기억이라는 의미의 장에서는 존재하지만, 현재의 지각이라는 의미의 장에서는 존재하지 않습니다. 이처럼 그 어떤 것도 무조건적으로 존재할 수는 없고, 'X라는 의미의 장'에서만 존재한다는 생각입니다.

그렇다면 이와 같은 방식으로 세계가 존재하는지 아닌지를 따져 봅시다. 즉, '세계는 X라는 의미의 장에서 존재하는가'라고 물어보자는 말입니다. 이 경우에 X는 세계보다 커야 합니다. 왜냐하면 'X라는 의미의 장 안에(in) 세계가 존재해야 하기' 때문이지요.

그런데 '세계'의 정의를 두고 보면 이는 불가능합니다. 왜냐하면 '세계'는 엄청나게 광대한 영역이어서 이를 포괄하는 X를 가정할 수 없기 때문입니다. 그러므로 이와 같은 논리로 보자면 '세계는 존재하지 않는다'라는 결론이 나옵니다.

눈치챘을지도 모르겠습니다만, 이 논증법은 신의 정의에서 출발하여 신의 존재를 밝히고자 한 '신의 존재론적 증명'과도 닮았습니다. 물론 가브리엘은 '세계'의 정의에서 출발하여 세계가 존재하지 않음을 증명합니다만, 방식은 비슷합니다.

이와 같은 논리로 가브리엘이 하고 싶은 말은 무엇일까요? 사실 그의 바탕에는 현대의 자연주의적 경향을 비판하려는 의도가 깔려 있습니다. 자연주의적 입장에서는 '세계'보다 '우주'가 광대하다고 생각하고 모든 존재를 물리적인 요소 혹은 그 과정으로만 파악하면서 그 외에는 의미가 없다고 봅니다. 심장의 움직임도 결국 뇌와 여러 작용의 과정으로 환원하고, 뇌를 이해하면 마음도 이해할 수 있다고 보는 것이지요.

하지만 가브리엘은 자연과학적인 우주만이 아니라, 마음에는 여러 고유의 의미도 존재함을 역설합니다. 이에 따라 다음과 같은 기묘한 말도 남기는데, 어쩐지 그의 의도가 충분히 이해되는 것 같습니다.

> 식물도, 꿈도, 화장실 물이 내려가는 소리도, 유니콘도 존재한다. 진화라
> 고 하는 추상적 개념도 존재한다. 그러나, 세계만은 존재하지 않는다.[6]
> (저자 역)

---

* 마르쿠스 가브리엘: 20~21세기 현존하는 독일 철학자. 현재 활약 중인 젊은 철학자로, 세계적인 주목을 받고 있다. 2013년에 출판한 『왜 세계는 존재하지 않는가』는 철학서로서는 이례적으로 베스트셀러에 올랐다. 일본에서는 미디어에 자주 등장하는 스타 철학자이다.

생물에게도
세계는 있을까?

　객관적으로 말하면 동물과 인간은 같은 '세계'에서 생존하고 있습니다. 그렇다면 과연 동물과 인간은 같은 '세계'를 '살고' 있을까요? 다시 말해 같은 방식으로 '세계'를 보고 있을까요?

　20세기 초에 생물학자 야콥 폰 윅스쿨*은 '움벨트(Umwelt, 주변 세계)'라는 개념을 제시하여 생물과 인간은 보는 세계도, 사는 세계도 다름을 밝혔습니다. 이 사실은 철학에도 커다란 영향을 끼치며 현대에는 기본 인식으로 자리 잡았지요.

　그런데 생물도 종에 따라 다르므로 한데 묶어 불러서는 안 됩니다. 각각의 생물종에 따라 자기들 고유의 세계를 가지고 있다고 말해야 정확합니다. 예를 들면 윅스쿨은 바다에서 서식하는 동물에 대해 다음과 같이 말합니다.

　모든 바다 동물이 다 공통적이고 균일한 세계에서 살고 있는 듯 보인다면 이는 그저 관찰자의 시선이 겉표면에만 머물렀기 때문이다. 훨씬 더 상세하게 연구하면 알 수 있는 것은, 방대한 차이를 지니는 생명의 형태가 그 생명 고유의 '환경(움벨트)'을 가지고 있고, 이 '환경(움벨트)'은 그 동물의 체제와 상호 규정의 관계에 있다는 기본적인 사실이다.[7]

우리는 여기서 각각의 동물은 그 종에 따라 다른 '세계'를 가지고 있다는 사실을 알 수 있습니다. 이를 설명하기 위해 진드기의 일종인 '참진드기'에 관한 이야기가 자주 언급됩니다.

참진드기는 시각과 청각은 없지만, 후각·촉각·온도 감각은 뛰어나다고 합니다. 그래서 나무 위에서 먹잇감이 오길 기다리다가 온혈 동물인 포유류가 밑을 지나갈 때 내려와서는 낙산(포유류의 몸속에 존재하는 산의 일종으로 불쾌한 냄새가 나는 무색의 액체다_옮긴이)냄새가 나는 상대방의 표면에 달라붙는다고 합니다. 그리고 더듬더듬 털이 적은 피부를 찾아서 피를 빨아먹는다고 하지요.

참진드기에게 세계는 보이는 것도 들리는 것도 아닌, 온도와 냄새와 촉감으로 이루어져 있습니다. 참진드기에게는 참진드기만의 세계가 있고 이는 다른 동물의 세계와는 전혀 다른 모습이지요.

이러한 관점을 일반화하여 적용해 보면 모든 생물에게는 공통의 세계가 있는 것이 아니라, '세계'는 각 생물종에 따라 구분되어 있다고 볼 수 있습니다. 이는 인간과 인간이 기르는 반려동물인 개에게도 마찬가지이지요. 인간과 개는 전혀 다른 '세계'에서 살고 있는 것입니다.

하지만 여기서 한 가지 의문점이 듭니다. 과연 인간의 '세계'도 동물들과 마찬가지로 또 하나의 동등한 세계일 뿐일까요? 또한 오직 인간만이 다른 동물의 다양한 세계를 상정할 수 있는 것은 왜일까요? 인간의 세계가 동물과는 다른 특유의 세계인 것은 맞는데, 이와 동시에 오직 인간만이 다른 동물의 세계까지도 추측할 수 있는 건 눈여겨봐야 할 부분입니다. 바로 여기에 또 다른 문제가 숨어 있습니다.

COLUMN

웩스쿨은 생물학자이지만, 20세기 철학에 커다란 영향을 미쳤습니다. 일례로 하이데거는 『존재와 시간』에서 '세계'를 논할 때 웩스쿨의 '움벨트' 개념을 사용했습니다. 다만 하이데거는 움벨트를 생물 고유의 세계가 아니라 인간에게 있어서 사물보다 더 밀접하게 관계되는, 도구적 존재자와 연관된 세계로서 제시하지요. 동물이 자신의 움벨트에서 서식하듯이 인간은 도구적인 움벨트에 친숙해져 있다는 뜻입니다.

★ 야곱 폰 웩스쿨: 19~20세기 독일 생물학자. 각 동물에게는 종에 따른 환경 세계가 있다고 보고 이를 '움벨트(Umwelt)'라고 불렀다. 하이데거의 『존재와 시간』에도 영향을 미쳤다.

언어와 문화가 다르면
세계도 다를까?

인간과 동물이 서로 다른 세계에서 살고 있다면, 인간은 모두 같은 '세계'에 살고 있다고 말할 수 있을까요? 인간도 저마다 생활하는 지역과 사회가 다르고, 그곳에서 사용하는 언어와 문화가 크게 다릅니다. 동물이 종에 따라 다른 '움벨트'를 형성하고 있다면, 인간은 언어와 문화에 따라 다른 '세계'를 형성하고 있다고 봐야 하지 않을까요?

인간에게 언어와 문화의 의미를 생각할 때 과거에는 진화론적 방식으로 이해하는 입장이 지배적이었습니다. 아프리카나 아시아 같은 지역의 문화는 서양 문화에 비해 저급하며, 점진적으로 발전하는 단계 중 하나로써 평가했지요.

하지만 이러한 단계적이고 진화론적인 관점은 식민주의의 흔적으로 현재는 수용되지 않습니다. 그 대신 등장한 것이 문화 상대주의입니다. 이는 20세기 후반에 크게 유행한 이래 현재까지도 지대한 영향을 미치고 있습니다. 문화가 다르면 사용하는 언어와 생각도 다르기에 전혀 다른 세계에 살고 있다고 봐야 합니다. 이러한 생각에 이제는 많은 사람이 공감하고 있지요.

이를 뒷받침하는 입장으로 사피어·워프 가설이라는 것이 있습니다. 이는 인류학자로서 문화 상대주의를 제창한 프란츠 보아스의 제자, 에드워드 사피어*가 기본 골격을 만들고, 그의 제자인 벤자민 워프*가 구체화한 가설입니다. 일반적으로는 언어 상대주의*라고 부르지요.

> 언어는 '사회적 현실'에 대한 지침이다. (중략) '현실세계'는 많은 경우 그 언어집단의 습관 위에 무의식적으로 형성되어 있다. 두 개의 언어가 동일한 사회적 현실을 나타낸다고 생각해도 좋을 만큼 닮기란 불가능하다. 살고 있는 사회집단이 다르면 세계도 다른 세계가 된다. 단순히 같은 세계에 다른 표식이 붙은 것이 아니다.[8]

문화든 언어든 그것이 인간의 인식과 이해에 영향을 준다는 사실은 분명합니다. 하지만 사피어·워프 가설은 실제로 언어와 문화가 다르면 어느 정도의 차이가 발생하는지, 또 그 메커니즘은 무엇인지에 대해서 구체적으로 밝히지는 않았습니다. 그래서 아직도 '가설' 단계에 머물러 있으며 확증된 사실은 아닙니다.

상대주의적인 관점으로 '세계'를 이해하는 방식은 여러 사례들을 통해 충분히 공감받아 왔지만, 과연 이 차이가 사는 '세계'가 다르다고 말할 정도인지는 다시 한번 생각해 볼 필요가 있습니다.

* 에드워드 사피어: 19~20세기 미국 인류학자, 언어학자. 인류학자인 프란츠 보아스에게 가르침을 받고, 제자 벤자민 워프와 함께 '사피어·워프 가설'을 발표했다.

* 벤자민 워프: 19~20세기 미국 언어학자. 사피어 밑에서 언어학을 배우고, 그와 함께 '사피어·워프 가설' 이론을 고안했다.

* 언어 상대주의: 언어의 차이에 따라 인간의 인식이 달라진다는 이론. '사피어·워프 가설'을 바탕으로 한다.

복수의
가능세계

'세계'라고 해서 반드시 현실에 존재하는 세계만을 떠올릴 필요는 없습니다. 이미 지난 역사를 두고 '만약 ~라면'이라는 가정은 의미가 없지만, 그럼에도 "제2차 세계대전에서 나치 독일이 승리했다면 세계는 어떻게 되었을까?"라는 질문은 해볼 수 있겠지요. 아마도 지금 세계와는 크게 다른 세계가 되었을 것입니다.

이러한 가정을 '가능세계론'이라고 부릅니다. 오래전 18세기에 라이프니츠(Basic7 참고)가 제시한 이론입니다. 라이프니츠는 『변신론(辯神論)』에서 가능세계론을 언급했는데, 제목만 봐도 알 수 있듯이 이 책은 신의 존재를 가정하고 있습니다. 신은 지금의 현실세계와는 다른 세계도 만들 수 있었지만, 그중에서 최선의 선택으로 지금의 세계를 창조했다는 내용입니다. 이렇게 창조된 현실세계에 대해서 그는 다음과 같이 말합니다.

나는 여러 세계가 각기 다른 시간과 장소에 존재할 수 있다고 사람들이 말하지 않도록 하기 위해, 현존하는 사물의 모든 계열과 모든 집합을 세계라고 부르겠다. 왜냐하면 만일 그렇다고 한다면 하나의 세계나 혹은 하나의 우주에 이 모든 세계가 포함되는 것으로 생각해야 하기 때문이다. 가령 모든 시간과 모든 장소가 채워진다고 해도 무한히 많은 방식으로 채워질 수 있고 따라서 무한히 많은 세계가 가능하며 신은 그중 최선을 선택한 것이다.[9] (저자 역)

라이프니츠에 따르면 가능세계란 그 세계에 성립되어 있는 것들이 서로 모순하지 않는 세계를 말합니다. 우리는 이러한 세계를 무수히 많이 가정할 수 있지요. 이와 같이 만들어진 수많은 가능세계 중에서 신은 최선의 선택으로 현실세계를 만들었다는 말입니다. 따라서 지금의 세계는 최선의 세계인 셈입니다.

이와 같은 가능세계론은 '가능성·우연성·필연성'이라는 양상 개념*과 연관되어 있습니다. 그런데 이러한 양상 개념을 사용해서 명제의 진위를 밝히고자 하면 여러 가지 문제가 나타납니다.

예를 들어 '나치 독일은 제2차 세계대전에서 패배했다'라는 명제는 현실세계에서는 사실이지만, 나치 독일이 승리했다고 가정하는 가능세계에서는 사실이 아닙니다. 그렇다면 이 명제가 사실인 것은 우연성에 따른 결과로, 어느 가능세계에서나 성립하는 필연성을 갖지는 않는다고 봐야 합니다. 그렇다면 현실세계를 창조한 신은 우연적인 진리를 창조해 냈다고 봐야 할까요?

가능세계와 현실세계의 관계를 어떻게 봐야 할지에 관한 문제는 20세기 후반에 이르자 철학자들 사이에서 커다란 화제가 되었습니다. 18세기 초에 라이프니츠가 내놓은 논의가 새로운 형태의 논쟁을 불러일으킨 것이지요.

양상 개념은 사물이 발생하는 방식을 표현하는 개념으로, 아리스토텔레스가 논리학에서 언급한 이래로 꾸준히 중요한 문제로 다루어져 왔습니다. 예를 들면, 시간 양상에는 과거, 현재, 미래가 있으며 존재 양상에는 전칭(全稱, 모든)과 특칭(特稱, 어떤) 등이 있습니다. 그 외에도 규범 양상과 인식 양상 등이 있는데, 이 중에서 특히 진리 양상(필연성, 가능성)이 중요하게 다뤄지며 전통적으로 여러 가지 설명이 존재해 왔지요. 가능세계는 바로 이 진리 양상과 함께 묶여서 문제시되었습니다. 가령 '나치 독일의 패배는 필연적이다'라고 한다면 모든 가능세계에서 일어나야 함을 의미합니다. 하지만 반대로 '~은 가능하다'라고 한다면 그 일은 어떤 가능세계에서는 일어날 수도 있고, 아닐 수도 있으므로 우연적임을 의미합니다.

★ 양상 개념: 사물이 존재하거나 발생하는 방식을 '양상'이라 부르고, 이를 표현하는 것이 양상 개념이다. 예를 들면 '~은 필연적'이라든가 '~은 가능하다'라는 표현을 보통 양상 개념이라고 부른다. 오래전부터 존재 양상(전칭-모든, 특칭-어떤)과 시간 양상(과거, 현재, 미래) 등을 양상 개념으로 여겨왔다.

세계는 어떻게
제작될까?

세계라고 하면 모든 사람에게 통하는 것으로, 객관적으로 딱 하나만 존재한다고 여기는 사람이 많습니다. 하지만 미국 철학자 넬슨 굿맨*은 인간은 '버전(version)'을 만들어서 '세계를 제작한다'라고 말합니다. 여기서 버전이란 기호 체계를 뜻하므로, 세계는 기호 체계에 따라 제작된 것이라고도 말할 수 있지요.

이와 같은 생각은 세계의 복수성으로 귀결됩니다. 왜냐하면 기호 체계에는 다양한 종류가 있기 때문입니다.

예를 들어 물리학적인 기호 체계로 그려진 세계와, 나쓰메 소세키가 소설 『마음』에서 그린 세계는 전혀 다릅니다. 또 아마존 원주민들의 세계와 이누이트족의 세계에서는 사용하는 언어가 다르므로 전혀 다른 세계가 만들어집니다.

> 수많은 다른 세계(버전)가 있다는 사실은 더 이상 논란의 여지가 없다. (중략) 수많은 다른 세계(버전)는 하나의 기반으로 환원될 수 있다는 가능성을 요구하거나 전제하지 않으며, 독립적인 의의와 중요성을 갖는다.(10)

넬슨 굿맨은 '물리학이야말로 탁월하며, 모든 것을 포괄하는 시스템이다'라는 물리주의를 거부합니다. 각기 다른 버전은 저마다 옳으며, 모든 것이 하나로 환원될 수는 없다고 보지요. 확실히 소세키의 세계와 물리학의 세계는 각각 독립적으로 존재하며, 어느 한쪽으로 환원되거나 흡수되기는 어려워 보입니다.

이러한 이유로 복수의 세계가 존재한다는 말인데, 이는 '가능세계의 복수성'과는 다릅니다. 어디까지나 현실에 존재하는 세계를 그리는 방식이 다양하다는 뜻이지요. 이러한 생각을 일반적으로 '구축주의'라고 표현하기도 합니다. 세계는 존재하는 것이 아니라 구축되었다고 보는 입장입니다.

이처럼 세계가 다양한 버전으로 제작된다면 그중 어느 세계가 옳은 것인지 정할 수 있을까요? 그런데 여기서 염두에 두어야 할 부분이 있습니다. 애초에 기호 체계와는 동떨어진 순수한 세계를 상정하지 않았으므로, 각기 다른 버전의 세계와 비교할 만한 '세계' 자체가 없다는 점입니다. 따라서 굿맨의 구축주의는 '근원적인 상대주의'로 나아갈 수밖에 없습니다. 다양한 세계의 버전이 있고, 그 어느 세계에도 우열을 매길 수는 없다는 입장이지요.

20세기 후반에는 문화 상대주의가 전 세계적으로 크게 유행했습니다. 이를 철학적으로 정당화한 것이 굿맨의 '세계제작론'이라고 할 수 있습니다.

COLUMN

굿맨의 세계제작론은 21세기에 이르자 '실재론'이 부활하면서 마르쿠스 가브리엘 (Basic60 참고)과 폴 보고시안*과 같은 젊은 철학자에게 비판받습니다. 보고시안은 현대 구축주의의 원류로 굿맨을 꼽았지요.

* 넬슨 굿맨: 20세기 미국 철학자. 논리학과 미학 등에 다양한 영향을 끼쳤다. 1975년에 발표한 『세계제작의 방법들』에서는 특정 종류의 구축주의를 제창하며 논쟁을 불러일으켰다.

* 폴 보고시안: 20~21세기 현존하는 미국 철학자. 2006년에 발표한 『지식의 두려움』에서 구축주의를 비판하고 객관적 진리를 옹호했다.

CHAPTER 7

자연
NATURE

자연을 어떻게 이해해야 할까

'자연'은 '자연과학'이라는 말이 있듯이 과학의 대상으로 여겨지곤 합니다. 자연을 학문으로서 다루는 분야가 과학이고, 과학이 밝히고자 하는 대상이 자연이라고 보는 것이지요. 하지만 자연은 원래 과학의 대상이라기보다, 오히려 인간이 생활하는 기반 그 자체라고 볼 수 있습니다. 물고기가 물에서 살아가듯이 인간은 자연 안에서 활동하며 살아가지요.

그렇다면 애초에 '자연'이란 인간에게 어떤 의미를 지닐까요? 'CHAPTER 7'에서는 철학에서 자연을 어떻게 이해해 왔는지 살펴보고자 합니다.

우선 '자연'이라고 번역되는 말의 기원을 살펴보면 그리스어 '피시스(physis)'를 들 수 있습니다. 이 말은 '피에인(phyein)'이라는 동사에서 유래했는데 능동태로는 '살다' 혹은 '기르다'라는 뜻이고, 수동태로는 '탄생되다, ~이 되다'라는 뜻입니다. 따라서 명사형인 '피시스'는 '탄생' 혹은 '생장'을 의미하며 나아가서는 '타고난 성질' 혹은 '본성'을 뜻합니다. 이와 함께 '자연 본성'이라는 말도 쓰이지요.

이때 핵심은 자연은 '인위' 혹은 '작위(作爲)'라는 말과 대립한다는 점입니다. 가령 플라톤의 대화편 『크라틸로스』에서는 말은 '피시스(자연 본성적인 것)인가 노모스(인위적인 것)인가'라는 질문이 나오고 논의가 전개됩니다.

자연과 인위의 대립은 '무위자연'이라는 중국의 사상이나 불교의 전통에서도 찾아볼 수 있습니다. 하지만 기독교에서 자연은 신이 창조한 '피조물(creatura)'로 표현되고, 중세에 쓰인 'natura'라는 말은 거의 '본성'이라는 의미로 사용되었습니다.

근대에 이르자 '자연'의 의미는 크게 달라집니다. 중세까지는 자연을 이해할 때 생물이 중심이었지만, 근대에는 자연을 기계론적 관점으로 보면서 생명과 아날로지(하나의 사물에서 다른 사물을 추론하는 일_ 옮긴이)는 배제되었습니다. 이와 함께 '자연'은 완전히 물질적인 것으로 여겨지며 수학으로 해명하는 대상이 되었지요.

한편 현대에는 기술이 발달함에 따라 그리스 시대부터 구별되었던 '자연(피시스)'과 '인위(노모스)'의 대립이 소멸하리라고 보는 관점이 등장했습니다.

자연철학과 자연과학은
어떻게 다를까?

현대에는 많은 사람이 '자연'을 과학이 해명해야 하는 대상이라고 생각합니다. 실제로도 자연과학의 발전은 눈이 부실 정도고, 철학은 감히 끼어들 틈조차 없어 보이지요. 그렇다면 언제부터 이러한 자연과학이 시작되었을까요?

근대 과학의 혁명이라 불리는 갈릴레오나 뉴턴과 같은 이들의 연구는 대략 16세기 중반에 일어났으므로 이때부터 자연과학이 시작되었다고 보는 게 맞을지도 모르겠습니다. 하지만 놀랍게도 뉴턴*의 주요 저서의 제목은 『자연철학의 수학적 원리』였습니다.

이 책은 1687년에 출판되었으므로 자연과학이라는 말을 쓸 때는 다소 주의가 필요합니다. 뉴턴은 자신의 연구를 자연과학인 아닌 '자연철학'으로 생각했으니까요.

오늘날 쓰는 '과학'이라는 말은 영어 '사이언스(science)'나 독일어 '비센샤프트(Wissenschaft)'를 옮긴 것으로, 이들의 뿌리를 찾아 거슬러 올라가면 라틴어 '스시엔티아(scientia)'에 다다릅니다. '스시엔티아'는 '알다'라는 뜻의 동사 'scio'에서 파생된 말로 지식, 이론, 학문 등을 뜻합니다. 따라서 영어 '사이언스'와 독일어 '비센샤프트'도 원래 근대에는 '지식' 혹은 '학문'이라는 의미로 사용된 말입니다.

'사이언스'에 현대와 같은 '과학'이라는 의미가 들어오기 시작한 때는 학문이 여러 갈래로 분화되고 각각 독립해 나가던 19세기 중반에 이르러서였습니다. 독일어 '비센샤프트'는 훨씬 뒤로 넘어갑니다. 지금도 독일어로 '과학'이라는 말을 쓸 때는 영어 '사이언스'를 쓰는 사람이 있을 정도니까요. 참고로 '科學'이라는 한자어는 영어 '사이언스'를 번역하는 과정에서 나온 말로 영어의 의미를 그대로 따른 것입니다.

결국 '자연과학'이라는 말이 사용된 시기는 채 200년도 되지 않은 셈입니다. 오늘날의 자연과학은 얼마 전까지만 해도 버젓이 자연철학으로 연구되었던 분야입니다.

이러한 사정을 알고 나면 '박사'라는 말이 어째서 'Ph.D'로 표기되는지도 이해할 수 있습니다. 'Ph.D'는 'Doctor of Philosophy(라틴어로는 Philosophiae Doctor)'의 줄임말입니다. 직역하면 '철학박사'라는 뜻이지만 당연히 여기서 말하는 철학은 오늘날의 철학만을 뜻하지 않고 다양한 학문 분야를 가리킵니다. 일례로 공학박사는 'Ph.D. in Engineering'으로 표기되고 '(공학 분야의) 철학박사'라고 풀이할 수 있지요.

'자연철학이냐, 자연과학이냐'에 관한 문제는 '자연'과 '과학'이라는 말의 역사적 변화 과정과 불가분의 관계에 있습니다. 그러므로 뉴턴의 자연과학은 자연철학과 어떻게 다르냐는 질문은 질문 자체에 함정이 있습니다.

정리하자면, 16세기 이래 '자연철학'이라는 이름으로 연구되었던 학문이 19세기에 이르러서 새롭게 '자연과학'이라고 재정의된 것입니다. 이러한 역사적 변천 과정을 명확하게 알아둡시다.

과거의 '자연철학'이 나중에 '자연과학'으로 재정의되었다고 해서 모든 '자연철학'이 '자연과학'으로 바뀐 것은 아닙니다. 오늘날의 자연철학에서는 '자연이란 무엇인가?', '자연은 인간에게 어떤 의미를 지니는가?', '인간은 자연에 대해 어떤 태도를 지녀야 하는가?'와 같은 문제를 다루고 있습니다. 자연을 꼭 과학적으로만 연구해야 하는 것은 아닙니다. 자연의 과학적 탐구는 어디까지나 하나의 연구 방법에 지나지 않습니다.

★ 아이작 뉴턴: 17~18세기 영국 물리학자 겸 수학자. 만유인력의 법칙을 발견하고 근대 과학의 기초를 다졌다. 1687년에 출판된 『프린키피아』의 원제는 『자연철학의 수학적 원리』이며, 이 책은 자연철학서로 분류되었다.

자연은
숨기를 좋아한다

'자연'이라는 말에 해당하는 영어 '네이처(nature)'는 라틴어 '나투라 (natura)'에서 유래했습니다. 그리고 여기서 더 거슬러 올라가면 그 바탕에는 그리스어 '피시스(physis)'가 있지요. 피시스의 의미를 하이데거는 다음과 같이 설명합니다.

> 이는 스스로 발현하는 것(장미꽃이 피듯), 자신을 열고 펼치는 것, 이러한 펼쳐짐 속에 자신을 나타내는 것, 그리고 이 현상 속에서 자신을 만류하여 그곳에 영원히 머무는 것. 간단하게 말하면 발현해서 머무르는 다스림을 의미한다.[1]

이와 같이 피시스는 '스스로 발현하는 것'인데, 그리스 시대의 자연철학자 헤라클레이토스*는 '자연은 숨기를 좋아한다'라고 했습니다. 분명 피시스는 자신을 드러내는 것이라고 했는데 어째서 숨기를 좋아한다는 걸까요?

헤라클레이토스는 드러나는 것은 완전히 대립하고 있는 상태에서 일어나는 현상이라고 보았습니다. 예를 들면 '삶과 죽음, 수면과 각성, 젊음과 늙음'처럼 말입니다. 그는 '바다는 가장 깨끗하면서도 또 가장 더러운 물'이라고 했지요. 따라서 이러한 대립 안에서 이들을 지배하고 있는 변하지 않는 '하나'를 이해해야 한다고 말합니다. 바로 이것이 '로고스'이며 헤라클레이토스는 로고스가 '숨기를 좋아한다'라고 표현한 것입니다.

피시스의 숨겨진 질서인 로고스에는 두 가지 뜻이 있습니다. 하나는 비율과 척도, 질서와 법칙이라는 의미이고, 이와는 다르게 '언어'라는 의미도 있지요. 바로 여기서 피시스의 로고스와 인간의 로고스라는 표현이 가능해집니다. 두 로고스에 대한 설명을 살펴볼까요?

① 피시스의 로고스 …

로고스는, 인간들은 변함없이 이를 이해하지 못한다. 이를 듣기 전에도, 일단 귀로 들은 후에도, 사실 만물은 이 로고스에 따라 생겨남에도 인간들은 로고스와 만나지 못한 듯하다.

② 인간의 로고스 …

영혼의 끝은 아무리 나아가도 찾을 수 없다. 어떤 길을 가더라도. 그만큼 영혼은 깊은 로고스를 가지고 있다.[2] (저자 역)

이제 피시스와 로고스의 관계가 이해되었나요? 피시스는 '스스로 나타나는 것'이지만, 겉으로 드러난 현상은 대립하거나 모순되어 있습니다. 따라서 이러한 대립 속에 숨은 질서인 로고스를 인식해야 합니다. 물론 로고스는 그리 쉽게 찾을 수 없습니다. 항상 숨어 있기 때문이지요. 바로 이 로고스를 탐구하는 길이 철학인 것입니다.

COLUMN

헤라클레이토스는 소크라테스 이전의 철학자 중에서 오늘날까지도 인기가 있는 철학자입니다. 그의 글은 남겨진 것도 적은 데다 모두 짧은 탓에 마치 수수께끼 같은 문장들만 넘쳐나지요. 그중에서도 '만물은 흐른다(판타 레이)'라는 말은 관용구처럼 자주 사용되는 표현입니다. 그의 문장이 난해하기로는 아리스토텔레스 때부터 유명했습니다. 헤라클레이토스의 글은 수수께끼를 풀듯이 문장을 읽어야 한다고들 말했습니다. 하지만 이러한 난해함이 오히려 인기를 부르는 이유인지도 모릅니다. 한 번만 읽고도 전부 이해가 간다면 아무도 반복해서 읽으려고 하지 않을 테니까요.

---

* 헤라클레이토스: 기원전 5~6세기 고대 그리스 철학자. 만물의 근원(이르케)을 '영원히 살아있는 불'이라고 보았으며, 모든 것은 생성하고 소멸한다(만물은 흐른다)고 생각했다.

자연에
순응하며 살라

스토아학파를 창시한 제논*은 인간들에게 '자연에 순응하며 살라'라고 말했습니다. 그리스 시대부터 로마 시대까지 오랜 기간 동안 활동한 스토아학파는, 시조인 제논의 가르침을 교의의 중심으로 삼았지요. 그래서 '자연에 순응하라'라는 가르침은 스토아학파의 교의 중에서도 가장 유명합니다.

제논은 98세가 될 때까지 아픈 곳도 없이 건강하게 잘 살았는데, 어느 날 발이 걸려 넘어지는 바람에 발가락이 부러지는 일이 있었습니다. 그러자 주먹으로 땅을 치며 "지금 가려는 참이다"라고 말한 뒤 스스로 숨을 참고 그 자리에서 죽었다고 합니다. 이 일화에 관한 다음과 같은 글이 있습니다.

> 그러므로 제논이 최초에 『인간의 자연 본성에 관하여』에서 (인생의) 목적은 '자연과 하나가 되어 (호몰로구메노스) 사는 것'이라고 말했는데, 이는 '덕에 따라 사는 삶'에 다름 아니다. 왜냐하면 자연은 우리를 이끌어 덕으로 향하게 하기 때문이다.[3]

스토아학파에서는 철학을 자연학, 논리학, 윤리학 세 가지로 분류하며 이를 다시 하나로 합칩니다. 즉, 자연의 이성적인 질서와 논리학의 로고스(논리)는 인간 생활의 덕과 일치한다고 보지요. 이와 같은 태도를 보여주는 말이 '자연에 순응하며 살라'였습니다.

이때 주의할 점이 있습니다. 스토아학파의 '자연에 순응하며 살라'라는 말은 '이성(로고스)'에 따르는 삶을 뜻한다는 점입니다. 결코 자연을 감정적으로 대하라는 말이 아닙니다. 오히려 온갖 정념을 배제한채 금욕적으로 살아가는 태도를 가리킵니다. 이를 표현한 말이 스토아학파의 이상을 뜻하는 '아파테이아(apatheia)'로, 아파테이아는 '정념(pathos, 파토스)'을 '배제(á-, '없다'는 뜻의 그리스어)'한다는 말입니다.

제논의 일화를 보면 알 수 있지만 '자연에 순응하며 살라'라는 말은 '자연에서 치유받는다'라는 이미지와는 거리가 있습니다. 그보다는 자신의 정념을 지우고 우주의 로고스에 따르는 매우 엄격한 삶의 방식을 가리킵니다.

'스토이크(금욕적이고 엄격한 태도_옮긴이)'가 스토아학파에서 유래한 말이라는 사실만 봐도 스토아학파의 자연에 순응하는 삶이 '마음 가는 대로 산다'거나 '자연에서 치유받는다'를 뜻하지 않는다는 것이 확실해 보입니다.

COLUMN

스토아학파와 같은 시대에 활동했던 라이벌이 에피쿠로스학파입니다. 시조는 에피쿠로스(B.C.341 ~ B.C.270)입니다. 에피쿠로스학파의 신조는 '아타락시아'인데, 종종 스토아학파의 '아파테이아'와 혼동되곤 합니다. 에피쿠로스학파의 '아타락시아'는 마음의 거센 동요에서 자유로워진 평정 상태를 의미합니다. '아파테이아'와 '아타락시아'는 강한 정념에서 벗어나 마음의 평정심을 추구한다는 점에서 비슷한 의미를 담고 있지요. 그래서 이들이 활동했던 당시에도 두 개념을 똑같이 생각하는 경우가 있었습니다.

＊ 제논: 기원전 3~4세기 고대 그리스 철학자. 스토아학파의 시조로, 도덕을 유일한 선으로 보았으며 자연에 따르는 삶을 이상적이라고 생각했다.

BASIC **68**

자연이라는 책은
수학의 언어로 쓰였다

근대에는 자연을 수학적으로 이해해야 한다고 보았는데, 이에 관한 갈릴레오의 말이 유명합니다. 바로 '자연이라는 책은 수학의 언어로 쓰였다. 수학의 도움이 없었다면 우리는 자연이라는 책을 한 줄도 이해하지 못할 것이다'[4]라는 말이지요. 다만, 여기서 갈릴레오는 '자연'을 '우주'라고 표현했습니다.

'자연'과 '수학'을 함께 묶어 생각한 인물은 갈릴레오뿐만이 아니었습니다. 데카르트(Basic12 참고)도 다음과 같은 말을 남겼지요.

> 나는 자연학의 원리로 기하학과 추상수학의 원리 이외의 것은 인정하지 않으며 요구하지도 않는다. 왜냐하면 기하학과 추상수학을 통해서만 갖가지 자연 현상이 설명되며, 자연현상의 확실한 근거를 부여할 수 있기 때문이다.[5]

이처럼 수학으로 자연을 이해하려는 방식을 하이데거는 '자연의 수학적 기투'라고 불렀습니다. 지금이야 전혀 이상할 게 없지만 당시에는 굉장히 획기적인 관점이었습니다. 이처럼 근대 과학에서는 '자연을 수학적으로 이해한다'라는 근본적인 사고방식의 전환이 일어났고, 이는 반대로 말하면 수학적으로 이해할 수 없는 것은 자연으로서 흥미가 없다는 뜻이기도 합니다.

이와 같은 자연관을 '기계론적 자연관'이라고 합니다. 중세 시대까지는 자연을 일종의 생물로 보는 목적론적 자연관이 지배적이었지만, 근대의 자연관은 모든 물질을 기계의 부품처럼 생각하고 이들이 마치 기계장치처럼 움직인다고 보았지요.

기계론적 자연관은 생물에 대한 태도에도 영향을 미쳤습니다. 그래서 데카르트는 인간의 신체를 기계의 전형적인 예로 들며 '만일 내가 인간의 신체를… (중략) 일종의 기계로 본다면… (생략)'과 같은 말을 하기도 했습니다. 인간에게는 정신과 신체가 있는데, 데카르트는 이 '신체'를 기계론적으로 이해한 것입니다.

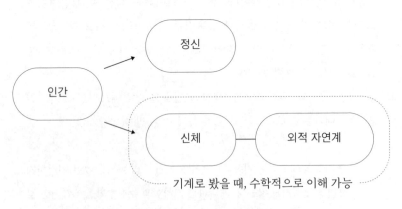

그림 22. 데카르트의 인간 이해

근대에서 시작된 자연과 인간의 신체를 수학적으로 이해하고자 하는 태도는 현대까지도 이어지고 있습니다. 이는 자연과학으로서 실로 다양한 업적을 남겼지만, 한편으로는 자연 자체를 파괴하는 일로도 이어졌지요. 앞으로 과학과 철학이 어디를 향해 나아갈지를 생각할 때 근대의 자연관에 대해 다시 한번 생각해 볼 필요가 있습니다.

COLUMN

지금까지 자연은 인간에게서 독립된, 인간의 생활을 지지하는 기반처럼 간주되었습니다. 하지만 최근에는 환경문제가 심각해지면서 자연에 대한 관점을 근본적으로 재검토하기에 이르렀습니다. 그래서 새롭게 등장한 개념이 바로 '인류세(Anthropocene)'입니다. 노벨상을 수상한 파울 크루첸이 강력하게 주장하고 있는 개념으로, 인간이 자연에 지대한 영향을 미치며 자연을 파괴하고 있음을 경고하려는 의도가 담겨 있습니다. 다만 이는 과학적 개념으로 제시된 것이어서, 현재로서는 이것이 어디까지 타당하다고 봐야 할지 의견이 엇갈리고 있습니다.

신을 자연으로서
이해하기

데카르트보다 조금 늦게 활동한 스피노자*는 데카르트 철학의 개념을 계승하면서도 재창조하여 새로운 사상으로 바꾸었습니다. 자연에 관한 생각도 그중 하나이지요.

데카르트는 '실체'라는 전통적 개념을 무한한 실체와 유한한 실체로 나눕니다. 실체란 해당 존재를 위해서 다른 것을 필요로 하지 않는, 다시 말해 독립적으로 존재하는 것을 의미하는데, 여기에 딱 들어맞는 무한한 실체가 바로 '신'이지요. 하지만 데카르트는 신이 창조한 정신과 물체도 유한하기는 하나 '실체'라고 봅니다. 데카르트의 기계론적 자연은 물체로부터 구성된 것입니다.

그렇다면 스피노자는 정신과 물체를 어떻게 바라보았을까요? 그는 두 개념을 유일하게 무한한 실체인 신의 속성이라고 생각합니다. 정신과 물체가 각각 독립해서 존재하는 실체가 아니라 신에게 포함된 속성이라는 뜻이지요.

이러한 스피노자의 생각은 단순히 명칭만 달라진 게 아니라 전혀 다른 자연관을 낳습니다. 왜냐하면 신과 정신과 물체를 각각 독립하는 '실체'로 규정했던 데카르트처럼 신과 자연, 정신과 물체를 서로 동떨어진 존재로 파악하지 않기 때문입니다. 스피노자는 신은 정신이면서 동시에 물체라고 봅니다. 이를 표현하는 말이 '신즉자연(神卽自然, Deus sive Natura)'이지요.

이처럼 스피노자는 자연을 신과 동일시하는데, 여기서 그는 '자연'을 표현하기 위해 두 가지 개념을 제시합니다. 바로 '능산적 자연'과 '소산적 자연'입니다. 둘은 어떻게 다를까요?

산출하는(능산적) 자연과, 산출되는(소산적) 자연을 어떻게 이해해야 할지 여기서 설명하고자 한다. (중략) 우리는 능산적 자연을 스스로 존재하고 스스로 생각할 수 있는 것, 혹은 영원하고 무한한 본질을 표현하는 실체의 여러 속성, 즉 자유 원인이라고 생각할 수 있는 신이라고 이해해야 한다.

이에 반해 소산적 자연은 신의 본성인 필연성에서 (중략) 생기는 모든 것, 바꿔 말하면 신 안에 존재하고 신이 존재하지 않으면 존재한다고 생각할 수조차 없다고 여겨지는 신의 여러 속성의 모든 양태다.[6]

간단하게 말하면 능산적 자연은 신이고, 소산적 자연은 자연(피조물)을 뜻합니다. 여기서 스피노자는 '자연'이라는 말의 다의성을 이용해서, 만들어내는 신과 만들어지는 자연이 결국 하나라고 주장합니다.

스피노자처럼 신과 자연을 동일시하면 자연은 더 이상 기계론적인 대상이 아니게 됩니다. 뒤집어서 생각하면 자기만의 힘을 지닌 정신적인 실체라고 볼 수 있지요. 이러한 관점을 훗날 낭만주의 철학이 이어받아, 셸링은 자연을 살아 있는 유기체로 바라보았습니다.

스피노자의 주요 저서는 『에티카(기하학적 순서로 증명된 윤리학)』인데, 겉보기에는 '윤리학'이라는 제목과는 전혀 어울리지 않아 보입니다. 기하학책처럼 공리(公理)나 정리(定理)가 나오고, 수학적 논증법에 따라 글이 전개되기 때문입니다. 스피노자는 이러한 형식이야말로 올바른 연구 방법이라고 보았지만 일반인들이 이해하기에는 아무래도 어려운 것이 사실입니다. 하지만 이와 같은 복잡한 서술 방식만 제외한다면 그의 책에는 꽤 흥미로운 내용들이 가득 담겨 있습니다. 하나 예를 들면, 그는 선과 악을 자신의 힘을 증가시키는지 감소시키는지에 따라 설명합니다. 즉, 선한 것은 나의 힘을 증가시키고 악한 것은 나의 힘을 감소시킨다는 말이지요. 이는 현대에도 충분히 통용될 만한 사고방식이 아닐까요?

---

* 바뤼흐 스피노자: 17세기 네덜란드 철학자. 유대인이지만 유대교단에서 파문되어 추방당했다. 데카르트의 영향을 받았으나 그와는 다르게 신을 유일한 실체라고 보며 일원론을 주장했다.

자연이라는
픽션

'자연'이라는 개념은 근대 사회계약론에서 중요한 역할을 맡고 있습니다. 최초의 '자연 상태'를 가정하면서 '자연법'과 '자연권'이라는 개념이 나왔기 때문입니다. 또한 보통은 자연 상태에서 사회계약이 이루어짐에 따라 국가가 형성된다고 봅니다.

사회계약론은 영국의 홉스와 로크, 프랑스의 루소 등이 전개한 사상입니다. 엄밀하게 따지면 각 철학자마다 내용은 조금씩 다르지만 기본적으로는 '자연 상태'에서 사회계약이 이루어짐으로써 정치 사회가 만들어진다는 관점을 따릅니다.

여기서 주목하고 싶은 부분은 '자연 상태'가 픽션으로 가정된 세계라는 점입니다. 예를 들면 루소*는 다음과 같이 말했습니다.

> 개개인이 자연 상태에 머무르고자 사용하는 힘보다, 반대로 자연 상태 속에서 인간의 자기 보존을 방해하는 장애가 우세해지는 시점까지 인간이 도달했다고 가정해 보자. 이때 이 원시 상태는 더 이상 존속할 수 없다. 따라서 생존 양식을 바꾸지 않으면 인류는 멸종할 것이다.(7)

이렇게 해서 등장한 것이 '사회계약'이라는 사상입니다. 루소는 사회계약의 성립 조건을 '각 구성원의 신체와 재산을 공동의 힘으로 지키고 보호하는 결합 형태를 발견할 것. 그리고 그 결합 형태를 통해 개인은 모든 사람과 결속하면서 동시에 자기 자신에게만 복종하며 이전과 마찬가지로 자유롭게 살 수 있는 상태일 것'이라고 말합니다.

루소는 사회계약에 따라 만들어진 결합 형태는 '일반의지'에 따라 지휘된다고 봅니다. 자신의 특수의지를 포기하고, 일반의지에 따라야 자유를 얻을 수 있다는 말이지요. 하지만 루소는 일반의지가 어떻게 개인의 자유를 가능케 하는지 구체적으로 밝히지는 않습니다.

일반의지는 특수의지를 포기한 개개인을 억압하고, 독재적이라는 비판을 자주 받습니다. 사회계약은 개인의 자유를 확보하기 위해 만들어진 체제인데, 그 결과 개개인의 자유를 억압해야만 하는 상황이 왕왕 발생하기 때문입니다.

이는 '자연 상태'라는 출발점에 근본적인 원인이 있는지도 모르겠습니다. 영국 철학자 흄*은 사회계약론이 가정하는 '자연 상태'는 역사를 아무리 거슬러 올라가도 존재하지 않는 허구라고 말합니다. 다시 말해, 사회계약론에서 가정하고 있는 최초의 '자연 상태'는 픽션이라는 말이지요. 그렇다면 있지도 않는 픽션에 근거해서 현실의 정치 사회의 성립을 논하는 것이 과연 합당할까요? 이쯤에서 다시 한번 생각해 볼 필요가 있을 것 같습니다.

---

* 장 자크 루소: 18세기 프랑스 철학자. 1762년에 쓴 『사회계약론』으로 사회계약 사상의 대표자로 인정받는다. 교육론, 학문예술론뿐 아니라 소설까지 쓴 바 있다. 다재다능한 데다 다양한 측면을 가지고 있어서 그의 사상을 통일적으로 이해하기란 어렵다고 한다.

* 데이비드 흄: 18세기 영국 철학자. 로크, 버클리를 잇는 영국 경험론의 대표 철학자로, 칸트를 '독단의 꿈'에서 깨어나게 한 인물로 유명하다. 인과관계의 객관성을 비판하며 회의주의를 따랐다.

환경을 자연이 아닌
풍토로 생각하기

환경이 인간에게 미치는 영향을 단순한 자연 현상으로 이해한다면 자연은 물리적 존재로, 인간은 생물학적·생리학적 존재로 가정할 수 있습니다. 하지만 환경이 인간에게 던지는 일상적인 문제는 좀 더 직접적인 형태입니다. 어디에나 존재하는 객관적인 '자연'이라기보다 우리 집 근처에 있는 고유의 '풍토'로서 영향을 미치지요.

이러한 관점을 바탕으로 일본 철학자 와쓰지 데쓰로(Basic15 참고)는 『인간과 풍토』라는 책에서 일본 문화에 존재하는 고유의 풍토를 제시했습니다. 와쓰지는 '풍토'를 '특정 토지의 기후, 기상, 지질, 토질, 지형, 경관 등의 총칭'이라고 보았습니다. 각 문화에는 풍토를 느끼는 고유한 방식이 있고, 이는 객관적인 자연현상과는 구별된다고 했지요.

와쓰지가 이러한 '풍토론'을 구상한 이유는 살고 있는 지역과 문화가 다르면 환경이 인간에게 미치는 영향도 달라지고, 사물을 느끼는 방식과 생각하는 방식, 행동양식에도 결정적인 차이가 발생하기 때문입니다. 와쓰지는 유럽에서 공부하면서 일본과 서양의 차이를 크게 깨달았습니다. 그 경험을 기초로 독자적인 풍토론을 주장하게 되었지요. 그럼 구체적으로 풍토는 어떻게 구분될까요?

와쓰지는 세 가지 유형의 풍토를 제시합니다. 바로 ① 몬순형, ② 사막형, ③ 목장형입니다. 이름을 보면 알 수 있듯이 와쓰지는 지역을 아시아권, 이슬람권, 서양권으로 나누어 풍토에 따른 차이를 밝히고자 했습니다. 특히 그중에서도 몬순형에 해당하는 일본 풍토의 특성이 주된 관심사였지요. 일본인의 특성은 어떤 풍토적 성격에 기반하고 있을까요?

> 인간의 존재는 역사적·풍토적인 특수 구조를 가지고 있다. 이 특수성은 풍토의 유한성에 따른 풍토적 유형에 따라 두드러지게 나타난다. (중략) 나는 몬순 지역에 사는 인간의 존재 방식을 '몬순적'이라고 이름 붙였다. 우리 국민도 그 특수한 존재 방식에 따르면 실로 몬순적이다. 단적으로 말하면, 수용적·인종적이다.[8]

일본은 수용적·인종(忍從)적 성향에 '태풍적 성격'이 더해져 계절적·돌발적이라는 특수한 성격을 나타낸다고 합니다. 확실히 일본인은 무엇이든 잘 인내하는 듯하다가도 때로는 갑자기 폭발하기도 해서 단순한 몬순형만으로는 표현하기 어려워 보입니다.

이렇게 보면 와쓰지의 '풍토론'은 일본문화론 내지는 일본인론의 원형으로 생각됩니다. 와쓰지의 풍토론이 얼마나 적절한지와는 별개로, 풍토론의 구상만큼은 독창성이 돋보이는 동시에 일본인에 관한 중요한 단서를 제공해 주고 있습니다.

와쓰지 데쓰로의 풍토론은 독일 철학자 하이데거에 대항하여 구상되었습니다. 두 사람은 같은 해(1889년)에 태어나 와쓰지가 독일에 유학을 떠났을 때 하이데거의 영향 아래에서 공부를 했지요. 특히 하이데거의 『존재와 시간』에서 큰 영감을 받고 이에 대항하는 철학을 구상한 패기는 높게 평가할 만합니다.

어떤 의미에서 와쓰지는 하이데거의 철학적 개념에 대한 각각의 대항 축을 만들고자 했습니다. 즉, 하이데거는 인간의 시간성에 착안하여 역사성을 말했다면, 와쓰지는 인간의 공간성에 주목해서 풍토성을 구상해 낸 것이지요. 와쓰지의 풍토론은 이후 와쓰지 윤리학이라는 형태로 체계화되었습니다.

자연에도 권리를
부여하자

'권리'라는 개념은 보통 인간 내지는 인간관계와 관련된 상황에서 쓰입니다. 그래서 '인권(인간의 권리)'이라는 말이 나온 것입니다. 그런데 만약 "자연에 권리를 부여하자!"라고 한다면 어떨까요? 예를 들어 '동물의 권리'나 '식물의 권리'를 주장하면 인정받을 수 있을까요?

예전에는 그냥 웃어넘겼을지도 모르겠습니다. "동물에게 권리가 있다니 말도 안 된다"라거나 "식물이 생식하는 토지의 소유자의 권리라면 몰라도, 식물에 권리가 있다니 어이가 없다!"라고 말이지요. 하지만 1970년대 이후 환경 보호 운동이 시작되면서 상황은 크게 달라졌습니다. 이를 나타내는 전형적인 표현이 '자연의 권리'이지요. 『자연의 권리』를 쓴 미국의 로드릭 내쉬*는 다음과 같이 말합니다.

인간이라는 한정된 집단의 자연권(natural rights)에서부터, 자연을 구성하고 있는 각 요소의 권리 혹은 (일부 사고방식에서는) 자연 전체의 권리로 윤리가 진화하고 있다. 이러한 관계성 안에서 권리라는 말을 사용하는 것은 지금까지 꽤 큰 혼란을 야기했다. (중략) 이 용어는 한편으로는 기술적, 철학적, 혹은 법률적 의미로 사용되고, 다른 한편으로는 자연 혹은 자연을 구성하고 있는 각 요소는 인간이 존경해야 하는 고유의 가치를 지니고 있다는 의미로 사용된다.(9)

오늘날에는 법적인 상황에서 동물과 식물 나아가 자연 전체의 권리를 요구하는 경우도 있습니다. 또 인간 중심주의에서 벗어나 자연의 가치를 인정하자는 움직임도 있지요.

지금까지 권리는 인간만이 가질 수 있는 자격으로, 그 외의 생물이나 무생물에는 부여되지 않았습니다. 인간 이외의 것은 인간의 수단 내지는 도구라고 여기고, 그 자체에 가치가 있다고 보지 않았지요.

20세기 후반에 이르자 미국을 중심으로 환경보호 운동이 활발해지면서 '자연에도 권리를 부여하자!'라는 주장이 나오기 시작했습니다. 하지만 권리라는 개념을 이와 같이 확대하면 '권리'의 의미를 새롭게 검토해야 할 필요가 있습니다. 옛날이라면 문제도 되지 않았던 '자연'에 권리를 부여한다는 것이 무엇인지를 이제는 생각해 볼 때입니다.

---

* 로드릭 내쉬: 20~21세기 현존하는 미국 환경사학자. 지금도 열정적으로 환경보호 운동을 펼치고 있다.

자연을 보호하기 위해 자연에도 권리를 부여해야 하는가에 대한 의견은 엇갈리고 있습니다. 왜냐하면 굳이 권리라는 개념을 사용하지 않더라도 마땅히 보호받아야 할 것들은 많기 때문이지요. 이러한 생각의 바탕에는 해방 운동에 관한 이해가 가로놓여 있습니다. 동물의 권리를 주장하는 사람들은 흑인 해방이나 여성 해방, 동성애자의 해방 등의 연장선상에 동물의 해방을 두고 있습니다. 이들은 과거에 당연시했던 차별이 이제는 인정받기 어렵다고 보지요. 여기에는 평등성의 원칙이 기본으로 깔려 있습니다. 동물에게 권리를 부여하려면 인간과 동물이 평등하다고 인정해야 하기 때문입니다. 하지만 평등을 논할 때는 '무엇에 관한 평등인가'라는 점에 주의해야 합니다.

자연적으로 생겨난 것과 기술적으로 제작된 것

현대 독일 철학자 하버마스(Basic8 참고)는 과학이 발전함에 따라 '자연'은 위기 국면을 맞이했다고 말합니다. 그리스 시대부터 이어져 온 자연을 이해하는 방식이 근본부터 무너지고 있기 때문이지요.

왜 이런 일이 벌어졌을까요? 하버마스는 현대 유전공학의 발전을 언급하며 다음과 같이 말합니다.

> 종의 진화가 유전 공학으로 인간이 개입할 수 있는 분야가 되면서 (즉, 우리가 책임을 져야만 하는 행위의 분야가 되면서) 생활 세계에서는 여전히 확실하게 나뉘어 있는 범주인 만들어진 것과 자연적으로 생겨난 것이 비(非)구분화(sichentdifferenzieren)되고 있다.[10]

하버마스에 따르면 우리가 살고 있는 세계는 아리스토텔레스(Basic2 참고)가 행한 분류에 익숙해져 있다고 합니다. 아리스토텔레스는 학문을 ① 자연을 관조하는 이론적 태도(자연학), ② 자연에 개입하는 기술적 태도(제작학), ③ 윤리적으로 행위하는 실천적 태도(윤리학)로 나누었는데, ①과 ②의 분류는 자연발생적인 것과 제작된 것의 구분으로도 볼 수 있지요.

① 자연을 관조하는 이론적 태도 … 자연발생적인 것
② 자연에 개입하는 기술적 태도 … 제작된 것

이와 같은 구분은 그리스 시대부터 지금까지 우리에게 자명한 사실로 받아들여졌습니다. 하지만 유전 공학이라는 새로운 과학기술이 발전함에 따라 이 당연한 구분이 흐릿해지면서 혼란이 찾아왔습니다.

예를 들어 아이를 낳기 위해(자연발생적인 것) 체외 수정을 한 수정란에 게놈 편집이라는 기술적 개입을 한 상황을 생각해 봅시다. 기술이 개입되지 않은 자연 상태에서는 심각한 유전병이 생길 가능성이 있어서, 수정란 단계에서 문제가 되는 부분에 게놈 편집을 시행하여 유전병에 걸리지 않은 아이가 태어났습니다. 이 아이는 기술 개입으로 '제작된 것'일까요? 아니면 한 생명체로, 엄마에게서 태어난 '자연발생적인 것'이라고 봐야 할까요?

이와 같은 경우 '자연발생적인 것'과 '제작된 것'이라는 구분이 과연 혼란스러워질까요? 이 질문에 바로 그렇다고 대답할 수는 없지만 적어도 기술이 발전함에 따라 이 두 가지 개념의 구분을 재검토할 시기가 왔다는 점은 분명해 보입니다. 곰곰이 생각해 보면 기술적인 것을 모두 제외한 채 '자연발생적인 것'만으로 자연을 바라볼 수 있을지 의문이 들기도 합니다.

하버마스는 현대 바이오테크놀로지로 인해 아리스토텔레스 때부터 이어져 온 '자연'과 '인위'의 구분이 사라진다는 이유로 바이오테크놀로지를 반대해 왔습니다. 하지만 이러한 생각에 이의를 제기하는 이들도 있습니다. 현대 기술이 요구하는 바에 맞춰 우리의 사고방식과 개념을 바꾸어야 한다고 보는 입장이지요.

'인간의 존엄성'이라는 개념에 대해서도 마찬가지입니다. 인간의 존엄성을 근거로 바이오테크놀로지에 반대하는 사람이 적지 않은데, 애초에 '인간의 존엄성'을 주장한 칸트는 수정란의 유전자 조작과 같은 지금의 상황은 상상도 못했습니다. 따라서 어떤 개념을 사용할 때는 시대와 상황을 고려할 필요가 있습니다.

정답 없는 세상을
살아가다

제도
INSTITUTION

사회
SOCIETY

역사
HISTORY

CHAPTER 8

제도
INSTITUTION

보이는 제도, 보이지 않는 제도

제도는 우리 생활 전반에 깔려 있습니다. 가족 안에서 태어나, 언어와 습관을 배우고, 학교와 회사에 다니는 등 꼽자면 끝이 없지요. 하지만 우리는 제도를 특별히 의식하지 않고 살아갑니다.

여러 사람이 모여서 같이 활동하는 상황에서는 다양한 제도가 형성되기 마련입니다. 극단적으로 말하면 태어나서 죽을 때까지 우리는 제도와 함께 살아가지요.

보이는 제도도 있지만, 보이지 않는 제도도 있습니다. 그런데 마치 공기처럼 우리는 제도에 너무 익숙해서, 과연 제도란 무엇인지 궁금해할 일이 없었습니다. 하지만 과거의 제도가 여러 방면에서 흔들리기 시작한 지금이야말로 새로운 시선으로 제도를 바라볼 필요가 있습니다.

제도는 영어로 'institution'이라고 하는데, 그리스어로 거슬러 올라가면 '노모스(nomos)'에 해당합니다. 이는 구체적으로 법률, 예법, 습관, 규칙, 전통문화 등의 규범을 가리킵니다.

제도는 다양한 형태로 분화되어 있어서 전체를 다 포괄해서 말하기는 어렵습니다. 다만 언어, 습관, 도덕, 정치, 법률, 예술 등을 떠올리면 제도가 어떤 모습인지 대략 감을 잡을 수 있을 것입니다.

일본 철학자 미키 기요시는『구상력의 논리』(1939)에서 '제도'를 논하면서 제도의 세 가지 특징에 대해 말했습니다. 첫째로, 제도는 '의제(fiction)'입니다. 그리고 두 번째 특징은 제도가 '관습(convention)'이라는 점이지요. 마지막으로 제도는 '법적'인 성질을 가지고 있어서 개인에게 강제할 수 있습니다.

다시 말해, 제도는 인간이 태어날 때부터 있던 것이 아니라 인위적으로 만들어진 것이며, 시간이 흐르면서 사회적인 관습으로 자리 잡았고, 때로는 개개인에게 강제로 권력을 행사한다는 뜻입니다.

이와 같은 제도의 특징을 살펴보니 제도의 광범위함과 끝 모를 깊이가 느껴지지 않나요? 그래서 제도에 대한 일반론은 이해하는 데 시간이 오래 걸리므로 'CHAPTER 8'에서는 구체적인 제도의 모습을 살펴보면서 철학적 생각에 대해 확인해 보고자 합니다.

피시스(자연)와
노모스(규범)는 대립하는가?

'제도'라는 개념은 역사적 기원을 찾자면 그리스어 '노모스(nomos)'
가 되는데, 이 말은 보통 '법률'이나 '관습' 등으로 번역됩니다. 제도를
사회 안에서 사람들의 행동이나 사고를 강하게 속박하는 규범으로 여
긴 것입니다.

제도라는 말이 철학에서 특별히 주목받게 된 계기는 '노모스'와 '피
시스'가 대립 개념으로써 사용된 데에 있습니다. 원래는 대립 개념이
아니었는데 소크라테스(Basic2 참고)나 플라톤(Basic2 참고)이 활동하던
당시에 대립 개념으로 쓰이기 시작했지요. 그러면서 종종 '노모스'는
'인간의 잘못된 믿음'으로, '피시스'는 '잘못된 믿음에서 독립한 진실'
로 받아들여졌습니다. 가령 원자론자로 유명한 데모크리토스*는 '색
깔도, 달고 쓴 것도 모두 노모스 위에 있는 것. 진실에는 아톰과 공허
만이 있다'라고 말하기도 했지요.

이러한 궤변을 늘어놓는 사람을 보통 '소피스트'라고 부릅니다. 소
피스트는 원래 그리스 시대에 다른 나라에서 넘어와 변론술 등을 가
르치는 직업적 지식인을 가리킵니다. 변론을 잘하는 것이 사회적으로
출세하는 방법이었기에 돈을 받고 가르치는 사람이 등장한 것이지요.

그중 한 명인 안티폰*은 다음과 같은 말을 남겼습니다.

> 정당하다는 것은 자신이 사는 국가의 습관과 법률을 위반하지 않는 것
> 을 말한다. 이 정당함의 의미를 자신을 위해서 가장 잘 이용하려면 증인
> 이 있을 때는 관련된 법률 습관을 깊이 받들고, 증인이 없을 때는 자연을
> 따르는 것이 좋다. 법률은 나중에 마음대로 정해진 것이지만, 자연은 필
> 연적인 것이기 때문이다.[1]

여기서는 '<노모스=인위=가짜> VS <피시스=자연=진실>'이라는
구도를 가정하고 있습니다. 소크라테스나 플라톤은 이렇게 대립적으
로 이해하는 것을 반대했지만, 이 시기에 '노모스로서의 제도'라는 개
념이 성립된 것은 분명해 보입니다.

이후 제도를 어떻게 평가할지에 대해서는 여러 가지 의견이 분분했
지만, 그 바탕에는 기본적으로 '자연 본성'과의 대립이 깔려 있었습니
다. 이 시기에 '잘못된 믿음'인가 '진실'인가 라는 틀도 함께 들어왔는
데, 지금 생각해 보면 이러한 비교 자체를 재검토해야 할 것 같습니다.
왜냐하면 습관이나 관습 자체가 이미 인간에게 진실이 되었기 때문입
니다.

* 데모크리토스: 기원전 4~5세기 고대 그리스 철학자. 만물의 아르케(근원)를 영원불멸한
아톰이라 보고 고대의 원자론을 주장했다.

* 안티폰: 고대 그리스 시대에 같은 이름의 웅변가(기원전 5세기)와 소피스트가 알려져 있는
데, 두 사람이 동일 인물인지는 밝혀지지 않았다. 소피스트 안티폰은 법과 자연의 대립을 논
했다.

제2의 자연이 된
제도

그리스 이래 '제도'는 '노모스와 피시스'라는 대립 개념을 바탕으로 이해되어 왔습니다. 그런데 꼭 제도를 피시스와 대립하는 인공물이라고 봐야 할까요? 노모스와 피시스를 바라보는 다른 관점도 필요하지 않을까요?

왜냐하면 우리가 제도라고 여기는 습관과 법, 나아가 인간의 성격이나 행동 등을 오래전부터 '제2의 자연'이라고 불렀기 때문입니다. 즉, '노모스'를 단순히 '피시스'에 대립하는 개념이 아니라 오히려 '제2의 피시스'라고 보는 것이지요.

이에 관한 흥미로운 두 철학자의 의견을 살펴봅시다. 첫 번째 인물은 몽테뉴(Basic9 참고)로, 16세기에 활동하고 『에세』를 쓴 철학자입니다. 이로부터 1세기 정도 후에 파스칼(Basic9 참고)이 『팡세』를 썼는데, 파스칼은 몽테뉴의 의견을 의식하면서 이를 개작하고자 했습니다. 이러한 두 사람의 관계를 염두에 두고 '제2의 자연'에 관한 의견을 읽으면 '제도'에 관한 매우 흥미로운 관점이 보입니다.

우선 몽테뉴는 다음과 같이 썼습니다.

'습관은 제2의 자연이다. 제1의 자연에 비해서 결코 약하지 않다.'

이를 읽으면 몽테뉴가 자연과 습관을 피시스와 노모스의 대립으로 이해하지 않고, 피시스의 또 다른 형태로서 통일적으로 받아들이고 있음을 알 수 있습니다.

파스칼은 몽테뉴의 이 말을 발판 삼아 여기서 한 발짝 더 나아갑니다. 그는 다음과 같이 말했습니다.

> 습관은 제2의 자연성으로 제1의 자연성을 파괴한다. 그런데 자연성이란 무엇일까? 왜 습관은 자연이 아닐까? 나는 유감이지만 습관이 제2의 자연성이듯이, 자연성 그 자체도 제1의 습관에 지나지 않는 것은 아닐까라고 깊이 생각한다.[2]

파스칼은 자연과 습관(제도)의 대립을 해체하기 위해 습관을 '제2의 자연'이라고 부르는 데서 그치지 않고 자연을 '제1의 습관'이라고 말합니다. 습관은 결코 무작위한 것이 아니라 '법칙'이라고 부를 수 있는 '제일성(齊一性, 같은 조건에서 같은 현상이 일어나는 자연의 질서 혹은 원리_옮긴이)'을 갖추고 있다는 뜻이지요. 그렇다면 자연 또한 습관이 아닌가라는 것이 파스칼의 생각입니다.

몽테뉴와 파스칼이 제시한 의론들을 보고 나니, '자연'과 '제도'를 대립 개념으로만 볼 이유는 없는 것 같습니다.

파스칼의 『팡세』에는 제도가 자의적임을 나타내는 인상적인 문구가 있습니다. 바로 다음과 같은 구절이지요.

'위도 3도의 차이가 모든 법률을 뒤엎고, 자오선 하나가 진리를 결정한다. (중략) 강 하나로 구분된 우스꽝스러운 정의여, 피레네산맥 이쪽에서의 진리가 저쪽에서는 오류다.'[2]

이를 통해 우리는 상대주의를 논할 수도 있겠지만, 그 전에 '법이란 무엇인가' 혹은 '정의란 무엇인가'라는 근본적인 문제를 떠올려볼 수 있습니다. '습관은 그것이 받아들여지고 있다는 이유만으로 공평의 모든 것을 형성한다. 이것이 습관이 갖는 권위의 신비적 기초이다.'[2]

이는 매우 두려운 통찰이 아닐 수 없습니다. 왜냐하면 그 기초를 다시 묻다가는 모든 게 '소멸'해 버릴지도 모르기 때문입니다.

BASIC   76

제도의 세계에 대한
학문이 필요하다

근대에 이르자 과학혁명이라고 불리는 자연과학의 비약적인 발전이 일어납니다. 그런 까닭에 데카르트(Basic12 참고)를 비롯한 많은 철학자가 자연학을 모델로 한 학문을 구상해 내지요. 하지만 이러한 근대주의적 생각을 정면에서 반대한 이가 있습니다. 바로 이탈리아 철학자 비코*입니다.

비코는 자연에 관한 학문을 두고 '새로운 학문'이 필요함을 역설하며 그것이 '국가 제도적 세계'에 관한 학문임을 다음과 같이 선언했습니다. 조금 길지만 비코의 의도가 매우 잘 표현되어 있으므로 인용해보겠습니다.

우리들로부터 한참 떨어진 원초의 고대를 뒤덮은 지극히도 깊은 어둠 속에서, 도저히 의심할 수 없는 진리라는, 결코 사라지지 않는 영원한 빛이 보인다. 즉, 이 국가 제도적 세계는 틀림없이 인간들이 만든 것이고, 그런 까닭에 그 모든 원리는 우리 인간 정신의 여러 양태 속에서 발견할 수 있다. (중략) 여기까지 생각이 미쳤다면 왜 모두가 또한 지금까지의 모든 철학자들이, 이쪽(자연의 세계)은 신이 만들었으니 오직 신만이 지식을 갖고 있음에도 불구하고 자연 세계에 대한 지식을 완성하기 위해 무던히도 애써온 걸까. 반면 저쪽(국가 제도적 세계)은 인간이 만들었으니 이에 관한 지식은 인간이 완성할 수 있음에도 여러 국민의 세계 혹은 국가적 제도의 세계에 대해서는 성찰하기를 게을리했을까, 라고 놀란 마음에 사로잡히지 않을 수가 없다.[3] (저자 역)

여기서 비코는 '자연의 세계'와 '제도의 세계'를 대비시키며 전자를 신이 만든 것으로, 후자를 인간이 만든 것으로 규정하고 있습니다. 이를 통해 인간이 진정한 지식으로서 탐구해야 할 분야는 '제도에 관한 학문'이라고 주장하지요. 왜냐하면 스스로 만든 것인 만큼 인간이 진정으로 이해할 수 있다고 보기 때문입니다.

오늘날 자연의 세계를 신이 만들었다고 볼지 아닐지에 대한 의견은 엇갈립니다. 하지만 자연을 인간이 스스로 만들었다고 보는 사람은 없습니다. 이에 반해 제도의 세계는 분명히 인간이 만든 것이므로 이에 대해서 좀 더 깊이 있게 성찰하는 쪽이 합리적일지도 모르겠습니다. 비코의 글은 그의 이름과 함께 오랫동안 빛을 보지 못했지만 이러한 이유로 최근에 새롭게 재조명받고 있습니다.

COLUMN

인간이 만든 제도의 세계를 분석하는 철학자가 비코를 필두로 이탈리아에 많이 있습니다. 일례로 마키아벨리*는 비코보다 200년이나 앞선 인물이지만 『군주론』을 쓰고 현실적인 정치 이론을 제시했지요. 또 비코 이후 200년 정도 후에는 파레토*(경제학), 크로체*(역사학), 그람시*(마르크스주의) 등이 각각 특유의 이론을 내놓았습니다. 이러한 전통은 현대에 이르자 아감벤*과 네그리* 등이 계승하고 있습니다. 이탈리아 철학이라고 하면 영국, 프랑스, 독일 등의 주류 철학과 동떨어졌다고 여기지만 그들 나름의 독자적이고 자유로운 이론이 형성되어 있습니다. 이번 기회에 시야를 넓혀 보길 바랍니다.

* 잠바티스타 비코: 17~18세기 이탈리아 철학자. 동시대에 활동했던 데카르트파에 대항한 역사철학을 전개했다. 1725년에 발표한 『새로운 학문』이 대표작이다.

* 니콜로 마키아벨리: 15~16세기 이탈리아 정치사상가. 사후에 발표된 『군주론』은 정치론의 고전으로, 지금도 많은 사람이 찾고 있는 도서이다.

* 빌프레도 파레토: 19~20세기 이탈리아 경제학자, 철학자, 사회학자. 사회가 크게 변화할 때마다 성격이 다른 엘리트 집단이 번갈아 가며 지배자로 교체된다는 '엘리트 순환' 개념을 제시했다.

* 베네데토 크로체: 19~20세기 이탈리아 철학자, 역사학자. 헤겔 철학을 비판적으로 검토하고, 역사철학과 미학 등의 분야에서 중요한 저서를 남기며 큰 영향을 끼쳤다.

* 안토니오 그람시: 19~20세기 이탈리아 혁명가, 철학자. 무솔리니와 파시스트 정권 당시 오랜 기간 동안 투옥당했다. 그동안 쓴 노트가 후에 그람시 사상으로서 영향을 주었다.

* 조르조 아감벤: 20~21세기 현존하는 이탈리아 철학자. 1995년에 발표한 『호모 사케르』 등 많은 저서가 있다.

* 안토니오 네그리: 20~21세기 현존하는 이탈리아 철학자 겸 혁명가. 주로 스피노자와 마르크스 연구로 알려졌으며, 프랑스의 들뢰즈에게 영향을 받았다. 미국의 마이클 하트와 2000년에 공동으로 출판한 『제국』은 세계적으로 큰 화제가 되었다.

제도는 인간의 취향도 결정한다

우리는 보통 사람마다 취미가 다른 것은 개인적인 차이로 제도와는 관련이 없다고 생각합니다. 쉬운 예를 들자면 어떤 음식을 좋아하느냐는 개인의 취향으로 제도에 따라 좌우된다고 여기지 않지요.

하지만 현대 프랑스 사상가 피에르 부르디외*는 문화적인 취미의 차이나 행동양식은 사회적인 제도에 따라 만들어진다고 봅니다. 예를 들면 그는 다음과 같이 말합니다.

> 여러 문화적 관습 행동(미술관이나 콘서트 혹은 전시회에 가는 일 또는 독서 등) 및 문학, 회화, 음악 등의 기호는 우선은 (학력이나 자격 및 통학 연수로 측정되는) 교육 수준과, 그리고 2차적으로는 출신 계층과 밀접히 관련된다.[4]

이러한 지적은 오늘날에는 어느 정도 예상하고 있는 사실입니다. 하지만 부르디외는 자신의 주장을 증명하기 위해 다양한 개념을 제시합니다. 그중 하나가 '문화자본'입니다.

'자본'이라는 개념은 통상 경제적인 활동에서 사용됩니다. 마르크스의『자본론』이 그 대표적인 예입니다. 하지만 부르디외는 이를 경제적인 영역만이 아니라 '문화'에도 적용합니다. 그렇다면 '문화자본'이란 무엇을 의미할까요?

우선 책과 그림 등 물질적으로 소유 가능한 것을 말합니다. 또한 부르디외는 지식, 교양, 기능, 취미, 감성 등 개인 안에 축적된 것도 문화자본이라고 부릅니다. 나아가서는 제도화된 문화자본도 있습니다. 학력이나 자격 등 학교 제도에 따라 주어진 것을 말하지요. 이 외에도 인맥이라는 말과 비슷한 개념인 '사교자본'도 있습니다. 이 사교자본이 다양한 이익을 발생시킨다는 것은 익히 잘 알고 있는 사실입니다.

문화자본과 사교자본은 개인이 속한 계급이나 계층에 특유의 행동양식과 지각 양식을 만들어냅니다. 이를 부르디외는 '아비투스'라고 부릅니다. 아비투스는 라틴어에서 유래한 말로, '태도'나 '습관' 등을 의미합니다.

문화자본과 같은 '제도'에 따라 개개인의 '아비투스'가 형성되고, 여기에 근거하여 취미와 기호가 달라지는 것입니다. 결국 개인적인 호불호의 문제도 결코 제도를 떠나서는 생각할 수 없다는 말입니다.

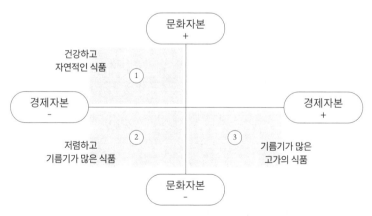

그림 23. 제도의 차이에 따른 식품의 취향

부르디외가 제시한 그림을 간략화해서 옮겨보았습니다. 이를 보면 음식의 취향마저 제도가 결정한다는 사실을 알 수 있습니다.

COLUMN

부르디외라고 하면, 사회학자이므로 그의 이론을 철학에서 다루는 것에 위화감을 갖는 사람도 있습니다. 하지만 부르디외는 원래 고등사범학교에서 철학을 배운 뒤, 철학의 아그레가시옹(교수 자격)을 취득했습니다. 애초에 사회학이냐 철학이냐 하는 대립은 20세기 이후에 등장한 문제로, 그 이전에는 없었습니다. 현재는 사회학만이 아니라 경제학과 정치학, 나아가 역사학에서도 제도를 논하고 있습니다. 물론 접근 방식은 각각 다르지만 철학과 엄격하게 구별할 이유는 없습니다. 편협한 분파주의보다 다양한 영역을 가로지르는 사고방식을 지녀야 유연한 발상이 가능해집니다.

---

* 피에르 부르디외: 20~21세기 프랑스 사회학자 겸 철학자. 1979년에 출판된 저서 『구별짓기』가 유명하다. '문화자본'이나 '아비투스' 등의 개념을 주장하고 사회에 존재하는 권력의 모습을 밝히고자 했다.

BASIC   78

친족 제도로
구조화된 사회

'제도가 인간의 행동을 근본적으로 규정한다'라는 사실을 레비 스트 로스*는 인류학 분야에서 규명합니다. 우선 그는 사회를 역사적 변화 라는 기준에 따라 '차가운 사회'와 '뜨거운 사회'로 나눕니다.

'차가운 사회'는 역사적으로 변화가 없는, 오랜 기간 동안 같은 제도 가 이어지는 사회로, 이른바 '미개 사회'를 말합니다. 이와 달리 '뜨거 운 사회'는 문명화가 진행된 사회로, 역사가 흐름에 따라 제도도 변화 하는 사회를 말하지요.

마르크스가 분석한 사회는 '뜨거운 사회'로, 여기서는 역사적 변화 의 원동력을 경제적 요인으로 보았습니다. 이에 반해 레비 스트로스 는 '차가운 사회'를 분석하는데, 그가 주요하게 다룬 테마는 '친족 관 계'와 '결혼 제도'였습니다. 주목해야 할 부분은 레비 스트로스가 친족 관계를 분석할 때 '군론(群論, 무리에 대해 연구하는 대수학의 한 분야로, 물리 학이나 화학에서도 사용된다_옮긴이)'이라는 현대 수학적 방법을 사용했다 는 점입니다.

이를 통해 그는 지금까지 미개하다고 여겨졌던 사회가 알고 보면 고

차원적인 현대 수학으로 분석될 만큼 고도로 발달된 사회라고 말합니다. 그는 부르바키 그룹*이라는 수학자 집단에 분석을 의뢰하여 친족의 구조를 밝혀내지요.

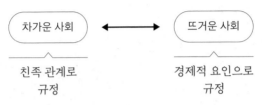

그림24. 차가운 사회와 뜨거운 사회

간단한 모델을 가지고 생각해 봅시다. 예를 들면 오스트레일리아에 사는 카리에라족은 누구든지 4개의 분족(分族) 중 하나에 소속된다고 합니다. 그리고 같은 분족의 구성원끼리는 결혼할 수 없습니다. 각각의 분족을 A, B, C, D라고 하면 결혼으로 묶이고 그 안에서 태어난 아이의 분족은 다음과 같은 조합이 됩니다.

남편(남)	아내(여)	아기
A	B	D
C	D	B
D	C	A
B	A	C

그림25. 결혼 및 그 안에서 태어난 아기의 그룹

레비 스트로스에 따르면 여기서 나타나는 법칙은 수학적으로 기술할 수 있으며 나아가 이를 통해 인류학의 깨달음이었던 ① 근친혼의 금지와 ② 평행 사촌(부모와 성이 같은 형제자매의 자녀들 즉 친사촌, 이종사촌)간의 혼인 금지가 이론적으로 도출된다고 합니다. 이에 대한 구체적인 설명은 넘어가더라도 이때 레비 스트로스가 다음과 같은 구조 개념을 염두에 두었다는 사실은 주목할 필요가 있습니다.

'구조'란 요소와 요소 간의 관계로 구성된 전체로, 이 관계는 일련의 변형 과정을 통해 불변하는 특성을 지닌다.[5]

인간은 자신이 의식적으로 행동하지 않아도 알게 모르게 형성된 '구조'에 속해서 이를 유지하고 있습니다. 이는 어디까지나 '차가운 사회'의 제도에 해당되는 이야기지만, 인간에게 제도가 어떤 의의를 지니는지 확인할 수 있는 중요한 사례라고 볼 수 있습니다.

COLUMN

1960년대 프랑스에서 유행한 **구조주의 철학***은 레비 스트로스의 인류학에서 시작되었습니다. 그는 사르트르와 같은 시대의 인물이지만, 철학에서 인류학으로 점차 연구 범위를 넓혀 나갔습니다. 주요 저서인 『친족 관계의 기본 구조』는 1949년에 출간되었지만 레비 스트로스 붐이 일어난 것은 1960년대 초로, 사르트르를 비판한 『야생의 사고』(1962)가 출간된 후였습니다. 이후 구조주의는 다양한 영역에서 유행했지만, 레비 스트로스는 '구조주의는 언어학과 인류학뿐'이라고 선을 그었지요. 이 점은 구조주의를 어떻게 이해하느냐를 논할 때 주의해야 할 점입니다.

* 클로드 레비 스트로스: 20~21세기 프랑스 문화인류학자 겸 철학자. 제2차 세계대전 후 그가 프랑스에서 시작한 구조주의는 1960년대에 커다란 유행을 맞이했다. 특히 1962년에 발표한 『야생의 사고』에서는 사르트르를 비판하며 실존주의에서 구조주의로의 전환을 명백하게 선언했다.

* 부르바키 그룹: 1930년대에 프랑스에서 태어난 젊은 수학자 집단으로, '니콜라 부르바키'라는 이름은 어디까지나 필명일 뿐이다. 구조주의를 바탕으로 방대한 『수학원론』을 집필했다. 레비 스트로스는 이 그룹의 한 명인 앙드레 베유에게 의뢰해서 친족 구조를 수학화하는 데 성공했다.

* 구조주의 철학: 야콥슨과 소쉬르의 구조주의 언어학이나, 레비 스트로스의 구조 인류학을 모델로 하여 프랑스에서는 심리학, 사회 이론, 모드 이론, 문예 평론, 역사학 등에서 다양한 구조주의 이론이 형성되었다. 모두 구조주의 철학으로 불린다.

언어라는 제도로
이해하기

인간과 동물을 구별 짓는 중요한 특징이라고 하면, 주로 언어를 꼽습니다. 그래서 인간을 규정할 때 '로고스(언어)를 가진 동물' 혹은 '언어를 가진 사람(Homo loquens, 호모 로퀜스)'이라고 말하지요. 이 언어야말로 인간의 기본적인 제도가 되었습니다. 하지만 어째서 언어를 제도라고 하는 걸까요?

20세기 철학에 커다란 영향을 끼친 언어학자 소쉬르*는 언어를 두 그룹의 대립 개념으로 설명합니다.

하나는 랑그와 파롤입니다. 랑그는 한국어 혹은 프랑스어처럼 일정 공동체에서 사용하는 언어를 말합니다. 파롤은 개개인이 실천하는 발화 행위를 가리킵니다. 우리는 한국어라는 랑그를 파롤에 따라 매일 사용하는 것이지요.

또 다른 대립 개념은 시니피앙과 시니피에입니다. 이는 직역하면 '의미하는 것'과 '의미되는 것'인데, 최근에는 '기표(기호 표현)'와 '기의(기호 내용)'라고 번역되고 있습니다. 예를 들면 눈앞에서 멍멍 짓는 동물을 가리키면서 '개'라고 부를 때 그 음성 자체가 시니피앙이고,

멍멍 짓는 갯과 동물이라는 의미가 시니피에이지요.

이러한 소쉬르 언어학의 제1원리는 시니피앙과 시니피에의 관계가 자의적이라는 데 있습니다. 실제로 '개'라는 음성과 이를 통해 떠오르는 개의 이미지 사이에는 필연적인 관계가 없습니다. 음성과 이미지의 결합은 사회적인 습관으로 만들어진 것이며, 다른 습관이 있다면 다른 결합이 형성되지요. 영어의 '도그(dog)'나 독일어의 '훈트(Hund)'처럼 말입니다. 그리고 이는 언어가 제도인 이유이기도 합니다.

그렇다면 자의성의 원리에서 어떠한 결론에 이를까요? 소쉬르는 언어란 이미 존재하고 있는 사물에 라벨을 붙이는 것이 아니라, 오히려 언어에 따라 세계의 사물은 다양하게 분화된다고 보았습니다.

세계 속에는 미리 결정된 의미가 있지 않습니다. 언어에 따라 다르게 나뉘면서 다른 세계가 만들어지지요. 인간이 언어를 사용함으로써 각각의 랑그에 따른 다른 세계가 완성되는 것입니다. 랑그가 다르면 세계의 분류도 달라진다는 말입니다.

이처럼 언어는 그 자체가 하나의 제도입니다. 그리고 이와 동시에 다른 제도를 지지해 주는 기초적인 제도이기도 하지요. 그래서 '제도란 무엇인가'를 논할 때 언어로 타깃을 좁혀서 생각할 때가 있습니다. 예를 들면 소쉬르는 언어를 화폐에 비유하기도 합니다. 화폐도 제도로서 언어와 같이 생각할 수 있기 때문입니다. 물론 같은 제도라고 해도 화폐에는 언어와 다른 측면이 있다는 사실은 말할 필요도 없겠지만요.

COLUMN

소쉬르가 사용한 이항 대립 중에서 다른 분야에서도 자주 이용되는 개념이 있습니다. 바로 **통시적**(通時的, diachronique)과 **공시적**(共時的, synchronique)이라는 대립 개념입니다. 소쉬르 이전의 언어학은 언어의 역사적인 변화를 밝히는 통시적인 연구가 대부분이었습니다. 이에 반해 소쉬르는 언어를 일정 기간별로 나눠서 그 단면을 밝히는 공시적인 연구를 진행했지요. 그것이 『일반언어학 강의』(1916)입니다. 다만 이 책은 어디까지나 강의록으로, 사후에 제자들이 편집해서 출판한 것입니다. 그래서 지금도 새로운 편집본이 나오고 있습니다.

* 페르디낭 드 소쉬르: 19~20세기 스위스 언어학자. 근대 언어학의 아버지로 불리며 20세기 사상에 큰 영향을 미쳤다. 특히 1960년대에 프랑스에서 구조주의가 유행할 때 그 근거로서 소쉬르의 언어학이 이용되었다.

20세기에 유행한
문화 상대주의

 인간의 사고나 사물을 바라보는 관점이 소속된 집단의 제도에 따라 규정된다는 사실은 오래전부터 인식되어 왔습니다. 가령 그리스 시대의 헤로도토스*는 『역사』에서 인상 깊은 예를 든 바 있지요. 친족이 사망했을 때 시신을 화장하는 부족도 있지만, 먹는 부족도 있다고 말입니다. 게다가 각각의 집단은 자신들의 풍습이나 습관이 올바르고, 다른 집단의 문화는 인정하지 않으려 한다는 것입니다.

 이러한 사고방식을 현대에는 '문화 상대주의'라고 부릅니다. 이는 미국의 인류학자 프란츠 보아스*에서 유래했는데, 정확하게 말하면 보아스가 문화 상대주의라는 용어를 직접 쓴 것은 아닙니다. 대신 보아스는 인간의 인식이 '문화 안경'에 큰 영향을 받는다고 주장했지요.

 문화 상대주의는 제2차 세계대전이 끝나고 식민지 해방이 이루어지면서 이른바 국제적인 합의 사항처럼 받아들여졌습니다. 문화나 제도가 다르면 사고방식이나 관점이 다르고, 여기에는 우열을 매길 수 없을 뿐 아니라 어느 것이 옳은지 정할 수도 없다는 것이지요.

 이제까지는 문화를 진화론적 관점에서 바라봤기 때문에 과학이 발전된 서양 사회의 문화가 가장 높은 위치를 점해 왔습니다. 하지만 문화 상대주의적 입장에서는 여러 가지 관점의 차이는 문화나 제도의 차이일 뿐 어떤 유일한 기준이나 원리가 있는 것은 아니라고 봅니다.

문화 상대주의는 언어론과 기호론, 지식사회학, 과학사 등의 지식과도 결부되며 다양한 분야에서 이른바 상식처럼 통용되기 시작했습니다. 다음과 같이 말이지요.

> - 언어나 문화가 다르면 세계는 다르게 보인다.
> - 패러다임이 다르면 전혀 다른 세계에 살고 있는 것이다.
> - 사회가 다르면 사상은 완전히 달라진다.

이와 같은 사고방식은 20세기 말에 이르자 사회적으로도 급속하게 침투되며 '다양성'이 하나의 키워드로 자리 잡았습니다. 그런데 오늘날에는 문화 상대주의의 여러 문제점도 지적되고 있습니다. 예를 들면 문화 상대주의적 관점으로는 진리나 도덕을 어떻게 판단해야 할지 우려의 목소리가 나오고 있습니다. 문화나 제도가 다르면 옳고 그름도 전혀 다른 걸까요? 아니면 공통의 기준이나 원리는 존재한다고 봐야 할까요? 이러한 부분이 상호 대화의 가능성과 함께 새로운 문제로 떠오르고 있습니다.

미국의 철학자 리처드 로티(Basic8 참고)는 문화 상대주의에 대한 흥미로운 의견을 내놓았습니다. 바로 두 문화가 다르다고 해서 100% 다른 생각을 갖는 것은 아니라는 주장이지요. 또 같은 문화를 지닌 사람들도 100% 생각이 같지는 않다고 합니다. 왜냐하면 어떤 일에 관한 이해가 같은지 다른지는 항상 정도의 문제이기 때문입니다. 아울러 서로 다른 문화의 사람보다 같은 문화의 사람이 갈등이 더 큰 경우도 있습니다.

이렇게 생각하면 문화의 차이를 최우선시해서 서로를 이해할 수 있는가 없는가를 판단하는 것도 그다지 효과적이지 않은 셈입니다. 생각이 같은지 다른지는 문화가 같든 다르든 항상 정도의 문제이지 않을까요? 어느 정도 서로 공통적인 부분을 발판 삼아 이로부터 대립을 줄이는 쪽이 가장 현명하다고 생각합니다.

★ 헤로도토스: 기원전 5세기 고대 그리스 역사가. 역사의 아버지로 불리며 페르시아 전쟁을 주제로 한 『역사』를 집필했다.

★ 프란츠 보아스: 19~20세기 미국 문화인류학자. 원주민 조사를 바탕으로 '문화 상대주의'의 기본 개념을 세우며 이후 인류학에 큰 영향을 끼쳤다. 루스 베네딕트를 비롯한 우수한 제자를 많이 배출했다.

제도는 기술로 만들어진다

'제도'를 언어나 문화의 관점에서 생각하다 보면 미디어나 기술에 관한 문제를 자주 놓치곤 합니다. 하지만 언어든 문화든 이를 전달하려면 매체(미디어)와 기술이 반드시 필요합니다. 또한 어떤 내용을 구두로 전달하느냐, 인쇄된 문서로 전달하느냐, 영상으로 전달하느냐에 따라 이를 이해하는 방식은 완전히 달라지지요. 따라서 미디어나 기술도 제도로서 결정적인 역할을 맡고 있는 셈입니다.

알기 쉽게 중세에서 근대로 전환되던 시기를 예로 들어 봅시다. 이때는 근대 과학이 형성되면서 나침반과 활판 인쇄 기술이 보급되었습니다. 덕분에 글로벌한 경제활동이 일어났고 종교 혁명이 진행되었으며 근대 국가가 조직되었습니다.

여기서 활판 인쇄 기술만 따로 놓고 보자면, 성서가 각국의 언어로 번역, 확산되면서 종교 개혁 운동을 촉진시켰고 서적의 출판은 근대 국가의 내셔널리즘을 양산했습니다. 이뿐 아니라 인쇄물의 보급은 근대 민주주의를 짊어지고 갈 민중을 탄생시켰지요. 이처럼 기술은 매우 다양한 형태로 사회에 큰 영향을 끼쳤습니다.

이와 관련해 독일 철학자 프리드리히 키틀러*는 19세기에 일어난 '기술 미디어'의 혁명을 분석하며 그 의의를 설명했습니다. 예를 들면 이 무렵에 영상과 음성을 기록하고 재생하는 기술이 등장했는데 이는 우리 삶의 모습을 크게 바꿔 놓았다고 합니다. 좀 더 구체적으로 설명하기 위해 미디어의 역사를 세 단계로 나누어 살펴봅시다.

문자가 사용되기 전 음성으로만 소통하던 단계에서는 인간관계가 매우 좁고 커뮤니케이션도 대면했을 때만 가능했습니다. 음성은 기록할 수 없었고 멀리 떨어진 장소나 서로 다른 시간대에는 소통이 불가능했지요. 이후 문자 미디어가 만들어지자 시공간을 초월한 소통이 가능해졌습니다. 하지만 이때도 영상과 음성 등의 정보가 문자로 변환되다 보니 문자의 의미를 이해해야만 소통할 수 있다는 한계가 있었습니다.

키틀러는 문자 미디어의 지배는 18세기까지 이어지지만, 19세기에 이르면 새로운 기술 미디어의 발달로 패권적인 지위를 잃는다고 말합니다. 영상이나 음성을 문자로 변환하지 않고 그대로 기록하고 전달할 수 있게 되었기 때문이지요.

이와 같이 기술 미디어는 수많은 사람에게 단숨에 영향을 끼칠 수 있을 만큼 발전했습니다. 특히 영상이나 음성 정보는 문자를 해석할 필요도 없기 때문에 대중 매체를 정치적인 목적으로 이용하는 것도 가능해졌지요. 이처럼 현대에는 기술 미디어가 인간의 생각과 행동에 결정적인 영향을 끼치고 있습니다.

보통 기술은 인간에게 보조적인 역할을 수행한다고 생각합니다. 도움이 되는 도구라는 이미지를 갖고 있지요. 하지만 오늘날에는 이와 같은 방식으로만 기술을 이해하기는 어려워졌습니다. 일례로 하이데거(Basic10 참고)는 제2차 세계대전이 끝나고 매우 중요한 기술론을 주장했습니다. 그에 따르면 인간은 기술을 통해 전체 시스템에 편입된다고 합니다. 이를 '게슈텔(Ge-stell, 몰아세움)'이라고 하지요.

예를 들어 어느 지역에 석탄과 광물이 있으면 사람들은 이를 캐기 위해 몰려갑니다. 이 석탄은 증기를 만들기 위해 내몰려지고, 또한 증기는 운동 장치를 구동하기 위해 내몰립니다. 이처럼 몰아가기의 연쇄가 만들어지고 그 연쇄 속에 인간이 편입된다는 말입니다. 게다가 인간은 이 몰아가는 시스템에서 벗어날 수 없다고 합니다. 이는 기술적인 시스템인 동시에 우리들의 제도이기도 하니까요. 이러한 관점으로 가족과 사회, 도시와 국가 등을 보면 기술에 지배당한 인간의 현실을 깨달을 수 있습니다.

★ 프리드리히 키틀러: 20~21세기 독일 철학자. 미디어론을 테마로 새로운 철학의 방향을 구상했지만 난해한 표현 탓에 충분한 공감을 얻지 못했다. 1985년에 출판된 『기록시스템 1800・1900』과 이듬해에 쓴 『축음기, 영화, 타자기』가 대표작이다.

대화로 권력관계가
해결될까?

제도는 어떻게 형성될까요? 또 일단 형성된 제도는 어떻게 바꿀 수 있을까요? 이러한 점을 논할 때 중요하게 봐야 할 개념이 '권력'입니다. 권력 하면 특별한 기관이나 개인이 소유한 강압적인 힘으로, 위에서부터 아래로 내려오는 명령 같은 이미지를 떠올릴지도 모르겠습니다. 하지만 이러한 권력관만으로는 현대의 구체적인 제도를 이해하기는 어렵습니다. 왜냐하면 무시무시한 권력자가 없어도 권력이 작동하도록 제도가 마련되어 있기 때문입니다.

그렇다면 우리는 권력을 어떻게 이해해야 할까요? '권력'이라는 개념에 혁명을 이끌어낸 프랑스의 미셸 푸코(Basic19 참고)는 다음과 같이 말합니다.

권력이라는 말에서 우선 이해해야 할 것은 무수한 힘의 관계다. 그것들이 행사되는 영역에 내재되어 있고, 또한 그것들의 조직 구성 요소와 같은 것이다.[6]

푸코에 따르면 인간관계가 형성된 모든 곳에서는 권력이 작동한다고 합니다. 예를 들면 식탁을 둘러싸고 앉은 '부모 자식 관계'에도, 수업 중의 '선생님과 학생 관계'에도 권력관계는 성립하지요. 물론 친구 관계에서도, 직장 내 인간관계에서도 권력은 무시할 수 없습니다. 이처럼 만들어진 권력관계는 현실의 제도라고 볼 수 있습니다.

예를 들면 수업 중에 교사가 어떤 학생에게 도서관에 가서 책을 가지고 오라고 명령한다면 이는 틀림없는 권력 행사에 해당합니다. 교사와 학생 사이에 현실적인 제도가 형성되어 있는 까닭에 교사는 이와 같은 명령을 내릴 수 있지요. 이때 보통의 학생은 교사에게 좋은 평가를 받길 기대하며 임무를 충실히 수행합니다. 그런데 만일 교사의 요구를 학생이 거절한다면 어떨까요?

일단 형성된 제도를 바꾸기 위한 방법으로, 하버마스(Basic8 참고)는 '커뮤니케이션' 개념을 제시하며 새로운 인간관계를 형성하기를 제안합니다. 이때 핵심은 나와 상대방의 지위나 자격을 고려하지 않고 대등한 커뮤니케이션을 하는 것입니다. 앞선 예에 적용하자면, 학생과 교사라는 권력관계가 바탕이 된 입장이 아니라 완전히 대등한 입장에서 교사의 요구에 대응하는 방법이지요. 이러한 상황을 하버마스는 '이상적 담화 상황에서의 대화'라고 부릅니다.

하버마스의 이론을 적용하면 교사의 명령에 대해 학생은 다음과 같이 말할 수 있습니다.

"수업 중에 도서관에서 책을 가져오는 일은 저의 역할이 아닙니다. 선생님에게는 그 일을 저에게 시킬 자격이 없습니다. 선생님이 사전에 충분히 준비해서 수업에 들어왔어야 하지 않을까요?"

학생이 이렇게까지 말한다면 교사는 자신의 지위를 이용해서 학생에게 명령을 내리기가 쉽지는 않을 것입니다. 이는 직장이나 가정에서도 적용할 수 있습니다. 하지만 제도로써 권력관계가 이미 공고히 형성되어 있는 현실에서는 실천하기가 그리 쉽지 않습니다. 다만 이러한 커뮤니케이션도 가능하다는 사실을 가정해 둘 필요는 있겠지요.

하버마스는 프랑크푸르트학파 2세대로서, 아도르노*와 호르크하이머*의 뒤를 이어 비판이론을 발전시켰습니다. 이때 중심을 이룬 내용이 커뮤니케이션 개념이지요.

하버마스에 따르면 1세대인 아도르노와 호르크하이머는 근대 사회를 비판할 때 유효한 원리인 '계몽적 이성'까지 부정했다고 합니다. 이에 반해 그는 근대의 계몽적 이성을 전면적으로 부정하지 않고, 그 가능성을 커뮤니케이션적 이성으로 발전시켜야 한다고 보았지요. 그래서 그는 프랑스 **포스트모던 학파***에 대항하여 **모던 학파***의 기반을 확고히 다져나갔습니다. 하버마스에게는 근대를 부정하기보다는 완성시키는 일이 더 중요했던 것입니다.

* 테오도르 아도르노: 20세기 독일 철학자. 호르크하이머와 함께 프랑크푸르트학파를 만들며 20세기 철학에 큰 영향을 끼쳤다.

* 막스 호르크하이머: 19~20세기 독일 철학자. 아도르노와 함께 프랑크푸르트학파를 설립하고 공저 『계몽의 변증법』을 썼다. 프랑크푸르트학파의 비판 이론의 기초를 세웠다.

* 포스트모던 학파: 포스트모더니즘이 유행할 때 이를 이끌어가는 포스트모던 학파와 이에 비판적인 모던 학파간의 대립이 있었다. 독일의 하버마스는 모던 학파, 프랑스의 리오타르는 포스트모던 학파였다.

* 모던 학파: 포스트모던 학파에 대항하는 형태로 모던(근대)의 의의를 강조했다.

CHAPTER 9

사회
SOCIETY

타인과 어떻게 공생할 것인가

철학의 테마로서 '인간 세계'는 자연 세계와 필적할 만한 2대 영역으로 여겨져 왔습니다. 그리스 시대부터 사람들의 집단을 어떻게 바라볼지에 관한 질문은 끊이지 않았지요. 하지만 인간의 집단을 '사회'라고 표현할 때는 사실 주의가 필요합니다.

'사회'를 의미하는 영어 '소사이어티(society)'의 근본을 따지면 아리스토텔레스(Basic2 참고)의 '코이노니아(koinonia)'에 다다르는데, 이를 '사회'라고 번역하기는 조금 애매한 부분이 있습니다. 코이노니아는 '공동체'라는 말에 더 가깝고, 일반적으로 '사회' 하면 떠오르는 이미지와는 차이가 있기 때문이지요.

'사회'라는 말 뒤에는 아리스토텔레스 이후에 이어진 복잡한 역사적 과정이 있기에, 이를 무시하고 사용하면 오해를 불러일으킬 수 있습니다. 현재도 '사회'는 서클이나 클럽과 같은 소모임에서 시작해서, 단체나 협회 등의 조직 혹은 회사까지도 의미합니다. 또한 크게 보면 사람들의 집단 전체를 가리키는 말로도 사용될 수 있지요. 따라서 '사회'

라는 말을 쓸 때는 이 부분을 염두에 두어야 합니다.

　오늘날 사회를 이해하는 관점에는 크게 두 가지가 있습니다. 하나는 사회유기체론이고, 다른 하나는 사회원자론입니다. 둘의 차이는 기본적으로 'society'의 역사적 변화에서 나왔습니다.

　사회유기체론에서는 'society'를 그리스적 개념인 '공동체(코이노니아)'로 봅니다. 대표적인 인물이 아리스토텔레스이지요. 사회를 이른바 하나의 유기체(긴밀하게 연결된 공동체)로 생각하고, 개인을 사회의 일부로 간주합니다. 반면 사회원자론을 대표하는 인물은 근대의 사회계약론자들입니다. 딱 이 시기에 'society'의 개념이 바뀌기 시작해서, 저마다 독립된 개인의 모임이 사회라는 생각이 싹텄습니다.

　물론 사회유기체론적 사상이 고대에만 있었던 것은 아닙니다. 공동체의 측면을 강조하는 철학자들은 현대까지도 많이 등장하고 있습니다. 여기서는 공동체를 국가로 보며, 사회와 국가의 대립이 강조되고 있습니다.

　지금은 다들 'society'의 개념이 역사적으로 어떤 과정을 거쳐 왔는지 크게 의식하지 않습니다. 하지만 저는 '사회'라는 말을 쓸 때 반드시 이 점을 상기했으면 합니다. 우리가 생각하는 '사회'라는 말이 생성된 시기는 근대 이후로, 그 전에는 '사회'가 없었다고도 말할 수 있습니다. 독립된 개인이라는 발상 없이는 '사회'가 성립하지 않기 때문입니다.

　이처럼 별 뜻 없이 썼던 '사회'라는 말 뒤에는 수많은 문맥이 숨겨져 있습니다. 쓸데없는 오해를 피하기 위해서라도 언제든지 궁금해질 때면 사회의 의미에 대해 찾아보길 바랍니다.

폴리스적
동물

인간의 사회성을 설명할 때면 아리스토텔레스(Basic2 참고)의 유명한 테제가 자주 인용됩니다. 바로 다음과 같은 부분이지요.

이리하여 지금까지 살펴본 바에 따르면, 국가(폴리스)가 (결코 인위적이지 않고) 자연에 근거한 존재 중 하나라는 사실은 명백하다. 또한 인간이 자연의 본성에 따라 국가를 갖는 (폴리스적) 동물 (조온 폴리티콘, zoon politikon)이라는 사실도 분명하다.[1] (저자 역)

하지만 여기서 사용된 말은 '사회적 동물'이 아니라 '폴리스적 동물'이라는 점에 주의해야 합니다. 아리스토텔레스는 '폴리스'를 '일종의 공동체(코이노니아, koinonia)'라고 봅니다. 공동체에는 가족과 마을도 포함되는데, 이러한 공동체 중에서 최고가 '폴리스'라고 생각하지요.

인간을 '폴리스적 동물'이라고 볼 때 아리스토텔레스는 특히 '언어'와의 연결고리를 강조합니다. 그 이유는 '동물 중에서 언어를 가진 존재는 인간뿐'이기 때문입니다. 아리스토텔레스는 언어란 '유익한 것과

유해한 것, 옳은 것과 그른 것을 밝혀준다'라고 말합니다. 그래서 언어를 가진 인간만이 폴리스를 형성할 수 있지요.

> 동물들과 다른 인간의 특성이란 오직 인간만이 선악과 시비에 대한 지각을 가지고 있다는 점이다. 다시 말해, 이러한 지각을 가지고 공동으로 생활하는 자들이 가족이나 폴리스를 만드는 것이다.[1] (저자 역)

공동으로 생활하는 동물 중에서 언어를 사용하면서 선악과 시비에 대한 판단을 할 수 있는 자들이 '폴리스(국가)'를 만들 수 있다는 말입니다. 여기서 알 수 있는 사실은 아리스토텔레스가 생각하는 '국가'는 근대 이후의 '사회'와는 크게 다르다는 점입니다. 그는 '국가'가 개인과 가족보다 앞선다고 생각합니다. 국가를 하나의 신체로 보고, 가족과 개인 등을 그 신체의 손과 발로 여기는 것이지요. '인간은 국가에서 분리되면 자립적 존재가 아니라 분리된 수족과 몸의 관계와 같다'라고 말합니다.

이 발상을 보면 '자립적인 개인을 전제로 하고 여기서 어떻게 사회적 관계를 맺어 나갈지'와 같은 근대 이후의 사회 개념은 처음부터 존재하지 않았음을 알 수 있습니다.

그렇다면 아리스토텔레스의 '폴리스적 동물'이라는 규정을 '사회적 동물'이라고 바꿔 말하면서 인간의 사회성에 관한 내용으로 다루는 것은 오해의 소지가 있습니다. 아리스토텔레스의 '코이노니아'는 후에 라틴어 '소키에타스(societas)'로 번역되었고, 이것이 영어 '소사이어티(society)'로 발전했는데, 이 과정에서 그 의미도 바뀌었음에 주의해야 합니다.

아리스토텔레스의 국가 공동체(폴리스)라는 발상은 고대 그리스 시대 때 나온 것이지만 근대나 현대에도 그 부활을 의도하는 철학자가 적지 않습니다.

가령 '독일의 아리스토텔레스'라고 불리는 헤겔(Basic24 참고)은 국가가 개인이나 가족보다 우선하는 공동체임을 강조했습니다. 또한 현대에는 마이클 샌델(Basic34 참고)도 개인적인 자유주의(Basic45 참고)를 비판하고 '공동선'이라는 국가 공동체적 개념을 높이 평가합니다.

사회계약론과
'사회' 개념

사회의 성립에 대해 근대의 여러 철학자가 주장한 이론이 있습니다. 바로 '사회계약론'입니다. 하지만 이 말을 쓴 사람은 사실 루소(Basic70 참고)뿐입니다. 사회계약론은 홉스*, 로크(Basic7 참고), 루소로 이어지는데, 구체적인 내용은 저마다 달라서 말할 때는 누구의 사회계약론인지 주의해야 합니다.

공통된 구조로는 개개인이 독립된 존재로 스스로 생활하는 최초의 '자연 상태'를 가정한다는 점입니다. 이 상태에서 사람들이 계약을 맺고 정부와 국가를 형성하는 것이지요. 그래서 사회계약론보다는 국가계약론으로 불러야 한다고 보는 사람도 있습니다.

하지만 이 이론이 사회계약론이라고 불리는 이유는 공동체에서 분리된, 독립적인 개개인을 출발점으로 삼음으로써 근대적인 '사회' 개념을 형성했기 때문입니다. 독립된 개인이 계약을 맺으면서 사회가 성립된다는 논리지요. 다만, 자연 상태를 어떻게 볼지에 따라 사회계약론도 갈래가 나뉩니다.

예를 들면 홉스는 인간을 늑대에 비유하며 자연 상태를 '만인의 만인에 대한 투쟁'이라고 보았습니다. 이러한 생명의 위험을 피하기 위해서 계약을 맺게 된 셈이지요. 하지만 계약에 따라 형성된 국가는 막강한 힘을 지니게 되고 상상 속 괴물 '리바이어던'으로 변하고 맙니다.

로크는 자연 상태를 평화롭다고 보지만 개인의 소유권이 생기면서 이를 지키기 위해 계약이 필요해진다고 보았습니다. 로크는 <u>자신의 신체는 자신의 것으로, 이를 사용한 노동의 결과물도 자신의 소유라고 봅니다.</u> 이 소유권을 침해당하지 않기 위해 개인은 사회 계약을 맺는 것입니다.

이러한 사회계약론에 이의를 제기한 인물이 로크보다 1세기 정도 뒤에 등장한 흄(Basic70 참고)입니다. 그는 '자연 상태'라는 개념을 강하게 비판합니다. <u>계약에 의해 처음으로 '사회'가 형성된 것이 아니라, 계약이 이루어지기 전부터 사회는 존재했다고 보는 것이지요.</u> 그 원리가 되는 개념이 '관습(convention)'입니다. 사람들은 명시적으로 계약을 맺기 이전에 이미 관습에 따라 사회를 형성한다는 말로, 사회는 계약이 이루어지기 훨씬 전부터 성립되어 있었다는 관점입니다.

사회계약인지, 아니면 관습인지에 관한 대립은 사회 기원에 관한 문제로, 이후에도 형태를 바꿔가며 반복되어 왔습니다. 일례로 사회계약설과 같은 시기에 자주 논의되었던 언어 기원설에 관한 문제도 계약(약속)이냐, 관습이냐의 대립이 기본적인 틀이었습니다.

사회계약론은 근대 철학자들의 이론일 뿐 아니라 현대에도 여전히 중요한 문제로 다루어지고 있습니다. 대표적인 인물이 1971년에 『정의론』을 발표한 미국의 롤스*입니다. 그의 이론은 자유주의라고 불리는데, 여기에는 각각의 독립된 개인을 전제하고 있지요. 저마다 자유로운 개인들 속에서 어떻게 하면 공정한 사회를 형성할 수 있는지가 중요한 주제입니다.

이를 위해 롤스는 사회계약론의 발상을 이용합니다. 우선 '원초 상태'로서 하나의 가상적 상황을 설정합니다. 그는 이를 '무지의 베일'이라고 불렀는데, 사람들의 눈을 가려서 자신들의 지위나 자산, 능력과 같은 개인 정보를 보이지 않게 하는 것입니다. 정보를 알면 개개인은 자신에게 유리한 선택을 할 것이므로 이를 알 수 없도록 가린 채 자유로운 상태에서 사회 계약을 맺어야 한다는 주장이지요.

---

* 토마스 홉스: 16~17세기 영국 철학자. 주요 저서로는 『리바이어던』이 유명하다. 철학적인 입장으로는 유물론을 바탕으로 데카르트의 이원론을 비판한다. 정치론으로는 사회계약론을 주장하고 자연 상태를 '만인의 만인에 대한 투쟁'으로 간주했다.

* 존 롤스: 20~21세기 미국 철학자. 1971년에 발표한 『정의론』에서 자유주의를 이론적으로 확립하고 후에 자유주의 붐을 일으켰다. 이후 여러 가지 논쟁을 불러왔지만 그의 자유주의를 빼놓고서는 미국의 정치 이론을 논하기란 불가능하다.

인간은 사회적 관계의 앙상블

마르크스(Basic51 참고)는 젊은 시절 자신의 사상을 구축해 나갈 때 '인간은 사회적 관계의 앙상블'이라는 말을 합니다. 포이어바흐에 관한 열 한 가지 생각을 짧은 메모로 남긴 <포이어바흐에 관한 테제>에서 나온 말이지요. 이 글은 엥겔스*와 함께 쓴 『독일 이데올로기』의 부록으로 기록되어 있습니다. 앞뒤 문장을 포함해 전체를 인용하면 다음과 같습니다.

포이어바흐는 종교의 본질을 인간의 본질로 해소한다. 그러나 인간의 본질이란 각 개인의 내부에 존재하는 추상물이 아니다. 이는 그 현실에 있어서 사회적 관계의 앙상블이다.(2)

이 테제는 포이어바흐의 『기독교의 본질』을 염두에 두고 쓰였습니다. 포이어바흐는 인간이 자신의 이상적인 본질(종으로서의 본질)을 신에게 투영한 결과 이로부터 점점 멀어지며 소외되었다고 봅니다. 예를 들어 이상적인 인간성을 '전지전능'이라고 한다면, 실로 이를 그대로 체현한 것이 '신'이라는 말이지요. 포이어바흐는 종교의 본질을 인간의 본질로 되돌리며 인간학을 구상했습니다(Basic50 참고).

이에 대해 마르크스는 포이어바흐가 상정한 인간의 본질이 각 개인에게 내재되어 있지 않다고 비판합니다. 통상 본질이라는 개념은 모든 것에 공통하는 추상적인 성질을 가리키지만, 마르크스는 그 생각을 처음부터 거부합니다. 마르크스는 '인간의 본질'이 포이어바흐가 주장하는 '사랑'과 같은 추상물이 아니라, 인간들 사이의 구체적인 여러 관계에 지나지 않는다고 주장합니다.

이때 마르크스가 '사회적'이라는 말을 사용하는데 여기에는 주의가 필요합니다. 마르크스는 '시민사회'라는 말을 '국가'와 구별한 헤겔을 본받아 사회에 관한 자신만의 분석을 내놓습니다. 그리고 이렇게 정의된 사회 안에서 여러 개인 간의 관계의 총체가 개인의 본질을 이룬다고 본 것이지요.

사회 속의 개인을 어떻게 규정할지를 논할 때는 '이데올로기'라는 개념에 주목해야 합니다. 이데올로기는 사회적 의식이라고도 할 수 있는데, 인간이 사회 속에서 맺는 여러 관계에 따라 이 의식의 모습은 계속 변화합니다.

예를 들어 현대의 우리는 자유와 평등과 같은 생각을 중요한 원리라고 여깁니다. 하지만 자유든 평등이든 자본주의 사회에서는 상품을 어떻게 처리할 것인가라는 현실적인 문제에서 다루어질 뿐이지요. 즉, 등가성(평등)의 원칙 아래 상품을 자유롭게 교환하는 것이 자본주의의 원리입니다. 이 원리에서부터 사회 속 인간의 자유와 평등이라는 이념도 만들어지는 것입니다.

마르크스는 현실 사회의 경제적인 분석을 주요한 테마로 삼았지만, 인간을 이해하기 위해서 사회에 관한 분석도 빼놓을 수 없었습니다.

마르크스의 포이어바흐에 관한 테제는 짧을 뿐 아니라 문장이 간결하고 탄탄해서 어느 샌가 외우게 되었습니다. 가령 '철학자들은 세계를 다양하게 해석해 왔다. 하지만 중요한 사실은 이를 바꾸는 것이다!'와 같은 문장 말입니다. 이러한 테제를 읽다 보면 언뜻 다 이해한 것 같은 기분이 드는데 여기에는 의외로 함정이 있습니다. 마르크스는 여기에서 일반론적인 '해석'과 '변혁'의 대비를 말하는 것이 아니기 때문입니다. 이 문장은 어디까지나 포이어바흐에 관한 의견으로 그 문맥에 근거해서 해석과 변혁의 의미를 생각해야 하지요. 일반론적으로 이해했다가는 오해할 수 있습니다.

* 프리드리히 엥겔스: 19세기 독일 출신의 혁명가, 사회사상가. 마르크스와 함께 활동하며 공동으로 『공산당 선언』의 초안을 잡았다. 공산주의 이론에 크게 기여했다.

최대 다수의 최대 행복은 사회적으로 공정한가?

공리주의는 종종 '이기주의'라고 오해받으며, 사회적인 공정성을 따지는 이론으로 인식되지 못할 때가 많습니다. 하지만 공리주의를 제창한 벤담(Basic33 참고)의 글만 봐도 오히려 '이기주의'와는 정반대되는 이론임을 알 수 있습니다.

가령 널리 알려진 '최대 다수의 최대 행복'이라는 원리에 대해 생각해 봅시다. 벤담은 이에 대해 다음과 같이 썼습니다.

> 공리성의 원리란 그 이익이 문제가 되는 사람들의 행복을 증대시키도록 보이는가, 아니면 감소시키도록 보이는가의 경향에 따라 (중략) 모든 행위를 시인하고 혹은 부인하는 원리를 의미한다.[3]

여기서 중요한 것은 개인의 이익이 아니라 사회 전체의 행복의 양입니다. 따라서 벤담이 주장하는 바는 사회적인 공정성이지, 개인의 이익이 아니라는 점이 분명하지요. 따라서 '공리주의'는 '사회 전체의 공리주의'라고 봐야 타당합니다.

이러한 관점은 사회나 조직 등에서 의사결정을 내릴 때 매우 유효한 원리가 됩니다. 문제와 연관된 사람들 전체에게 가장 큰 이익을 가져다주는 쪽을 선택하면 되기 때문이지요.

공리주의 사상은 정치 분야에서는 '다수결의 원리'로도 사용됩니다. 정치를 민주주의적으로 진행하려면 국민 다수의 의사를 존중해야 하며, 이를 실현하는 것이 '다수결'이기 때문입니다.

다수결의 경우에도 그렇지만, 공리주의는 행복의 총량을 원리로 삼다 보니 '다수자의 횡포'에 빠지기 쉽다는 문제가 있습니다. 벤담과 같은 공리주의자 존 스튜어트 밀(Basic31 참고)은 이 점을 인식하고 있었지요. 그는 『자유론』에서 '어떻게 해야 개인의 독립과 사회적 통제 사이를 적절하게 조절할 수 있을지'를 묻습니다. 이를 보여주는 예로 다음과 같은 사고 실험이 제시됩니다.

> 테러리스트가 20명의 인질을 잡고 있다. 그 중 한 사람에게 다른 인질 한 사람을 죽이라고 명령했다. 만약 명령에 따르지 않으면 전원을 살해하겠다고 했을 때 어떻게 해야 할까?

테러리스트의 명령을 따르면 한 사람은 죽겠지만 나머지 19명은 목숨을 유지할 수 있습니다. 반대로 명령에 따르지 않으면 20명 전원이 희생당하고 말지요. 여기서 공리성의 원리로 판단한다면 '인질 한 사람을 죽이는 것'이 맞습니다.

하지만 이 방법으로 문제가 해결될 수 없다는 건 다들 알고 있을 것입니다. 대체 무엇인 문제인지, 과연 실제 상황이라면 어떻게 해야 할지 각자 생각해 보면 좋겠습니다.

규율 사회에서
관리 사회로

프랑스의 미셸 푸코(Basic19 참고)는 근대 사회를 '소수자가 다수자를 감시하는 규율 사회'라고 파악하고 그 전형적인 예로 감옥을 들었습니다. 그에 따르면 근대 사회는 사람들을 일정 장소에 집합시켜서 집단 속에서 규율 훈련을 시행한 뒤, 질서를 순종적으로 지키는 인간으로 만들어낸다고 합니다. 예를 들면 학교, 회사, 공장, 군대, 기숙사, 병원 등의 다양한 조직에서는 모든 행동을 일일이 감시하고, 결국에는 자신이 자신을 감시할 수 있는 상태로 만든다는 것이지요.

이러한 근대 사회의 모델로서 푸코는 '패놉티콘'이라고 부르는 시설을 제시합니다. 원래 패놉티콘의 설계도는 공리주의자 벤담이 작성했는데, 최소의 노동으로 최대의 효과를 얻을 수 있도록 고안된 교도소의 한 형태였지요.

그 구조를 살펴보면, 중앙에는 높은 탑이 있고 탑에서 소수의 교도관이 원형으로 둘러싸인 각 방에 수감된 죄수들을 언제든지 감시할 수 있습니다. '패놉티콘'은 'pan(모든 것)'과 'opticon(보는 것)'의 합성어로 '일망 감시 시설'로도 번역됩니다.

그림 26. 패놉티콘(©Blue Akasha / wikimedia commons)

푸코가 이해한 근대 사회는 이러한 '패놉티콘' 사회였습니다. 하지만 들뢰즈(Basic3 참고)는 현대에 이미 규율 사회가 종료되었다고 말합니다. 이를 대신해서 그는 '관리 사회'라는 새로운 개념을 제시하지요.

> 우리들이 '관리 사회' 시대로 접어들었음은 분명하다. 지금의 사회는 엄밀한 의미로 규율형이라고 부르기는 어렵다. (중략) 나에게 규율 사회란 과거의 것이 된 사회로, 이미 우리의 모습을 비추고 있지 않다.(4)

푸코가 말하는 감시는 아날로그적인 형태였지만, 들뢰즈가 제시한 현대의 감시는 디지털 기술을 이용합니다. 따라서 개개인에게 일일이 규율을 강요하지 않아도 언제 어디서든 행동을 관리할 수 있다는 것입니다.

들뢰즈가 관리 사회론을 주장한 때가 1990년대였으니 그의 선견지명에는 놀라지 않을 수가 없습니다. 그가 예견한 사회가 지금은 그야말로 현실이 되었으니까요.

푸코는 규율 사회의 성격을 감염병과 관련지어서 '페스트형'이라고 표현했습니다. 사람들을 집단적으로 감시하면서 각 개인에게 피해가 가지 않도록 구역을 짓고 환자들을 배치하는 형태를 말합니다. 감옥에서 추방하지는 않되, 독방에 가두는 방식과 비슷합니다. 이와 달리 들뢰즈가 제시한 관리 사회를 감염병과 연관 지어 설명하면 '코로나형'이라고 부를 수 있습니다. 들뢰즈는 20세기 말에 사망했으니 코로나19 바이러스를 경험하지는 않았지만 그의 논의는 최근 일어난 코로나 팬데믹에 그대로 적용됩니다. 사람들을 한 곳에 집합시키지 않고, 각각 따로 분산시킨 다음 디지털 정보로 관리하는 방식이지요. 일본은 디지털화가 늦어서 코로나 팬데믹이 일어났을 때 우왕좌왕했는데, 들뢰즈의 의견을 반영해 준비해 두었어야 했다고 생각합니다.

타인의 욕망을 욕망하는 사회 : 인정 욕망과 모방 욕망

인정 욕망과 모방 욕망 하면 오늘날에는 심리학이나 사회학의 문제라고 생각할지 모르겠습니다. 하지만 이러한 욕망에 관한 질문은 철학에서도 오래전부터 해왔습니다.

예를 들면 18세기 말부터 19세기 초 무렵, 독일의 피히테*와 헤겔(Basic24 참고)은 그들의 철학 원리로서 '인정' 이론을 제시했습니다. 그리고 20세기에 이러한 인정 개념에서 새로운 가능성을 발견한 이가 러시아에서 프랑스로 망명한 코제브*였습니다. 코제브는 헤겔이 『정신현상학』에서 제시한 '상호 인정'이라는 개념을 훨씬 구체적인 형태로 파악하여 이를 인정 욕망으로 이해했습니다. 코제브는 인간의 욕망은 가장 먼저 '인정 욕망'으로 이해해야 한다고 보았지요.

사람들이 브랜드 상품을 선호하는 현상에 대해 생각해 봅시다. 코제브는 브랜드 상품 자체가 갖고 싶다기보다는 이것을 가짐으로써 타인에게 칭찬받거나 타인보다 위에 설 수 있다는, 다시 말해 타인에게 인정받기를 원하기 때문이라고 보았습니다.

이러한 인정 욕망을 현대 사회 이론의 중심으로 가져온 이가 독일의 악셀 호네트*입니다. 그는 현대 사회에서는 과거처럼 경제적 빈부의 차보다, 인정의 유무에 더 중요성을 두고 있다고 역설합니다. 실제로 남들에게 인정받지 못하는 것이 인간에게 얼마나 막대한 영향을 끼치는지 이제는 다들 알고 있지요.

한편, 르네 지라르*는 1961년에 발표한 『낭만적 거짓과 소설적 진실』에서 '욕망은 타자의 욕망을 모방하는 것이다'라는 명제를 주장하며 '욕망의 삼각형'을 제시했습니다.

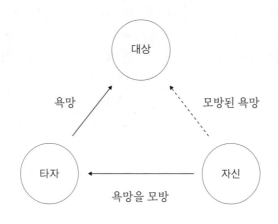

그림 27. 욕망의 삼각형

실제로 사회에서 어떤 것이 유행하는 현상을 보면, 타자의 욕망을 모방하는 경우를 쉽게 확인할 수 있습니다. 프랑스 출신의 지라르는 제2차 세계대전 후에 미국으로 건너가 그곳에서 연구 활동을 이어갔는데, 미국 실리콘 밸리의 유명한 기업가 피터 틸이 스탠포드 대학교 재학 시절 지라르에게 배우며 큰 영향을 받았다고 합니다. 그는 지라르의 욕망론을 가슴에 새기고, 비즈니스를 할 때 욕망의 모방 제일 앞줄에 서고자 노력했다고 합니다. 타자의 욕망을 모방하여 유행에 편승하는 것으로는 큰 이익을 낼 수 없으므로, 반대로 타인이 나를 모방하고 싶게끔 선두에 서는 경영을 고집한 것이지요.

이렇게 보면 타자에게 인정받고자 하는 욕망과 타자의 욕망을 모방하려는 욕망이 현대 사회에서 얼마나 큰 역할을 담당하는지 이해가 갑니다.

COLUMN

코제브는 원래 러시아 출신이었는데 러시아 혁명 후에 독일로 망명했고, 이후 프랑스로 재망명을 합니다. 프랑스에서는 1930년대에 헤겔의 『정신현상학』 강의를 했는데, 라캉이나 메를로 퐁티와 같은 당시의 젊은 철학자들이 모두 다 들었다고 합니다. 이후 프랑스 철학은 이 코제브의 헤겔 강의에서 시작되었다고 말할 정도지요. 이 강의에서 코제브가 중심으로 둔 것은 헤겔의 '자기의식론'으로, 이 개념에 근거해서 '인정 욕망'도 주장합니다. 또한 이 자기의식론에서 주인과 노예의 대립이 발생하는데 이 대립의 전개를 '인간의 역사'로 이해했습니다. 그런 까닭에 이 대립이 해소되는 시기가 역사의 끝이며, 나아가 인간의 동물화라고 보았지요.

★ 요한 고트리이프 피히테: 18~19세기 독일 철학자. 칸트의 뒤를 이어 셸링, 헤겔로 이어지는 독일의 관념론을 전개했다. 주요 저서인 『전체 지식학의 기초』에서 '테제-안티테제-진테제'라는 논법을 제시했다.

★ 알렉상드르 코제브: 20세기 러시아 출신의 프랑스 철학자. 1930년대에 헤겔 강의를 하며 프랑스의 젊은 철학자들에게 커다란 영향을 끼쳤다.

★ 악셀 호네트: 20~21세기 현존하는 독일 철학자. 헤겔의 인정 개념을 중심으로 사회철학을 전개했다.

★ 르네 지라르: 20~21세기 프랑스 출신의 철학자. 오랜 기간 동안 미국 대학에서 교편을 잡았으며, 스탠포드 대학 교수 시절에는 피터 틸 등을 가르쳤다. 1961년에 발표한 『낭만적 거짓과 소설적 진실』에서 '모방 욕망'을 설명하면서 주목을 받았다.

자유와 평등의 딜레마
(자유 논쟁)

현대 사회에서는 표면상으로는 자유와 평등이 기본 원리로 인정받고 있습니다. 이에 따라 헌법에서도 자유와 평등을 보장하고 있지요. 게다가 정치 이념으로는 '자유민주주의'가 널리 퍼져 있어서 '자유와 평등'은 마치 한 색깔을 띤 개념처럼 다루어지고 있습니다.

하지만 곰곰이 생각해 봅시다. 자유와 평등은 과연 양립 가능할까요? 자유는 사람들의 경쟁을 원칙적으로 인정하므로 결과적으로는 불평등을 야기할 수밖에 없습니다. 또한 평등을 원칙으로 삼으면 어떤 형태로든 자유에 제한과 금지를 허용해야 하지요. 자유와 평등은 사실 양립하기 어려운 개념입니다.

이 사실은 현대 미국 정치사상에 관한 논쟁에서도 매우 인상적인 형태로 재연되었습니다. '자유주의' 입장에서는 원칙적으로 사람들의 자유를 인정하지만 결과적으로 양산되는 불평등은 억제하고자 합니다. 그래서 공동의 정부를 세우고 넉넉하지 못한 사람들을 구제하고자 하지요. 여기서 쓰이는 원리가 '격차 시정의 원리'입니다. 이와 같은 주장을 한 이가 1971년에 『정의론』을 발표한 롤스(Basic84 참고)입니다.

이러한 사상은 '자유주의(Basic45 자유지상주의 참고)'라고 불리지만 '자유' 일변도가 아닌 '평등'도 함께 고려합니다. 미국에서는 뉴딜 시대 이후 '자유주의' 하면 전통적으로 약자 구제 정책을 포함하고 있습니다. 롤스는 이러한 생각을 명확한 형태로 이론화한 것이지요.

미국에는 '자유지상주의(Basic45 참고)'라고 불리는 사상도 뿌리내리고 있습니다. 이를 이론화해서 롤스와 같은 자유주의에 대항한 이가 로버트 노직(Basic45 참고)이지요. 그는 1974년에 발표한 『아나키에서 유토피아로』에서 '권리 이론'을 내세우며 절도나 폭력 등과 같은 위법적인 형태로 획득하지만 않았다면 불평등과 빈곤이 발생하더라도 격차를 시정할 필요는 없다고 주장했습니다. 이 사상을 바탕으로, 정부의 역할은 가능한 작아야 하며 지금까지 정부가 해왔던 서비스는 될 수 있는 한 민간 기업에 맡겨야 한다고 보았습니다.

이와 같이 '평등을 기초로 하는 자유주의인가, 아니면 철저하게 자유를 추구하는 자유 지상주의인가'라는 두 사상의 대립은 20세기 미국 사회 철학의 기본 구도였습니다.

이후 1980년대에는 '공동체주의*'라고 불리는 커뮤니테리어니즘 (communitarianism)이 등장하며 자유주의와 자유지상주의 모두를 비판하기에 이릅니다. 공동체주의에서는 두 정치 이론 모두 개인을 기초로 삼고 공동체의 역할은 지나치게 과소평가했다고 봅니다.

COLUMN

미국 철학의 역사에 대해서 커다란 흐름만 짚고 넘어가 보겠습니다.

19세기 말 미국에서는 퍼스와 제임스를 중심으로 프래그머티즘(Basic25 참고)이 형성되었습니다. 이후 듀이가 이들의 뒤를 계승하며 프래그머티즘은 미국의 토착 사상처럼 정착했지요. 그리고 1930년대에는 유럽에서 망명한 철학자들에 의해 분석철학의 전통이 시작되었습니다. 분석철학은 논리학이나 수학 등을 기초로 엄밀한 철학 이론을 구축하는 동시에 객관적인 교육 시스템을 만들어내며, 프래그머티즘을 대신하는 미국의 전통 철학으로 인정받았습니다. 유럽에서 시작된 철학이지만 미국에서 발전했다고 볼 수 있지요. 이 전통은 과학철학으로 계승되었습니다. 이후 1970년대에 이르자 새로운 형태의 프래그머티즘이 부활했습니다.

* 공동체주의: 1980년대 이후 미국에서 자유주의에 대항하는 형태로 주장된 정치 철학적 입장. 개인에 앞서 공동체의 역할을 강조하며 자유주의를 비판한다. 찰스 테일러와 마이클 샌델 등이 대표적이다.

현실은 사회적으로
구축된다

인간의 성별을 표현하는 말로 최근 갑자기 강조되는 용어가 있습니다. 바로 '젠더'입니다. 지금까지는 성별이란 대개 생물학적으로 결정되며, '남자 혹은 여자'로 구별되는 것이 당연했습니다. 그런데 이 생물학적 개념에 이의를 제기한 것이지요.

현대 미국 철학자 주디스 버틀러*는 1990년에 출판한『젠더 트러블』에서 생물학적, 신체적 '섹스'라는 개념에 반기를 들며 다음과 같이 말했습니다.

> 섹스라고 불리는 구축물이야말로 틀림없이 젠더와 같은 방식으로 사회적으로 만들어진 것이다. 실제 섹스는 항상 이미 젠더였다. 그리고 그 결과로써 섹스와 젠더의 구분은 결국 구분이 아니게 된다.[5]

이러한 생각을 보통 '사회구축주의'라고 부릅니다. 이에 따르면 모든 현실은 사회적으로 구축된 것으로, 그 제한에서 벗어나기란 불가능하다고 합니다. 사회적 성별인 '젠더'는 물론이고, 생물학적 성별인

'섹스'도 사회적으로 만들어진 개념이라고 보는 것입니다. 언뜻 사회와는 아무런 관련이 없어 보이는 생물학적 성별조차도 사회적으로 구축된 것이라는 입장이지요.

이러한 생각을 좀 더 깊이 이해하기 위해서 존 설*이 1995년에 출판한 『사회적 실재의 구성』에서 나온 개념을 이용해 봅시다. 예를 들어 카페에 들어가 주문한 뒤 만 원을 냈다고 합시다. 이 상황을 조금 낯설게 표현해 보자면 '인쇄된 종잇조각을 가치 있는 돈으로 가정'하고 있다고 할 수 있지요. 다시 말하면 'X(종잇조각)를 C(관습)에 근거하여 Y(화폐)로 간주'하고 있는 셈입니다. 이를 존 설은 '지위 기능'이라고 표현합니다. 아무렇지 않게 이루어지는 카페에서의 교환도 사실 사회적으로 구축된 행위이며, 이를 무시한다면 현실은 성립할 수 없다는 것입니다. 당연한 이야기이지만 만 원짜리 지폐가 돈인지 모르는 사람은 이러한 교환을 못 하겠지요.

우리는 태어날 때부터 특정 사회 안에서 생활합니다. 그 안에서 만나는 사람과 사물 등은 대개 'X를 C에 근거하여 Y로 간주'하는 형태로 이해되고 있습니다. 이 구조를 '사회적인 구축'이라고 부른다면 그 범위는 실로 광대하다고 할 수 있겠네요.

존 설의 '지위기능'은 '의미'라는 개념을 설명할 때 자주 사용됩니다. 일례로 하이데거 (Basic10 참고)는 1927년에 발표한 『존재와 시간』에서 '로서(als) 구조'라는 표현으로 이를 언급했지요. '로서 구조'란 쉽게 말해 인간은 눈앞에 동그란 판을 보면 이를 테이블 로서 이해한다는 것입니다. 다시 말해, 'X를 A로서 이해한다'라고 볼 수 있지요. 여기서 A는 '의미'를 가리킵니다. 이때 의미는 주어진 것보다 '그 이상'의 것이 됩니다. 즉, 단순 한 동그란 판이 아니라 테이블이라는 그 이상의 것으로서 이해된다는 말입니다. 여기서 하이데거는 독일어 '알스(als)'에 '~로서'뿐 아니라 '~이상'이라는 뜻도 있다는 점을 이용 합니다. 어쨌든 우리가 뭔가를 이해할 때는 항상 의미도 같이 이해하고 있다는 사실을 인 식할 필요가 있겠습니다.

★ 주디스 버틀러: 20~21세기 현존하는 미국 철학자. 특히 페미니즘 사상을 대표하는 철학자 로, 1990년에 발표한 『젠더 트러블』로 유명하다.

★ 존 설: 19~20세기 현존하는 미국 철학자. 언어철학과 심리철학을 전문으로 하며, AI에 대 한 논의로서 '중국어 방'이라는 사고실험을 고안하고 AI의 한계를 지적했다. 2004년에 발표 한 『마인드』는 존 설 철학의 입문서다.

앙가주망(사회 참여)은
무엇을 위함인가

철학이라고 하면 보통 현실과 동떨어진 상아탑 이미지가 강하지만, 고대 그리스 시대부터 철학은 사회나 정치와 강하게 결부되어 왔습니다. 소크라테스가 철학적 언동으로 인해 사형에 처하고, 플라톤이 철인 왕을 구상한 일로 유명하듯이, 많은 철학자가 사회 문제에 적극적으로 관여해 왔습니다.

20세기에는 독일 철학자 마르틴 하이데거(Basic10 참고)가 나치에 가담한 일로 비판받았고, 프랑스의 사르트르(Basic44 참고)는 전후에 철학의 사회적 책임을 강조했습니다. 두 사람은 똑같이 '실존'이라는 개념에 근거하여 전혀 다른 방향에서 사회에 참여했지요. 그런데 왜 철학은 사회와 적극적으로 관계를 맺어야 할까요?

이를 이해하기 위해서는 사르트르가 제시한 '앙가주망' 사상을 살펴볼 필요가 있습니다. 사르트르는 실존주의(Basic4 참고)가 세계적으로 크게 유행할 당시 공적인 매체에서 발언을 하거나 여러 시위에 참가하는 모습을 자주 보여주었습니다. 그래서 '싸우는 철학자'라는 이미지가 강했지요. 당시 사르트르는 '앙가주망'이라는 개념을 자주 강조했는데, 이 말은 무슨 뜻일까요?

프랑스어 '앙가주망'은 영어 'engage, engagement'와 같은 말인데, 사르트르는 이 말을 '사회적인 참여, 사회에 의한 구속'이라는 뜻으로 사용했습니다. 비근한 예를 들자면 누군가와 '결혼(engage)'한다는 것은 상대방이 처한 상황을 받아들이고, 그 약속에 구속된다는 것을 의미합니다. 마찬가지로 사회에 참가한다는 것은 사회의 상황을 받아들이고 사회의 약속에 구속됨을 의미합니다. 사르트르의 실존주의에서는 '이러한 상황 속에서 당신이라면 어떤 선택을 하겠는가'라고 묻지요.

사르트르는 1945년에 발표한 『실존주의란 무엇인가』에서 재미있는 사례를 소개합니다. 제2차 세계대전 중 프랑스가 독일 군에게 점령당했을 때의 이야기입니다. 이때 사르트르는 고등학교 선생님이었는데, 늙은 어머니와 둘이서 지내는 한 학생이 있었다고 합니다. 그 학생이 레지스탕스에 참여해야 할지 고민할 때 사르트르에게 와서 상담을 요청했습니다. 학생이 레지스탕스에 들어가면 늙은 어머니와 떨어져서 생활해야 했습니다. 만일 어머니와 지금처럼 함께 지내려면 레지스탕스 가입은 단념해야 했지요. 어느 쪽을 선택하면 좋을지 몰라 학생은 사르트르에게 조언을 구한 것이었습니다.

사르트르는 학생에게 뭐라고 대답했을까요? 사르트르의 사상은 실존주의였으니 이에 따르자면 인간은 자신의 삶을 자유롭게 결정해야만 합니다. 그리고 그 결정에 따라 맞이하는 상황은 스스로 책임져야 하지요. 어느 누구도 나를 대신해서 결정을 내려줄 순 없습니다. 그래서 사르트르는 학생에게 다음과 같이 말합니다.

| 자네는 자유일세. 선택하게. 다시 말해, 자네 자신을 창조하게.[6]

교사라는 입장을 생각하면 학생에게 어떤 식으로든 조언을 해주는 편이 좋을 것 같지만 실존주의적 생각에서 결정은 자기 이외에는 할

수 없는 것입니다. 동시에 결정 이후의 상황은 스스로 받아들이고 책임을 져야 하지요.

이렇게 생각하면 자유든 사회 참여든 참으로 외롭고 혹독한 일이 아닌가 싶습니다. 상담을 요청해봤자 결국은 스스로 정해서 책임질 수밖에 없으니까요.

―――――
COLUMN

사르트르의 실존주의는 제2차 세계대전 후 세계적으로 크게 유행했습니다. 그런 까닭에 사르트르가 자주 매스 미디어에 등장하면서 그의 사상뿐 아니라 사생활까지도 주목을 받았지요. 그중에서도 가장 유명했던 일이 철학자 보부아르와의 계약 결혼이었습니다. 서로의 자유를 침해하지 않고 다른 이들과의 연애도 허락한다는 계약으로, 사르트르의 사상과도 일치하는 결혼 형태였지요. 그의 라이프스타일은 순식간에 전 세계로 퍼졌고 이후 결혼제도에 속박당하지 않고 동거라는 형태로 공동생활을 하는 사람들이 늘어났습니다. 아무리 실존주의다운 태도라고 해도 막상 내실은 복잡했던 것이지요. 그럼에도 철학이 사람들의 라이프스타일과도 연결될 수 있다는 점에서, 사르트르가 하나의 본보기를 보여주었다고 말할 수는 있을 것 같습니다.

역사
HISTORY

역사를 어떻게 바라볼 것인가

　헤로도토스의 『역사』나 투키디데스의 『펠로폰네소스 전쟁사』 이후 세상에는 수많은 역사서가 쓰였습니다. 하지만 철학에서는 18세기에 이르기까지 약간의 예외를 제외하면 '역사'에 대한 관심이 다른 분야에 비해 현저히 낮았지요.

　예를 들면 모든 학문의 아버지라고 불리는 아리스토텔레스(Basic2 참고)도 '역사'에 관한 책은 쓰지 않았으며, 역사 기술을 높이 평가하지도 않았습니다. 또 근대에는 수학적인 자연과학을 높이 평가한데 반해서 역사는 어리석은 인간의 소행으로 바라보았습니다. 근대 계몽주의에서는 인간의 이성을 중요시한 만큼 비합리적으로 보이는 과거의 역사는 철학의 주제로 어울리지 않는다고 생각했습니다.

　이러한 철학적 주류와 달리 역사에 관심을 둔 철학자도 없지는 않았습니다. 이탈리아의 비코(Basic76 참고)나 독일의 헤르더* 등이 대표적입니다. 그들은 데카르트에서 시작된 합리주의 전통에 반기를 들고 자연과학보다 역사 연구를 학문으로서 더 중시했습니다.

역사에 대한 철학의 태도가 크게 달라진 계기는 18세기에서 19세기 전환기에 활동한 독일 철학자 헤겔(Basic24 참고)이었습니다. 그는 '역사철학'이나 '철학사'를 강의 주제로 다루며 이후의 철학적 흐름에 커다란 영향을 끼쳤지요. 그의 역사관에 찬성하든 반대하든 헤겔을 기점으로 '역사'가 철학의 중요한 주제가 되었다는 점만큼은 부정할 수 없습니다.

20세기에 이르자 역사에 대한 철학의 관심은 역사 그 자체에서 이를 기술하는 역사가, 혹은 역사학으로 이동했습니다. 왜냐하면 '역사'는 역사가가 이를 어떻게 쓰느냐에 따라 크게 달라지기 때문입니다. 역사가를 빼놓고서 역사를 논하기란 불가능한 일이지요. 이렇게 역사의 위치를 어떻게 정립하느냐에 관한 문제도 크게 달라졌습니다.

역사를 바라보는 방법은 철학의 기본적인 전개에 따라 변화했습니다. 오늘날에는 과거처럼 역사를 무시하고 철학을 이해할 수는 없게 되었지만, 반대로 역사에 따른 철학의 역할은 무엇인지도 묻고 있습니다.

---

* 요한 고트프리트 헤르더: 18~19세기 독일 철학자. 칸트와 동시대 인물이지만 칸트와 달리 언어론과 역사철학에 관심을 가졌다. 1772년에 쓴 『언어의 기원에 대하여』와 1774년에 쓴 『인류 교육을 위한 새로운 역사철학』에 그의 특징이 잘 드러나 있다.

클레오파트라의 코가
조금만 낮았더라면

파스칼(Basic9 참고)의 『팡세』에는 우리에게 잘 알려진 문장이 들어 있습니다. 보통은 다음과 같은 표현으로 기억하고 있지요. "클레오파트라의 코가 조금만 낮았더라면 역사는 달라졌을 것이다."

하지만 이 글귀를 이해할 때는 주의가 필요합니다. 왜냐하면 파스칼의 원문과는 조금 다르기 때문입니다.

> 클레오파트라의 코. 그것이 조금만 짧았더라면, 대지의 전 표면은 달라졌을 것이다.[1]

예전부터 자주 나온 말이지만, 파스칼은 코가 낮은 상황을 가정한 게 아니라 '좀 더 짧았더라면'이라고 말했습니다. 하지만 여기서는 이 부분을 문제 삼고 싶지는 않습니다. 그보다는 뒤에 나오는 '역사는 달라졌을 것이다'라는 표현이 없다는 점에 주목하고 싶습니다. 파스칼이 말한 내용은 대지의 양상(지상의 상황)이 달라진다는 것이었지요.

여기서 생각해 봐야 할 문제는 『팡세』에 역사에 관한 의식이 있었는가 하는 점입니다. 왜냐하면 '역사 없는 파스칼'이라는 해석이 많은 이들의 지지를 받고 있기 때문입니다. 실제로 『팡세』를 읽어 보면 '역사'를 주제로 다루지 않은 것을 확인할 수 있습니다.

파스칼은 수학자이면서 자연과학자였으므로 그가 역사에 흥미를 가지지 않았다고 해도 이상할 건 없습니다. 역사가 중요한 문제임을 자각한 시기도 그보다 한참 뒤였으니까요. 파스칼은 그저 '우주'에 관해서 여러 번 언급할 뿐입니다.

그렇다면 대체 파스칼은 '클레오파트라의 코'로 무슨 말이 하고 싶었던 걸까요? 그것은 바로 '인간의 공허함'입니다. 사실 이 글의 도입부에는 '연애의 원인과 결과를 자세히 들여다본다'라는 말이 나옵니다. 말하자면 '코의 길이가 조금만 달라져도 전 세계가 뒤바뀐다는 게 얼마나 공허한 일인가'라는 게 파스칼이 하고 싶었던 말입니다. 즉, '클레오파트라의 코가 조금만 짧았더라면 세상에 일어나는 온갖 사건들이 크게 달라졌을 것이다'라고 바꿔 말할 수 있겠습니다.

이때 파스칼에게는 역사적 변화에 관한 의식이 있지는 않았습니다. 물론 한편으로는 데카르트(Basic12 참고)의 합리주의를 강하게 비판하긴 합니다(그는 책에서 '나는 데카르트를 용서할 수 없다!'라고 말한 바 있습니다). 하지만 데카르트에 관한 비판이 그를 자연과학이나 수학이 아닌 역사 연구로 이끌어 주지는 않았습니다. 이처럼 유명한 말도 원문을 꼼꼼히 살펴보면 전혀 다르게 이해할 수 있습니다.

『팡세』에 가장 유명한 문장은 아마도 '인간은 생각하는 갈대'가 아닐까요? 이 부분을 읽어보면 파스칼이 염두에 둔 것은 자연이나 우주이지, 역사가 아님을 알 수 있습니다.

"인간은 한 줄기 갈대에 지나지 않는다. 자연 속에서 가장 나약한 존재다. 하지만 인간은 생각하는 갈대다. 그를 으스러뜨리기 위해 전 우주가 무장할 필요는 없다. 한 줄기의 증기, 한 방울의 물만으로도 그를 죽이기에 충분하다. 그러나 우주가 그를 무너뜨린다 해도 인간은 자신을 죽이는 자보다 더 고귀하다. 왜냐하면 인간은 자신이 죽으리라는 것도, 우주가 자신보다 우월하다는 것도 알고 있기 때문이다. 우주는 아무것도 모른다."[1]

BASIC 93

자유 의식의 전진

역사를 철학의 주제로 삼고, 역사철학을 시작한 인물은 독일의 헤겔(Basic24 참고)입니다. 헤겔 철학은 비판도 많이 받았지만 그가 역사를 철학에 도입한 일만큼은 인정할 만합니다.

그의 철학의 원리는 '가이스트(Geist, 정신)'라고 불리며, 이를 필두로 하여 개인을 넘어서는 다양한 말이 만들어졌습니다. 이를 테면 민족정신, 시대정신, 세계정신, 객관적 정신처럼 말입니다. 이러한 '(大) 정신' 중에 으뜸인 것에 의해 역사가 한 방향으로 흘러가며, 이러한 역사를 헤겔은 '자유의 발전사'라고 보았습니다.

> 정신의 실체 내지 본질은 자유다. (중략) 세계의 역사는 정신이 본래의 자신을 차츰 명확하게 알아가는 과정을 서술하는 것이다. (중략) 세계사란 자유 의식이 전진해 가는 과정으로, (우리는) 그 과정의 필연성을 인식해야 한다. (중략)
> 동양인은 한 사람만이 자유롭다고 알 뿐이고, 그리스와 로마의 세계에서는 특정 사람들만이 자유롭다고 알며, 우리 게르만인은 모든 인간이

헤겔의 역사관에는 인류 전체의 역사의 방향성이 드러나 있습니다. 지금으로서는 서양 중심주의적 편견이자 지나치게 낙천적인 역사관처럼 느껴지기도 합니다. 하지만 그가 제시한 것은 이상주의적 역사관이 아니라, 오히려 현실에 뿌리내린 사실적인 역사관입니다.

예를 들면 헤겔은 역사를 '민족의 행복과 국가의 지혜와 개인의 덕을 희생하여 바치는 도살대'라고 표현합니다. 개인의 열정과 이해(利害), 불합리한 폭력 등을 통해 역사가 전진하기 때문입니다. 이와 같이 개인의 무분별한 행위를 통해 역사의 목적이 실현되어 가는 것, 이것이 그 유명한 '이성의 궤계(詭計)*'라는 개념이지요.

이러한 현실주의는 전쟁과 평화에 관한 논의에서도 강하게 드러납니다. 선배 칸트가『영구 평화론』에서 국제 협조를 바탕으로 평화주의를 주장한 것과 달리, 헤겔은 국가 간의 다툼과 '전쟁'마저 긍정해 버리지요.

헤겔의 역사관을 보여주는 단적인 예로 다음과 같은 명제가 잘 알려져 있습니다.

"이성적인 것은 현실적이고, 현실적인 것은 이성적이다."

이는 헤겔 철학의 보수성을 나타내는 문장으로, 엥겔스에게 비판의 화살을 받기도 했습니다. 왜냐하면 현재(현실적인 것)를 이치에 맞는 것(이성적)이라고 인정했다고 봐야 하기 때문입니다.

헤겔은 베를린 대학의 총장으로, 주변에서 프로이센 왕국에서 고용한 철학자라고 보는 시선도 많았습니다. 엥겔스는 헤겔을 비판할 때 의도적으로 문장의 순서를 바꿨습니다. "현실적인 것은 이성적이고, 이성적인 것은 현실적이다"라고 말이지요.

이러한 바꿔치기는 헤겔의 말을 왜곡시킵니다. 헤겔에게 '이성적인 것(이치에 맞는 것)'은 역사적으로 필연적인 것으로, 그렇기 때문에 '현

실적(실현된다)이다'라는 뜻이기 때문입니다. 이는 우연적인 현실을
옹호한다는 말과는 다릅니다.

★ 이성의 궤계(詭計): 철학자 헤겔이 주장한 용어. 역사에서 개개인의 활동을 통해 이성의 의
도를 실현 시키는 것을 말한다.

지금까지 모든 사회의 역사는 계급 투쟁의 역사다?

'정신'에 근거한 헤겔(Basic24 참고)의 역사관과 달리, 마르크스(Basic51 참고)는 물질적인 경제 관계를 토대로 한 새로운 역사관을 주장합니다. 보통은 '유물사관(유물론적 역사관)'이라고 부르지요. 그는 『공산당 선언』에서 "지금까지 존재했던 모든 사회의 역사는 계급 투쟁의 역사다"라고 강력하게 말합니다. 그가 생각하는 역사란 구체적으로 무엇을 말할까요?

『자본론』의 초고로 출판된 『정치경제학 비판을 위하여』(1859)에서 마르크스는 소위 '유물사관의 공식'이라고 불리는 생각을 간결하게 제시합니다. 이에 따르면 역사적 변화는 다음과 같습니다.

> 개략적으로 말하자면 아시아적, 고대적, 봉건적 및 근대시민(부르주아)적인 생산 양식이 경제적인 사회 구성체의 발전 단계라고 볼 수 있다. 근대 시민 사회적 생산 관계는 사회적 생산 과정의 최종적인 대립 형태다. (중략) 그러나 시민 사회의 태내에서 발전해 온 생산력은 동시에 이 대립을 해결하기 위한 물질적인 조건도 만들어냄에 따라, 이 사회 구성과 함

께 인간 사회의 전사(前史)가 막을 내린다.[3] (저자 역)

정신의 자유인가 아니면 물질적 생산인가라는 차이는 있지만 역사를 하나의 발전사로 간주한다는 점은 헤겔과 비슷합니다. 게다가 동양(아시아)에서 시작해서 유럽 세계로 끝나는 것도 다르지 않지요. 이런 점에서 마르크스도 헤겔과 마찬가지로 서양 중심주의에 기반하고 있다고 볼 수 있습니다.

주목하고 싶은 부분은 마르크스가 여기서 역사를 '인간사회의 전사(前史, Vorgeschichte)'라고 보았다는 점입니다. 이 말은 지금까지의 사회가 어디까지나 예비적 역사(先史)이며, 진짜 '역사'는 앞으로 비로소 시작되리라는 것을 암시합니다. 이 표현을 그대로 받아들이면 인간의 역사는 아직 시작되지 않았다고 봐야 합니다. 지금까지의 역사는 말하자면 역사에 앞서는 것으로, 역사 이전이라고 표현할 수 있지요. 하지만 그렇다면 선사가 끝난 후에 비로소 시작되는 진짜 역사는 무엇을 원리로 삼을까요?

마르크스는 선사 후의 사회가 어떤 모습인지 자세하게 묘사하진 않았지만 아마도 '사회주의' 내지는 '공산주의' 사회가 될 것입니다. 하지만 그때 어떤 역사가 시작될지 전혀 상상이 가지 않습니다. 적어도 역사상 출현했던 '사회주의'는 그가 상상했던 모습과 매우 동떨어져 있었음이 확실하기 때문입니다. 그렇다면 진짜 역사는 아무리 시간이 흐른들 나타나지 않는 것은 아닐까요?

헤겔도 마르크스도 역사를 하나의 흐름으로써 단계적으로 파악하고 있습니다. 또 서양을 역사의 정점으로 보는 입장도 같지요. 이에 반해 20세기에 『서구의 몰락』을 발표한 독일의 슈펭글러*는 문명론적 관점에서 단계론적인 역사관을 거부합니다. 그는 아시아적 세계와 그리스·로마적 세계, 또 일신교적 세계와 서유럽 세계는 각각 다른 문명으로 이해해야 하며, 단 하나의 역사로 정리할 수 없다고 봅니다.

슈펭글러의 역사관은 20세기 전반에는 꽤 충격적으로 다가왔지만, 이제는 새롭게 검토되어야 할 필요가 있어 보입니다.

* 오스발트 슈펭글러: 19~20세기 독일 역사철학자. 1918, 1922년에 발표한 『서구의 몰락』이 베스트셀러에 오르며 서양의 위기가 한창 문제시되었다.

모든 역사는
현대사다

역사 하면 보통 과거에 일어난 사건의 기술이라고 생각합니다. 그런데 왜 지나간 사건에 관심을 가지고 평가하는 걸까요? 또 같은 시대를 기술하더라도 역사가마다 다루는 사건과 인물이 다른 이유는 무엇일까요?

이러한 의문에 대해 이탈리아 철학자 크로체(Basic76 참고)는 모든 역사는 '현대사'라고 선언합니다. 그는 『역사의 이론과 역사』에서 다음과 같이 썼습니다.

> 현재의 생에 대한 관심이야말로 사람을 움직여서 과거의 사실을 알려고 하도록 만들 수 있다는 것은 명백하다. 따라서 과거의 사실은, 그것이 현재의 생에 대한 관심과 결합되어 있는 한, 과거에 대한 관심이 아니라 현재의 관심에 대한 대답이다. 이 사실은 많은 역사가의 경험적 방식 안에서 다양한 방법으로 여러 차례 이야기되었다.[4]

그리고 크로체의 생각을 이어받은 역사가 E. H. 카*는 이렇게 설명합니다.

> 그것이 의미하는 바는 원래 역사란 현재의 눈을 통해 현재의 문제에 비추어서 과거를 보는 것으로 성립되며, 역사가의 일은 기록이 아니라 평가하는 것이다. 만약 역사가가 평가하려고 하지 않는다면 어떻게 그는 무언가를 기록하는 일이 가치 있는지 알 수 있겠는가.[5]

19세기에 헤겔(Basic24 참고)이 역사철학을 강의할 때도 '사실 그대로의 역사'와 '반성을 덧붙인 역사' 그리고 '철학적인 역사'를 구별했다고 합니다. 역사의 소재는 과거의 사실이지만, 사실이 그대로 역사가 되는 것은 아님이 분명하지요. 실로 방대한 사실 중에서 몇 개의 사실만을 골라 '역사'로 재구성하는 인물이 필요할 수밖에 없습니다. 이 내용을 알기 쉽게 지금까지의 역사 이해와, 크로체가 내놓은 역사 이해를 도식화해 보았습니다.

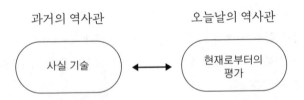

그림 28. 역사를 이해하는 두 가지 관점

이러한 역사관의 변화는 철학 그 자체의 변화와도 궤도를 같이합니다. 20세기 철학에서는 무언가를 해석하는 주관적인 움직임이 강조되었는데, 이에 따라 역사도 해석에 따라 재구성된다는 주장이 나온 것이지요.

역사관이 변화하면서 주관적인 재구성을 강조하다 보니 역사가 가지고 있던 객관성이 위태로워진 것도 사실입니다. 그 결과 어느 역사가 올바른지 결정할 수 없게 되었지요.

COLUMN

크로체의 철학은 제2차 세계대전 전에는 일본에서도 활발히 연구되며 헤겔과 마르크스주의와의 관계도 자주 언급되었습니다. 또 그의 철학은 이탈리아의 파시즘 시기와도 겹쳐서 파시즘에 대한 크로체의 입장도 문제가 되었지요. 하지만 전후에는 이러한 관심도 흐려지고 『역사의 이론과 역사』도 이렇다 할 주목을 받지 못했습니다. 그러나 같은 이탈리아의 철학자 비코와의 관계나, 현대 이탈리아 철학의 중요성을 생각해 보면 그의 철학을 재검토·재평가할 필요가 있어 보입니다.

* E. H. 카(에드워드 카): 20세기 영국의 역사가 겸 국제정치학자. 여러 저서가 있지만 특히 1961년에 발표한 『역사란 무엇인가』가 가장 유명하다.

계보학은
기원의 비천함을
폭로한다

'계보학(genealogie)'은 원래 역사학의 일부분이었는데, 새롭게 의미가 부여되며 철학의 중요한 연구 방법 중 하나가 되었습니다. 이때 중요한 역할을 담당한 사람이 니체(Basic9 참고)입니다.

니체 이전에 '계보학'은 왕이나 귀족들이 가계를 조사하는 학문으로 여겨졌습니다. 옛날에는 그리스 신화나 성서에도 이러한 계보 조사가 이루어졌지요. 일본에서도 족보를 만들어서 겐지나 헤이시(源氏·平氏, 일본 황실을 섬기던 두 유력 무사 가문_옮긴이), 나아가 호족이나 천황가와의 연결고리를 과시하는 사람이 적지 않았습니다.

이러한 계보학은 보통 힘 있는 사람들이 과거로 거슬러 올라가 훌륭했던 근본을 밝혀서 자신들의 권위를 찬양하기 위해서 행해졌습니다. 우리는 이렇게 위대한 가문의 출신이라는 식이지요. 그런데 니체는 이러한 '계보학'의 의의를 완전히 뒤집습니다.

니체는 오히려 현재 권위 있고 존중받는 것의 계보를 찾아서, 그 기원이 비천하고 저급한 것임을 밝혀냈습니다. 예를 들면 '도덕'은 오늘날 인간이라면 마땅히 지켜야 할 귀중한 가치처럼 간주되지만, 그 기원을 살펴보면 힘없는 자들의 원한과 질투에 지나지 않음을 보여주었습니다.

약자들은 강자들에게 원래라면 힘으로 이겨야 했지만 승산이 없었으므로 모두가 모여서 강자를 끌어내리고자 머리를 맞댔습니다. 이를 니체는 '무리본능'이라고 부르고 약자들의 원한을 '르상티망'이라고 이름 붙였습니다. 이처럼 훌륭하다고 여겨지는 '도덕'이 사실 약자들의 추레한 '르상티망'에서 비롯된 것임을 밝혔지요.

과거의 영광에 기대어 현재의 권위를 정당화하고자 했던 기존의 '계보학'과 달리, 오히려 과거로 감춰졌던 천박했던 기원을 폭로하여 현재의 권위를 실추시키고자 했던 것이 니체의 '계보학'이었습니다. 이 점에서 니체의 계보학은 비판적 기능을 지녔다고 볼 수 있습니다.

이러한 형태로 계보학을 전개한 이는 니체뿐 아니라 마르크스(Basic51 참고), 프로이트(Basic14 참고)도 있습니다. 다만 이들은 니체처럼 '계보학'이라는 용어로 구분하여 사용하지는 않았습니다.

니체의 계보학에 주목하여 이를 '고고학(archeologie)'으로 계승한 사람이 프랑스 철학자 푸코(Basic19 참고)입니다. 그는 1971년에 논문 <니체, 계보학, 역사>에서 다음과 같이 말했습니다.

> 역사는 또한, 기원을 엄숙하게 떠받드는 것을 비웃기를 가르친다. (중략) 사람들은 어떤 것이 애초에 처음부터 완전한 상태였다고 믿고 싶어 한다. (중략) 하지만 역사의 시작은 그리 대단하지 않았다. 비둘기의 걸음처럼 얌전하고 조심스러웠다는 의미가 아니라 조롱하고 야유를 보낼 만한, 모든 자부심을 파괴할 만한 것이었다.[6]

푸코의 고고학으로 니체의 계보학의 의의가 재발견되며 새로운 가능성이 열렸습니다.

'르상티망'이라는 프랑스어를 약자들의 원한으로 이해하고 이를 도덕의 기원으로 삼은 이는 니체였지만, 독일 철학자 셸러(Basic11 참고)는 니체의 구상을 이어받아 독자적인 르상티망론을 전개했습니다.

니체는 르상티망의 기원을 기독교라고 보았는데, 셸러는 오히려 근대 시민사회에서 르상티망이 시작되었다고 보았습니다. 셸러는 근대 시민사회에서는 공적인 영역에서는 평등을 원칙으로 삼았지만, 현실에서는 사람들 간에 격차가 발생했다고 했습니다. 바로 이 상황이 사람들의 르상티망이라는 감정을 불러일으킨 것이지요. 사회적인 분석으로서는 충분히 납득할 만한 이야기이지만 니체와 같은 강렬함이 없다는 게 조금 아쉽습니다.

역사적 해체에서
탈구축으로

20세기에 '역사'를 강하게 의식한 철학자 하면 먼저 독일의 하이데 거(Basic10 참고)를 꼽는 사람이 많을 것입니다. 그의 주요 저서 『존재와 시간』(1927)은 '현존재'라고 불리는 인간을 통해 철학의 전통적 문제인 '존재론'을 혁신하려고 하는데, 이때 '역사'가 깊이 연관되기 때문입니다.

우선 하이데거는 인간을 시간의 관점에서 이해합니다. 왜냐하면 인간은 항상 '과거-현재-미래'라는 시간의 흐름 속에서 이해하고 행동하기 때문이지요. 그렇지만 이 세 가지 시간의 양상은 항상 같은 역할을 담당하진 않고, 어느 하나의 양상이 지배적인 위치를 차지합니다. 그리고 이에 따라 인간의 모습도 달라지지요.

이러한 인간의 시간적인 모습을 사람들의 집단으로 파악하면, 인간의 역사적인 양상이 드러나게 됩니다. 시간적으로 살아가는 인간이 다른 사람들과의 관계 속에서 어떻게 살아가는가, 바로 여기에 '역사'가 관련되어 있습니다. 즉, 인간은 시간적일 뿐 아니라 역사적이기도 한 것입니다.

또한 하이데거는 '존재론'을 이해할 때도 '역사'에 큰 역할을 부여합니다. 왜냐하면 그가 철학적으로 해명하고자 하는 문제가 과거 속에 은폐되고 왜곡되었기 때문입니다. 그래서 하이데거는 '존재론의 역사적 해체'를 주장하며 다음과 같이 말합니다.

> 존재 문제 그 자체를 위해 그 물음의 역사에 대해 투명성이 획득되어야 한다면, 고정화된 전통을 풀고 그 전통이 만들어 놓은 다양한 은폐를 없애야 한다. 이 과제를 우리는 존재 문제를 푸는 실마리로 삼아서 전승되어 온 고대 존재론의 실태를 해체하는 작업으로 이해해야 한다.[7]

여기서 하이데거가 '해체(destruktion)'라고 부른 개념을 데리다*는 프랑스어로 '탈구축(déconstruction)'이라고 표현합니다. '탈구축' 하면 어쩐지 생소한 말처럼 들리지만 사실은 하이데거의 '해체'를 바꿔 말한 것뿐이지요. 여기서 핵심은 무엇이 해체되고, 무엇이 구축되는가입니다.

데리다에 따르면, 탈구축은 이항대립의 폭력적으로 형성된 '계층질서'를 해체하고자 합니다. 남성-여성, 서양-동양, 진심-장난, 원본-사본 등 다양한 이항대립의 관계 속에서, 한쪽은 지배하고 다른 한쪽은 종속당하는 계층질서가 형성되었고, 이 질서를 뒤엎는 것이 '탈구축'으로 가는 첫걸음인 것입니다. 그래서 데리다는 고대 그리스 이후 계속된 '서양 중심주의'나 '남성 중심주의'를 강하게 비판하지요.

하지만 단순한 역전만으로는 문제를 해결할 수 없습니다. 이에 따라 탈구축에는 좀 더 복잡한 장치가 필요합니다. 이에 대해서는 꼭 한번 확인해 보길 바랍니다.

COLUMN

탈구축의 방법에 대해 조금 더 살펴보겠습니다. 이를 위해 원본과 사본이라는 이항 대립을 떠올려봅시다. 지금까지는 원본이 가치 있고 사본은 의미 없다고 여겼습니다. 컴퓨터에서 복사 후 붙여넣기를 금지할 때도 같은 이유에서였지요. 그렇다면 이러한 이항 대립을 어떻게 하면 탈구축할 수 있을까요?

데리다는 원본이라고 여겨지는 것 자체도 사실은 사본일 뿐이라고 폭로합니다. 이야기는 여기서 끝나지 않습니다. 왜냐하면 그 사본의 원본도 또 다른 것의 사본이기 때문이지요. 이렇게 생각하면 복사의 연쇄만 이어질 뿐입니다. 그렇다면 과연 원본이라는 게 있는 걸까요?

* 자크 데리다: 20~21세기 프랑스 철학자. '탈구축'이라는 방법으로 플라톤에서 이어진 형이상학의 전환을 도모하고, 포스트 구조주의라고 불리는 철학을 전개했다. 1967년에 발표한 『그라마톨로지』를 비롯한 많은 저서가 있으며, 현대사상을 대표하는 철학자이다.

역사(History)는
이야기(Story)인가?

'역사'와 '이야기'라는 단어만 보면 둘의 관계성이 드러나지 않지만, 이를 영어 'history'와 'story'로 표현하면 두 단어의 공통점을 엿볼 수 있습니다. 왜냐하면 둘 다 그리스어 '히스토리아(historia)'에서 유래해서 분화된 말이기 때문입니다. 프랑스어나 이탈리아어, 스페인어 등에서는 아직까지도 두 단어가 같은 말로 쓰여서 구분되지 않는다고 합니다.

역사와 이야기의 연관성은 막연하게나마 상상이 됩니다. 역사의 대상이 되는 과거의 사실은 무수히 많아서 그 자체로는 아무런 맥락도 없는 듯이 보입니다. 그래서 몇 개의 사건을 골라 연결고리를 찾아내야 하지요. 이는 바꿔 말하면 사건들을 바탕으로 이야기를 만들어낸다고도 표현할 수 있습니다. 다양한 사실은 '이야기'로 구성됨으로써 '역사'로 이해되는 것입니다.

이처럼 '역사는 이야기다'라는 관점을 열심히 주장한 이가 아서 단토*입니다. 그는 『예술과 탈역사』에서 다음과 같이 말했습니다.

역사에서 이야기의 역할은 이제 명백하다. 이야기는 변화를 설명하는 데 이용되며, 특히 개개인의 삶과의 연관성에서 보면 아득히 긴 시간에 걸쳐서 일어난, 대규모의 변화를 설명하기 위해 이용된다. 이러한 변화를 겉으로 드러내서 과거를 시간적 전체로 조직화하는 것, 무슨 일이 일어났는지에 대해 변화에 따라 이야기되는 것과 동시에 이러한 변화를 설명하는 것 (중략) 그것이 역사의 임무다.[8]

지금까지 역사는 이미 일어난 사실을 객관적으로 기술한 것이라고 여겼습니다. 하지만 단토는 '역사'의 어원을 활용해서 역사를 역사가의 '해석'에 따라 창작된 '이야기'라고 말합니다. 이는 역사를 바라보는 방법이 근본적으로 뒤바뀌었다고 볼 수 있지요.

이러한 생각이 이전에도 없지는 않았습니다. 왜냐하면 사실로서의 역사와 문서로 기술된 역사를 구별해 왔기 때문입니다. 하지만 오늘날의 '역사=이야기'라는 생각은 이보다 좀 더 깊이 파고들어서 훨씬 엄격한 기준을 적용합니다. 왜냐하면 '사실로서의 역사'에도 이미 역사가의 선택과 해석이 가미되었기 때문입니다. 따라서 모든 역사는 해석된 역사이며 결국 '사실로서의 역사'는 존재하지 않는 셈입니다. 다양하게 해석된 역사만이 난립할 뿐이지요. 이러한 역사관은 다양성을 중시하는 현대의 가치관과 잘 맞아떨어지지만, 역사의 객관성은 어떻게 확보할 것인가라는 새로운 문제를 만들어 냈습니다.

'역사=이야기'라는 생각은 종종 20세기 후반에 유행한 포스트모더니즘*의 역사학이라고 간주됩니다. 이 생각을 강경하게 밀고 나간 이가 미국의 헤이든 화이트*지요. 그가 1973년에 출간한 『메타 역사』에 대한 일본어판 해설에서는 다음과 같은 말이 나옵니다. "화이트의 설에 따르는 한, 그 귀결로서 역사를 이야기하는 것은 올바르게 파악된 실재의 인식에 관여할 수 없다는 비판(이 발생한다.)···. 이로부터 성급하게 『메타 역사』는 진위의 결정을 불가능하게 만드는 전형적인 포스트모던적인 언설이며, 무책임하고 위험한 상대주의적인 주장이라고 낙인찍혔다. '상대주의'는 『메타 역사』를 외재적으로 공격할 때 쓰이는 대표적인 표식이다."

* 아서 단토: 20~21세기 미국 미술평론가 겸 철학자. 역사철학에서의 업적이 유명하다.

* 포스트모더니즘: 1970~80년대에 미국을 중심으로 유행한 문화 운동. 처음에는 건축 용어로 사용되었는데 이후 다양한 분야로 번져 나갔다. 철학에서는 1979년 리오타르가 출판한 『포스트모던의 조건』에서 이 표현을 쓰기 시작했다.

* 헤이든 화이트: 20~21세기 미국 역사가 겸 문예비평가. 1973년에 『메타 역사』를 출판하고 역사에 관한 새로운 시점을 제공하여 주목받았다. 포스트모던이 유행하던 시기와 겹쳐 포스트모던적인 역사론으로 이해되었다.

역사는 두 번 반복된다.
처음에는 비극으로
다음에는 희극으로

역사가 반복된다는 말은 아주 오래전부터 있었습니다. 고대 그리스 시대의 역사가 투키디데스*가 이미 말한 바 있지요. 또한 마르크스(Basic51 참고)도 헤겔(Basic24 참고)의 말을 인용하며 역사의 반복성에 대해 살짝 비틀어서 꼬집었습니다.

> 헤겔은 어디선가(『역사철학강의』에서) 모든 세계사적인 대사건과 대인물은 이른바 두 번 등장한다고 말했다. 하지만 이렇게 덧붙이는 것을 잊었다. 처음에는 비극으로 다음에는 희극으로, 라고[9]

마르크스가 출처를 달지 않고 인용한 부분은 헤겔의 『역사철학강의』에서 나온 문장이지만, 대개는 헤겔이 거기에 뭐라고 썼는지는 관심을 두지 않습니다. 하지만 그 부분을 확인해 보면 마르크스의 해석이 크게 틀리지 않았음을 이해할 수 있습니다.

이번에는 헤겔의 문장을 살펴봅시다.

애초에 국가의 대변혁이라는 것은 그것이 두 번 반복될 때 이른바 사람들에게 올바른 것으로 공인된다. 나폴레옹이 두 번 패배하거나, 부르봉가가 두 번 추방된 것이 그 예다. 처음에는 단순하게 우연히 일어났을 가능성을 염두에 두었다가 그 일이 다시 반복되면 확실한 현실이 되는 것이다.[10]

헤겔은 두 번 일어난 사건을 '가능성'과 '현실성'이라는 대립 개념으로 이해합니다. 처음에는 '가능성'이라고 생각했지만 그 일이 두 번째 일어나면 '현실성'으로 인식된다는 말이지요. 이때 예로 든 것이 '나폴레옹이 두 번 패배한 사건'입니다. 마르크스는 이 부분을 꼬집어서 나폴레옹 1세와 3세의 상황을 비극과 희극에 비유하며 돌직구를 날린 것입니다.

이러한 비유가 과연 어떤 의미가 있는지는 별개로 치더라도, 마르크스와 헤겔의 역사관이 꽤나 비슷하다는 점은 분명해 보입니다. 같은 책에서 마르크스는 또다시 헤겔의 유명한 구절 "여기가 로도스다, 여기서 뛰어라!"를 인용하기도 했습니다. 이는 원래 『이솝 이야기』에 나오는 우화를 헤겔이 『법철학』 서문에 다루며 개인은 자신이 사는 역사적 시대를 뛰어넘을 수 없음을 역설한 것입니다.

---

* 투키디데스: 기원전 4~5세기 고대 그리스 역사가. 펠로폰네소스 전쟁을 역사적으로 기술한 『펠로폰네소스 전쟁사』는 헤로도토스의 『역사』와 비견되고 있지만 아쉽게도 미완으로 끝났다.

PART 3   정답 없는 세상을 살아가다

역사의 종말은
동물화다?

'역사의 종말'이라는 말이 많은 이들에게 주목받게 된 시기는 미국의 정치철학자 프랜시스 후쿠야마*가 1989년에 <역사의 종말?>이라는 논문을 발표하면서부터였습니다. 그리고 몇 년 뒤 후쿠야마는 『역사의 종말』이라는 저서를 출간했는데, 타격감이 더 컸던 쪽은 오히려 논문이었습니다. 왜냐하면 논문은 '베를린 장벽이 붕괴되기 이전'에 쓰이면서 공산주의 체제의 붕괴를 예언했기 때문이었지요. 이때 후쿠야마가 가정한 공산주의의 붕괴 이후의 세계가 곧 '역사의 종말'을 가리킵니다.

하지만 후쿠야마가 말한 '역사의 종말'이라는 말은 종종 오해를 낳고 있습니다. "공산주의가 붕괴한들 역사는 계속될 것이다. 인류가 멸망하는 것도 아닌데 역사가 끝날 리 없다!"라고 말이지요. 따라서 애초에 '역사의 종말'이 의미하는 바가 무엇인지 정확하게 이해해 둘 필요가 있습니다.

'역사의 종말'이라는 말은 러시아에서 망명한 알렉상드르 코제브 (Basic88 참고)가 1930년대에 프랑스에서 한 헤겔 철학 강의에서 유래했습니다. 그는 '역사'를 '주인과 노예의 대립'에서 시작된, 계급 대립의 역사라고 보았지요. 그래서 사회에서 계급 대립이 사라지면 '역사도 끝나는 것'이었습니다.

> 역사는 주인과 노예의 어긋나는 대립이 소실될 때, 이미 노예를 갖지 않기 위해 주인이 주인임을 포기할 때, 그리고 이미 주인을 갖지 않기 위해 노예가 노예임을 포기할 때 — 나아가 — 이미 노예가 없는 이상 새롭게 주인도 될 수 없을 때 역사는 정지한다.(11)

이러한 대립의 끝을 후쿠야마는 자유민주주의와 공산주의의 대립이 해소되는 때라고 보았습니다. 공산주의가 붕괴되면 세계 전체가 자유민주주의 일색이 되고, 모든 대립이 사라져서 '역사가 끝난다'고 생각한 것입니다.

이 역사의 종말에 관해 한 가지 더 확인해 두어야 할 사항은 '역사의 종말'을 '인간의 종말'로도 생각할 수 있다는 점입니다. 왜냐하면 코제브가 '주인과 노예의 출현에서 비롯된 최초의 투쟁과 함께 인간이 태어나고 역사가 시작됐다'라고 말했기 때문입니다. 즉 주인과 노예의 대립인 '역사'는 '인간'의 역사이기도 한 셈입니다. 따라서 '역사의 종말'은 동시에 '인간의 종말'을 의미하지요.

구체적으로 '인간의 종말'이란 무엇을 뜻할까요? 또 현대에는 정말로 역사가 종말되었을까요? 이에 대해서 판에 박힌 형태의 비판을 하기보다는, 먼저 '인간의 종말'과 '역사의 종말'이 무엇을 의미하는지부터 제대로 이해해 두어야 하겠습니다.

---

* 프랜시스 후쿠야마: 20~21세기 미국 정치학자. 냉전의 종결을 예언한 논문으로 주목받으며 이후 1992년에 쓴 『역사의 종말』로 새로운 시대의 시작과 그 의의를 알렸다.

PART 3   정답 없는 세상을 살아가다

참고문헌(한국어판으로 표기)

* 국내 발행 도서(절판 도서 포함)를 최우선하여 작성하고, 국내 발행 도서가 없을 경우 저자가 소개한 일본 번역서 혹은 해당 원서를 넣었습니다.

PART 1

---------------- INTRODUCTION ----------------

(1) 자크 데리다, 『그라마톨로지』, 김성도 역, 민음사, 2010.

(2) 임마누엘 칸트, 『순수이성비판』, 정명오 역, 동서문화사, 2016.

(3) 토마스 네이글, 『이 모든 것의 철학적 의미는』, 김형철 역, 서광사, 1989.

(4) 아리스토텔레스, 『형이상학』, 이종훈 역, 동서문화사, 2016.

(5) 질 들뢰즈·펠릭스 가타리, 『철학이란 무엇인가』, 이정임 역, 현대미학사, 1999.

(6) 메를로 퐁티, 『지각의 현상학』, 류의근 역, 문학과 지성사, 2002.

(7) 장 폴 사르트르, 『실존주의란 무엇인가』, 이희영 역, 동서문화사, 2017.

(8) 루드비히 비트겐슈타인, 『비트겐슈타인 전집 8 철학탐구』, 기카이 아키오 역, 다이슈칸서점, 1976.

(9) 앨프리드 노스 화이트헤드, 『과정과 실재』, 오영환 역, 민음사, 2003.

(10) 라이프니츠, 『신인간지성론』, 이상명 역, 아카넷, 2020.

(11) 위르겐 하버마스, 『포스트 형이상학의 사상』, 후지사와 겐이치로 역, 미래사, 1990.

---------------- CHAPTER 1 ----------------

(1) 마르틴 하이데거, 『하이데거 전집 27 철학입문』, 가야노 요시오 역, 도쿄대학출판회, 2021.

(2) 임마누엘 칸트, 『칸트 전집 13 논리학 교육론』, 이엽 역, 한길사, 2021.
임마누엘 칸트, 『순수이성비판』, 정명오 역, 동서문화사, 2016.

(3) 르네 데카르트, 『성찰』, 이현복 역, 문예출판사, 1997.

(4) 파스칼, 『팡세』, 최종훈 역, 두란노서원, 2020.

(5) 알버트 아인슈타인·지그문트 프로이트, 『우리는 왜 전쟁을 할까?』, 지서우 역, 새터, 2021.

(6) 와쓰지 데쓰로, 『인간의 학으로서의 윤리학』, 이문출판사, 1995.

(7) 아리스토텔레스, 『정치학』, 김재홍 역, 그린비, 2023.

(8) 뢰비트, 『공동 존재의 현상학』, 구마노 스미히코 역, 이와나미 문고, 2008.

(9) 플라톤, 『프로타고라스』, 강성훈 역, 아카넷, 2021.

(10) 로버트 브랜덤, 『명시화(Making It Explicit PaperbackReasoning, Representing, and Discursive Commitment)』, 하버드 대학 출판, 1998.

(11) 미셸 푸코, 『말과 사물》, 이규현 역, 민음사, 2012.

―――――――――――― CHAPTER 2 ――――――――――――

(1) 아리스토텔레스, 『형이상학』, 이종훈 역, 동서문화사, 2016.

(2) 아리스토텔레스, 『영혼에 관하여』, 오지은 역, 아카넷, 2018.

(3) 프랜시스 베이컨, 『신기관』, 진석용 역, 한길사, 2016.

(4) 라이프니츠, 『신인간지성론』, 이상명 역, 아카넷, 2020.

(5) 르네 데카르트, 『성찰』, 이현복 역, 문예출판사, 1997.

(6) 르네 데카르트, 『방법서설』, 이현복 역, 문예출판사, 2022.

(7) 임마누엘 칸트, 『순수이성비판』, 정명오 역, 동서문화사, 2016.

(8) 게오르크 빌헬름 프리드리히 헤겔, 『정신현상학』, 김양순 역, 동서문화사, 2016.

(9) 찰스 퍼스, 『퍼스·제임스 듀이 세계의 명저 48』, 우에야마 슌페이 역, 중앙공론사, 1968.

(10) 마이클 폴라니, 『암묵적 영역』, 김정래 역, 박영스토리, 2017.

(11) 토마스 쿤, 『과학혁명의 구조』, 김명자 역, 도서출판까치, 2013.

(12) N.R.핸슨, 『과학적 발견의 패턴』, 송진웅 역, 사이언스북스, 2007.

(13) 카를 포퍼, 『프레임워크의 신화』, 포퍼철학연구회, 미래사, 1998.

(14) 한스 알베르트, 『비판적 이성 논고』, 하기와라 요시히사 역, 오차노미즈 쇼보, 1985.

―――――――――――― CHAPTER 3 ――――――――――――

(1) 와쓰지 데쓰로, 『인간의 학으로서의 윤리학』, 이문출판사, 1995.

(2) 버나드 쇼, 『피그말리온』, 김소임 역, 열린책들, 2011.

(3) 존 스튜어트 밀 『자유론』, 김형철 역, 서광사, 2008.

(4) 플라톤, 『국가』, 박문재 역, 현대지성, 2023.

(5) 프리드리히 니체, 『도덕의 계보학』, 홍성광 역, 연암서가, 2020.

(6) 제레미 벤담, 『도덕과 입법의 원리 서설』, 고정식 역, 나남, 2011.

(7) 임마누엘 칸트 『실천이성비판』, 백종현 역, 아카넷, 2019.

(8) 아리스토텔레스, 『니코마스 윤리학』, 박문재 역, 현대지성, 2022.

(9) 프리드리히 니체, 『권력에의 의지』, 이진우 역, 휴머니스트, 2023.

(10) 알프레드 에이어, 『언어, 논리, 진리』, 송하석 역, 나남, 2020.

CHAPTER 4
---

(1) 파스칼, 『팡세』, 최종훈 역, 두란노서원, 2020.

(2) 버트런드 러셀, 『행복의 정복』, 황문수 역, 문예출판사, 2009.

(3) 알랭, 『행복론』, 박별 역, 뜻이있는사람들, 2018.

(4) 카를 힐티, 『행복론』, 곽복록 역, 동서문화사, 2017.

(5) 아리스토텔레스, 『니코마스 윤리학』, 박문재 역, 현대지성, 2022.

(6) 임마누엘 칸트 『실천이성비판』, 백종현 역, 아카넷, 2019.

(7) 프리드리히 니체, 『선악의 저편』, 박찬국 역, 아카넷, 2018.

(8) 프리드리히 니체, 『비극의 탄생』, 김남우 역, 열린책들, 2014.

(9) 지그문트 프로이트, 『문명 속의 불만』, 김석희 역, 열린책들, 2020.

(10) 미셸 푸코 『푸코 컬렉션 5 성·진리』, 고바야시 야스오 편집, 치쿠마 학예 문고, 2006.

(11) 알베르 카뮈, 『시지프 신화』, 김화영 역, 민음사, 2016.

(12) 로버트 노직, 『아나키에서 유토피아로』, 남경희 역, 문학과지성사, 1997.

(13) 에피쿠로스, 『에피쿠로스 교설과 편지』, 이데 다카시 역, 이와나미 문고, 1959.

PART 2

CHAPTER 5
---

(1) 울리히 벡, 『자기만의 신』, 홍찬숙 역, 길, 2013.

(2) 아리스토텔레스, 『형이상학』, 이종훈 역, 동서문화사, 2016.

(3) 임마누엘 칸트, 『순수이성비판』, 정명오 역, 동서문화사, 2016.

(4) 포이어바흐, 『기독교의 본질』, 박순경 역, 동연, 2023.

(5) 카를 마르크스, 『유대인 문제에 관하여』, 김현 역, 책세상, 2021.

(6) 프리드리히 니체, 『차라투스트라는 이렇게 말했다』, 윤순식 역,
　　미래지식, 2022.

(7) 프리드리히 니체, 『권력에의 의지』, 이진우 역, 휴머니스트, 2023.

(8) 리처드 도킨스, 『만들어진 신』, 이한음 역, 김영사, 2007.

(9) 대니얼 데닛, 『주문을 깨다』, 김한영 역, 동녘사이언스, 2010.

(10) 루드비히 비트겐슈타인, 『확실성에 관하여』, 이영철 역, 책세상, 2020.

(11) 에드먼드 게티어, 〈정당화된 참인 믿음은 지식인가〉 시바타 마사요시 역,
　　나고야대학출판회, 2022.

─────────────────── CHAPTER 6 ───────────────────

(1) 르네 데카르트, 『방법서설』, 이현복, 문예출판사, 2022.

(2) 임마누엘 칸트, 『순수이성비판』, 정명오 역, 동서문화사, 2016.

(3) 아르투어 쇼펜하우어, 『의지와 표상으로서의 세계』, 이서규 역,
　　지식을만드는지식, 2023.

(4) 마르틴 하이데거, 『존재와 시간』, 전양범 역, 동서문화사, 2023.

(5) 루드비히 비트겐슈타인, 『논리철학논고』, 이영철 역, 책세상, 2020.

(6) 마르쿠스 가브리엘, 『왜 세계는 존재하지 않는가』, 김희상 역, 열린책들, 2017.

(7) 야곱 폰 웩스쿨, 『동물의 환경과 내적 세계』, 마에노 요시히코 역,
　　미스즈쇼보, 2012.

(8) 에드워드 사피어·벤자민 워프, 『문화인류학과 언어학』,
　　이케가미 요시히코 역, 고분도, 1995.

(9) 고트프리드 라이프니츠, 『변신론』, 이근세 역, 아카넷, 2014.

(10) 넬슨 굿맨, 『세계제작의 방법들』, 김희정 해설,
　　서울대학교 철학사상연구소, 1978.

─────────────────── CHAPTER 7 ───────────────────

(1) 마르틴 하이데거, 『형이상학 입문』, 박휘근 역, 그린비, 2023.

(2) 야마모토 미쓰오, 『아리스토텔레스 전집 제17권』, 이와나미 서점, 1972.

(3) 디오게네스 라에르티오스, 『그리스 철학자 열전』, 전양범 역, 동서문화사, 2016.

(4) 스티븐 핑커, 『마음은 어떻게 작동하는가』, 김한영 역, 동녘사이언스, 2007.

(5) 르네 데카르트, 『철학의 원리』, 원석영 역, 아카넷, 2012.

(6) 스피노자, 『에티카』, 황태연 역, 비홍출판사, 2014.

(7) 장 자크 루소, 『사회계약론』, 김영욱 역, 후마니타스, 2022.

(8) 와쓰지 데쓰로, 『인간과 풍토』, 서동은 역, 필로소픽, 2018.

(9) 로드릭 내쉬, 『자연의 권리』, 마쓰노 히로시, 미네르바 쇼보, 2011.

(10) 위르겐 하버마스, 『인간이라는 자연의 미래』, 장은주 역, 나남, 2003.

PART 3

---------------- CHAPTER 8 ----------------

(1) 다나카 미치타로, 『소피스트』, 고단샤학술문고, 1976.

(2) 파스칼, 『팡세』, 최종훈 역, 두란노서원, 2020.

(3) 잠바티스타 비코, 『새로운 학문』, 조한욱 역, 아카넷, 2019.

(4) 피에르 부르디외, 『구별짓기 (상,하)』, 최종철 역, 새물결, 2005.

(5) 클로드 레비 스트로스, 『구조, 신화, 노동 클로드 레비 스트로스 일본 강연집』, 미요시 이쿠오 역, 미스즈 쇼보, 2008.

(6) 미셸 푸코, 『성의 역사 1: 지식의 의지』, 이규현 역, 나남, 2020.

---------------- CHAPTER 9 ----------------

(1) 아리스토텔레스, 『정치학』, 김재홍 역, 그린비, 2023.

(2) 카를 마르크스·프리드리히 엥겔스, 『독일 이데올로기』, 김대웅 역, 두레, 2015.

(3) 제레미 벤담, 『도덕과 입법의 원리 서설』, 고정식 역, 나남, 2011.

(4) 질 들뢰즈, 『대담: 1972~1990』, 신지영 역, 도서출판 갈무리, 2023.

(5) 주디스 버틀러, 『젠더 트러블』, 조현준 역, 문학동네, 2008.

(6) 장 폴 사르트르, 『실존주의란 무엇인가』, 이희영 역, 동서문화사, 2017.

(1) 파스칼, 『팡세』, 최종훈 역, 두란노서원, 2020.

(2) 게오르크 빌헬름 프리드리히 헤겔, 『역사철학강의』, 권기철 역,
동서문화사, 2016.

(3) 카를 마르크스, 『정치경제학 비판을 위하여』, 김호균 역, 중원문화, 2017.

(4) 베네데토 크로체, 『역사의 이론과 역사』, 이상신 역, 삼영상, 1993.

(5) E. H. 카, 『역사란 무엇인가』, 김택현 역, 까치, 2015.

(6) 미셸 푸코, 『푸코 컬렉션 3 언설, 표상』, 고바야시 야스오 편집,
치쿠마 학예문고, 2006.

(7) 마르틴 하이데거, 『존재와 시간』, 전양법 역, 동서문화사, 2023.

(8) 아서 단토, 『예술과 탈역사』, 박준영 역, 미술문화, 2023.

(9) 카를 마르크스, 『루이 보나파르트의 브뤼메르 18일』, 최형익 역, 비르투, 2012.

(10) 게오르크 빌헬름 프리드리히 헤겔, 『역사철학강의』, 권기철 역,
동서문화사, 2016.

(11) 알렉상드르 코제브, 『헤겔 독해 입문 – 정신현상학을 읽다』, 고즈마 다다시 역,
고쿠분사, 1987.

철학의 기본

1판 1쇄 2025년 4월 30일

지은이	오카모토 유이치로
옮긴이	이정미
펴낸이	김현경
디자인	로우파이
제작	세걸음
출판등록	2021 년 4 월 7 일 제 2021-000251 호
팩스	02 6436 5702
이메일	lobook0407@naver.com
블로그	blog.naver.com/lobook0407
SNS	instagram.com/lobook_publishing
ISBN	979-11-974411-5-8 03100